本书为国家自然科学基金重点项目
（项目编号41230632）研究成果

THEORY AND PRACTICE OF
HARMONIOUS AND LIVABLE CITY CONSTRUCTION

和谐宜居城市
建设的理论与实践

张文忠 谌 丽 党云晓 湛东升／著

科学出版社

北 京

图书在版编目（CIP）数据

和谐宜居城市建设的理论与实践 / 张文忠等著. —北京：科学出版社，2016.6
ISBN 978-7-03-048403-1

Ⅰ.①和… Ⅱ.①张… Ⅲ.①城市建设－研究－北京市 Ⅳ.①F299.271

中国版本图书馆 CIP 数据核字（2016）第 114163 号

责任编辑：侯俊琳　牛　玲　张翠霞 / 责任校对：李　影
责任印制：吴兆东 / 封面设计：有道文化
联系电话：010-64035853
电子邮箱：houjunlin@mail.sciencep.com

科学出版社 出版
北京东黄城根北街 16 号
邮政编码：100717
http://www.sciencep.com
北京厚诚则铭印刷科技有限公司 印刷
科学出版社发行　各地新华书店经销
＊
2016 年 6 月第 一 版　开本：720×1000　1/16
2024 年 1 月第四次印刷　印张：14 1/4
字数：279 000
定价：78.00 元
（如有印装质量问题，我社负责调换）

前　言
FOREWORD

2015 年 12 月 20 日召开的中央城市工作会议，把"宜居城市"和"城市的宜居性"提到了前所未有的战略高度加以论述，明确指出要"提高城市发展宜居性"，并把"建设和谐宜居城市"作为城市发展的主要目标。中央城市工作会精神是党中央在新时期对我国城市建设提出的新要求和新目标，同时，也为宜居城市研究提出了新课题、新方向和新内容。

我国城市发展已经进入了新时期，发展目标和重点出现了四大转变：一是由人口数量和空间规模扩张向重视城市发展内涵和质量转变；二是由重视物质和实体空间的规划和建设向城市文化和精神塑造转变；三是由经济发展转向为重视社会民生和居民生活质量的提升；四是由粗放和集权式城市管理向精细化和科学化决策转变。中央城市工作会议正是在我国城市发展进入这一关键时期召开的，会议明确指出，"城市建设要以自然为美，把好山好水好风光融入城市"，"留住城市特有的地域环境"，"努力把城市建设成为人与人、人与自然和谐共处的美丽家园"。从这些观点鲜明的内容，我们可以解读出决策层对营造宜人的生态空间、建设方便的生活空间和和谐的社会空间的巨大决心。同时，也让我们看到我国的城市发展正在回归以人为本的这一主线。"让人民群众在城市生活得更方便、更舒心、更美好"，这就是宜居城市建设的基本原则。宜居城市规划、建设和管理的基本方向就是不断地改善居民的居住环境，提供舒适的生活和休闲空间，促进社区的和谐发展，建立充满活力、开放和包容的社会环境，尊重和保护城市的历史和文化遗产，维护人与自然的和谐，共建美好和幸福的生活家园。

宜居城市是城市发展的目标和追求的方向。宜居城市是一个相对的概念，或者说是一个动态的目标，即一个城市是否"宜居"，要从动态的发展历程来审视，或者是与其他城市相比较，是否达到"宜居城市"的标准，要看参照城市和自身的发展历程。宜居城市也是居民对城市的一种心理感受，这种感受与居民的个人属性，即年龄、性别、职业、收入和教育程度等密切相关，宜居城市的建设要充分考虑居民的感受和愿望。宜居城市的建设目标具有层次性。较低层次的建设目标应该是满足居民对城市的最基本要求，如安全性、健康性、生活方便性等，较高层次的建设目标则是满足居民对城市的更高要求，如人文和自然环境的舒适性、个人的发展机会等。城市建设要关注城市安全、健康、舒适、方便等体现居民生活质量的问题，并注重对历史和传统文化的传承，凸显自身特有的文化品质和内涵。宜居城市建设要重尊和顺应城市发展规律，保留城市自然山水脉络，保持城市和街区的风格，创造更多、更适宜人们居住、生活和工作的空间，达到人与自然和谐共生。

本书以和谐宜居城市为研究对象，在深入解读"和谐宜居城市"的内涵、总结国内外和谐宜居城市的研究进展和建设经验、梳理国内外"和谐宜居城市"的建设标准和指标体系的基础上，构建了适合我国和谐宜居城市的评价体系和方法，并以北京为典型案例，综合运用数理统计和 GIS 空间分析方法进行了系统分析。对北京建设"国际一流和谐宜居之都"的现状进行综合评价，诊断北京建设和谐宜居城市存在的问题，解析建设国际一流和谐宜居之都的影响机制，最后提出北京建设"国际一流的和谐宜居之都"规划实施目标、路径和政策。

全书分上下两篇共 12 章。

上篇侧重于对和谐宜居城市的理论与方法分析和研究，解析了和谐宜居城市的城市内涵、国内外宜居城市研究进展和建设的经验、宜居和谐城市建设的理论基础和核心框架、宜居城市评价指标体系和方法等。我们认为：一是建设和谐宜居城市是全球所有城市共同的发展趋势和方向，也是城市居民追求生活质量和品质的要求，"国际一流的和谐宜居之都"发展的目标是建设环境舒适宜人、生活祥和安逸、社会包容和谐、尊重自然和历史文化、具有开放和创新精神的高品质城市；二是国内外学者大多认为，宜居城市通常具有方便的公共服务设施、良好的生态环境、舒适的居住环境，同时重视城市的历史和文化传承，提倡绿色出行等，国外建设宜居城市的经验告诉我们，健全宜居城市规划与相关政策、完善住房保障、重视城市生态环境建设、提升城市文化内涵和鼓励低碳交通出行对宜居城市建设意义重大；三是建设和谐宜居城市的出发点是维持城市的可持续发展，满足人的利益与需求，促进人与自然和谐共生，延续城市的文化和历史，保持城市的创新与活力，促进城市经济、社会、文化和环境等各系统协调运行。和谐宜居城市建设应立足城市更安全、环境更宜人、生活更方便、社会更和谐、经济更繁荣的基本导则，重点营建宜人的城市生态环境体系、高标准的城市安全环境体系、方便的城市公共服务环境体系、和谐的城市社会环境体系，以及可持续的城市经济环境体系。

下篇以北京为例，建立了和谐宜居之都主观和客观评价指标体系，主要从城市安全、生活方便、环境宜人、交通便捷及社会和谐等五大维度分析北京市建设和谐宜居城市的现状与问题、定位与目标、路径与对策等。从总体来看，我们发现，2005～2013年，北京市的居住环境有所改善，城市安全性总体较好，但交通安全和避难设施仍需改进；公共服务设施建设和改善明显，但以文化类公共设施为主的生活便利性相对滞后；生活方便性评价一直较好，居民对各种购物设施、餐饮和休闲设施、社区服务设施等均比较满意；评价越来越差的是环境健康性，大气环境质量较差，特别是雾霾问题是制约北京成为宜居城市的关键影响因素；北京就业空间分布相对居住空间分布更加集中在中心城区，加之各街道居住与就业功能存在一定的差异性，导致居住与就业空间错位现象严重，从而造成居民长距离长时间通勤及交通拥堵问题难以解决；北京市不断增加的庞大人口数量导致原本充裕的城市基础设施捉襟见肘，公共服务资源拥挤短缺，资源环境承载能力不断下降，就学难、就医难等问题短期难以化解。

笔者认为：北京建设国际一流的和谐宜居之都要处理好与北京四个定位、京津冀协同发展和世界城市建设的关系，从总体发展中梳理建设和谐宜居北京的发展目标和方向；在建设过程中，需要按照以人为本、绿色发展、共享发展和创新发展理念，以提升城市文化内涵、生活品质为导向，重点解决北京建设和谐宜居城市中的突出问题，改善环境的健康性，提高出行便捷性，解决公共服务设施的短板；要立足国际化视野，按照国际一流标准，推进城市建设的安全性、健康性、方便性和舒适性，把北京建设成为一个生活安全方便、环境健康宜人、社会包容开放、人与自然协调的国际一流和谐宜居城市。

本书是在国家自然科学基金重点项目（项目编号41230632）支持下，由中国科学院地理科学与资源研究所宜居城市研究小组完成，同时，也得到了北京市相关委办局的大力支持。本书总体框架设计、章节内容安排等工作由张文忠负责完成。具体各章的撰写分工和完成人为：前言（张文忠）、第一章（张文忠）、第二章（李业锦、张文忠、谌丽、党云晓）、第三章（谌丽、张文忠）、第四章（张文忠、谌丽）、第五章（湛东升、张文忠）、第六章（党云晓、张文忠）、第七章（湛东升、张文忠、党云晓）、第八章（党云晓、张文忠）、第九章（党云晓、张文忠）、第十章（谌丽）、第十一章（张文忠、党云晓）、第十二章（湛东升、张文忠）。张文忠负责全书的统稿工作。本书所采用的问卷调查数据是由北京联合大学应用文理学院城市科学系和中国科学院地理科学与资源研究所宜居城市研究小组共同调查完成的。

本书的许多研究成果得到了相关大学和研究所等学界同仁的支持和指导，尤其是多年来持续参加"空间行为与规划"的研究学者，在每次学术交流中都给予本人和研究小组智慧的启迪与思想的升华，在此由衷地感谢各位。本书的完成也得到了中国科学院地理科学与资源研究所人文–经济地理部同事的长期支持，另外，对支持和关心本研究工作的所有领导、学界同仁一并感谢！本书能够顺利出版得到了科学出版社科学人文分社侯俊琳社长和牛玲编辑的大力帮助，在此表示感谢。

张文忠

中国科学院地理科学与资源研究所

2016 年 1 月 28 日

目　录

CONTENTS

下篇　北京建设国际一流和谐宜居城市的目标和路径

上　篇

和谐宜居城市研究的
理论与方法

　　本书上篇主要侧重对和谐宜居城市的理论与方法进行分析和研究，解析了和谐宜居城市的内涵，认为宜居城市就是适宜人类居住和生活的城市，是宜人的自然生态环境与和谐的社会、人文环境的完整的统一体，是城市发展的方向和目标。和谐城市则主要是强调人与自然、人与社会、现实与未来的和谐，确保城市的可持续发展。从国外建设宜居城市的经验来看，建设国际宜居城市的过程具有一定的共性，通常都强调城市居民的安全保障程度、各种设施和服务利用的便利性、环境的舒适性、城市历史文化传承和尊重等。中国的和谐宜居城市建设应立足城市更安全、环境更宜人、生活更方便、社会更和谐、经济更繁荣的基本导则，重点营建宜人的城市生态环境体系、高标准的城市安全环境体系、方便的城市公共服务环境体系、和谐的城市社会环境体系，以及可持续的城市经济环境体系，推进城市向和谐宜居和富有活力的方向发展。

第一章

和谐宜居城市的解读

　　城市建设要关注城市安全、健康、舒适、便捷等体现居民生活质量的问题，并注重对历史和传统文化的传承，保持城市和街区的风格，同时要高效合理利用有限的土地资源，创造更多、更适宜人们居住、生活和工作的空间。

——张文忠等（2006）

　　和谐宜居城市应该是所有城市发展和追求的目标，城市规划、建设和管理的基本方向就是不断地改善居民的居住环境，提供舒适的生活和休闲空间，促进社区的和谐发展，建立充满活力、开放和包容的社会环境，引导居民尊重社会公共空间，共建美好和幸福的生活家园。

　　"促进生产空间集约高效、生活空间宜居适度、生态空间山清水秀，给自然留下更多修复空间，给农业留下更多良田，给子孙后代留下天蓝、地绿、水净的美好家园"，这是党的十八大给我国未来发展设计出的一个美好蓝图。从中我们可以解读出决策层对营造良好生态空间的重视，对建设宜居生活空间的渴求。由此可见，建设生态环境优美、社会和谐、经济充满活力的各种城市是未来我国发展的重要方向。

　　2015 年 12 月 20 日召开的中央城市工作会议指出，"城市建设要以自然为美，把好山好水好风光融入城市"，"留住城市特有的地域环境"，"努力把城市建设成为人与人、人与自然和谐共处的美丽家园"。从这些观点鲜明的内容，我们可以解读出决策层对营造宜人的生态空间、建设方便的生活空间和和谐的社会空间的巨大决心。

第一节 建设"和谐宜居之都"的背景

一、宜居、绿色、生态是世界城市发展的方向

宜居、绿色、低碳、生态等已成为世界城市发展的核心理念，也是城市发展的重要目标。

伦敦 2030 年规划的主题思想是"建设更宜居的城市"。规划强调了以人为本、公平、繁荣、便捷和绿色发展等理念。其中，把伦敦建设成为更宜居的城市是重要的目标。重视通过设计更好的建筑和公共空间，提升伦敦的生活质量和品质；提供居民能够负担得起的住所；满足多样化人群的不同需求；提高公共安全；在全市范围内创造一个更清洁、更卫生、更具吸引力的环境；使更多的人能够享受到高质量的地区服务；提升伦敦的文化品质，在尊重种族和文化差异的基础上加强多元文化建设。

纽约 2030 年规划的主题思想是"建设更绿、更美好的城市"。将城市的住房、开放空间、水、空气、交通和能源等作为规划的重要方面，在目标和策略上加以关注，这些因素换言之也是宜居城市的主要内容。例如，绿色空间对提升城市品质和居民生活质量具有重要作用，在规划中要保证所有居民从家到公园在 10 分钟步行距离之内，这一目标在寸土寸金的纽约无疑是一个巨大的公益事业。提高水质、确保水系的长期稳定供给也是纽约 2030 年规划的重要内容。为了进一步改善纽约的空气质量，纽约 2030 年规划提出要减少各种废气排放，如汽车尾气、发电厂和其他建设污染排放。同时通过植树，增减绿色覆盖率，改善环境，为居民提供更清洁的空气。交通问题被认为是影响纽约实现增长的最大障碍，因此，其应对策略就是建设和扩建交通基础设施，改善现有交通运输量，提倡可持续的交通运输方式，如加大轮渡运量、鼓励自行车出行等，目标是缩短居民的通勤时间。

台北市 2030 年规划的核心理念是"生态"。台北的发展目标是"四个台北"，即绿色休闲的台北、民主人文的台北、安康便捷的台北、信息高效的台北。规划重视美化生活空间，提升休闲休憩的质与量；塑造多元化与终身学习的教育环境，尊重历史与文化遗产，建造地域特色的市区景观，开创多彩的都市生活；提供国际标准的生活环境及设施，创造国际化的文化环境。

我们会发现，世界城市在进一步增强经济活跃度、全球吸引力和影响力的基础上，未来重要的发展方向是给居民提供更加舒适的居住环境、更加公平和包容

的社会环境、更加清新宜人的自然环境。换言之,宜居已成为世界城市追求的重要目标。

党的十八大以来,我国生态文明建设和新型城镇化等内容已成为国家社会经济发展的重大战略目标,其核心是淡化经济发展指标,重视人居环境建设,实现以人为本的城镇化,促进居民生活质量的提高。2015 年 12 月 20 日召开的中央城市工作会议,进一步明确指出要"提高城市发展宜居性",并把"建设和谐宜居城市"作为城市发展的主要目标。北京作为国家首都,建设世界宜居城市既是城市发展的历史要求,也符合新的时代旋律,有利于改善国际形象、提高城市竞争力、吸引投资和人才集聚、提升居民生活品质等,同时也能为国内国际宜居城市建设起到借鉴示范作用。

二、北京面临的人居环境压力巨大

自 2005 年 1 月国务院批复的《北京城市总体规划》首次提出建设"宜居城市"目标以来,北京市在宜居城市建设方面已取得积极成效。但是与世界宜居城市相比,北京宜居城市建设水平还存在明显差距。水资源短缺、交通拥堵、住房紧张、空气污染和城市管理水平不高,诸如此类的现实问题制约着城市宜居性的进一步提高。同时,随着居民生活条件不断改善,居民对城市宜居性的诉求越来越强烈,导致宜居城市客观建设水平与居民主观需求尚存在一定差距,居民宜居满意度仍然不高,北京建设宜居城市的道路依然任重道远。

北京市处在经济社会发展的转型时期,同时也是北京城市发展的关键时期,京津冀协调发展要求调整北京市城市发展功能,疏解非首都核心功能,强化更大区域的协调发展,改善居民生活条件和城市的发展环境。但从现状或近十年发展态势来看,人口、资源、环境、交通、民生、城市安全和城市的综合承载能力等仍然会面临着巨大的压力和挑战。

从 2000 年到 2013 年的 13 年间,北京市城市人口规模从 1357 万人增加到 2114 万人,增加了 757 万人,年平均约增加 58 万人。在 757 万人中,常住外来人口为 546 万人,占 72%。人口数量增加远超过了住房、基础设施和公共服务设施的增加水平。尽管每年北京市在市政基础设施、公共服务事业、城市绿化美化和居民住房等方面投入巨大,改善成效也很显著,但人口与各类设施在总量、类别和局部均存在不匹配的问题。交通、环卫等市政设施压力不断加大,北京机动车保有量由 2003 年的 212 万辆增加到 2012 年的 520 万辆,交通出行量由 2003 年的 4056 万人次增加到 2010 年的 5383 万人次;日产垃圾以 8% 的速度增加,日产垃圾近 2 万吨,超出现有垃圾处理能力的 1 倍。医疗、卫生、教育等基本公共服务供给保障能力不容乐观，尤其是外来常住人口的增加，进一步加剧了设施供给不足。2013 年，北京市非京籍学生数量占学生总数的 39%，小学更高，达到了 47%。医疗设施特别是特色专科医院外地患者就医比例超过了 70%。例如，2012 年，儿童医院外地患者门诊比例超过了 40%，住院比例超过了 70%。总之，市民看病难、入托难、入学难的困扰短期内难以解决。

资源环境承载能力越来越堪忧，其中，水资源不足严重制约北京的人居环境质量的提升。北京年均用水总量达 36 亿立方米，年均水资源总量只有 21 亿立方米，缺口达 15 亿立方米；人均不足 100 立方米，不到全国平均水平的 1/20，成为全国人均水资源最少的地区。北京标准煤消耗由 2000 年的 4000 万吨增加到 2012 年的 7000 万吨，97%需要外部供给。大气污染治理成为人居环境建设的难题，2013 年北京平均雾霾天数达到 29.9 天，长时间、大面积的雾霾对人体健康带来严重的威胁。由此可见，北京面临着巨大的人口、资源、环境和公共服务设施等压力。

三、"国际一流的和谐宜居之都"为北京发展指明了方向

2014 年年初，习近平总书记在视察北京工作时，就推进北京科学发展和加强城市规划建设管理工作做出重要指示，提出要明确新时期城市战略定位，坚持和强化首都全国政治中心、文化中心、国际交往中心、科技创新中心的核心功能，深入实施人文北京、科技北京、绿色北京战略，努力把北京建设成为国际一流的和谐宜居之都。

经济全球化背景下，国际国内经济社会发展形势更加复杂，北京城市发展正面临深刻转型，城市人居环境质量与生活品质成为城市发展新的导向。北京继 2005 年提出建设宜居城市目标以来，城市宜居性改善已取得显著成效，同时宜居城市建设也面临着诸多挑战。习近平总书记提出把北京建设成为"国际一流和谐宜居之都"的宏伟目标，是对传统宜居城市内涵的进一步发展，同时彰显了北京建设和谐城市和世界城市等发展目标的更高要求，为北京未来发展指明了方向。

第二节　和谐宜居之都的内涵

一、宜居城市

宜居城市，通俗地讲就是适宜人类居住的城市。从学术上讲宜居城市更加强调适宜人类居住和生活的环境条件，包括自然环境、生态环境、社会和人文环境等。

城市原本是人们的居住和生活的空间。美国城市社会学家雷·奥尔登巴克认为,城市存在三个场所:第一场所是居住的场所,第二场所是工作场所,第三场所是可供人们聚集娱乐的场所。这三个场所都与人有直接的关系,因此,宜居城市建设也要突出"以人为本"这一核心思想。要动态地满足老百姓的生活、工作、休憩、社交等基本需求,同时要尊重每个人发展意愿和自我实现等多层次、多样化的需求。其实,党的十八大报告提出的"学有所教、劳有所得、病有所医、老有所养、住有所居",就是宜居城市发展的基本理念。习近平总书记提出的"十个更好",即"我们的人民热爱生活,期盼有更好的教育、更稳定的工作、更满意的收入、更可靠的社会保障、更高水平的医疗卫生服务、更舒适的居住条件、更优美的环境,期盼着孩子们能成长得更好、工作得更好、生活得更好",就更好地诠释了宜居城市建设的内涵。由此可见,"以人为本"是宜居城市建设的出发点和落脚点。

"宜居城市"是城市发展和建设的目标。"宜居城市"并非某个城市的专有名词或代名词,应该是所有城市发展、规划和建设的方向和追求的目标。"宜居城市"也是一个相对的概念,或者说是一个动态的目标,即一个城市是否"宜居",要从动态的发展历程来审视,或者是与其他城市相比较,是否达到"宜居城市"的标准,要看参照城市和自身的发展历程。"宜居城市"也是居民对城市的一种心理感受,这种感受与居民的个人属性,即年龄、性别、职业、收入和教育程度等密切相关,对"宜居城市"的评价和宜居城市建设的重点要充分考虑居民的感受。因此,一个城市是否宜居,其内涵不仅要看城市发展的经济指标,更重要的是要看城市是否能够满足居民在不同层次上对居住和生活环境的要求。

"宜居城市"的建设目标具有层次性。较低层次的建设目标应该是满足居民对城市的最基本要求,如安全性、健康性、生活方便性等;较高层次的建设目标则是满足居民对城市的更高要求,如人文和自然环境的舒适性、个人的发展机会等。因此,城市建设要关注城市安全、健康、舒适、便捷等体现居民生活质量的问题,并注重对历史和传统文化的传承,保持城市和街区的风格。同时要高效和合理利用有限的土地资源,创造更多、更适宜人们居住、生活和工作的空间。

我们认为,宜居城市包括以下方面:①宜居城市应该是一个健康的城市,远离各种有害物质及环境污染的可能伤害,应具有新鲜的空气、清洁的水、安静的生活环境、干净的街区;②宜居城市应该是一个安全的城市,具备健全的法制社会秩序、完备的防灾与预警系统、安全的日常生活环境和交通出行系统;③宜居城市应该是一个自然环境优美的城市,它应拥有舒适的气候、新鲜的空气、适宜的开敞空间、良好的绿化;④宜居城市应该是一个生活方便的城市,它应该具备完善的、公平的基础配套设施，也就是人人都能享受到购物、就医、就学等方便的公共设施的服务；⑤宜居城市应该是一个具有良好的邻里关系、和谐的社区文化，并能够传承城市的历史和文化，同时具有鲜明的地方特色的城市；⑥宜居城市也应该是一个出行便利的城市，它应该是以公交系统优先发展为核心，能够为居民日常出行提供便捷的交通方式。我们认为，"宜居城市"是适宜人类居住和生活的城市，是宜人的自然生态环境与和谐的社会、人文环境的完整的统一体，是城市发展的方向和目标。

二、和谐城市

和谐原是一种哲学思想，首次被作为施政目标提出于党的十六大关于实现"社会更加和谐"的目标，并将其作为建设社会主义小康社会的重要内容之一。2006年党的十六届六中全会又进一步提出"提高构建社会主义和谐社会的能力"的战略要求，并指出社会主义和谐社会是一个民主法治、公平正义、诚信友爱、充满活力、安定有序、人与自然和谐相处的社会。2011年中国城镇化率为51.3%，城镇人口首次超过一半，标志着中国由农村社会正式跨入城市社会。因此"和谐城市"应为新时期构建社会主义和谐社会的主阵地，和谐城市的建设效果将直接关系到社会主义和谐社会的质量高低。

我们认为，现代社会的"和谐城市"也应该是一个人与自然和谐共生、人与社会相处融洽的社会，同时还应注重现实与未来的和谐建设，达到城市内部经济、政治、社会、文化和环境等子系统能够协调运行和可持续发展的宏伟目标。因此，和谐城市主要具有以下科学内涵：①人与自然和谐共生是基础，它应是城市内部自然环境优美、生态环境未被破坏、资源环境承载力合理发挥的自然舒适城市；②人与社会和谐共处是关键，它应是社会关系良好、公平正义建立和社会保障完善的人文舒适城市；③现实与未来和谐共赢是目标，它应是城市建设发展与历史文化保护、社会经济文化发展与环境保护相互协调促进的可持续性城市。

三、对"国际一流的和谐宜居之都"的认识

基于以上考虑，我们认为，北京市要实现"国际一流的和谐宜居之都"的目标，首先要具备一个宜居城市应有的基本品质，即应当是一个安全的、能为居民提供充足良好的公共服务设施、社会氛围和谐、城市环境有利于身心健康的城市。其次，还应当具备和谐城市的基本特征，即包容多样性、公平正义、历史文化得到尊重的城市。然而，国际一流的和谐宜居城市对北京提出了更高的挑战，要求

北京在满足宜居城市和和谐城市基本品质的同时，还应当具备北京作为全国政治文化中心、国际交往中心和国家创新中心所要求的国际一流城市的品质，这就要求北京同时具备高效的政府管理能力、鲜明的中国特色城市形象、一流的国际事务服务能力。

国际一流的和谐宜居之都是北京的城市建设和发展目标。它是将北京置于全球化背景下的发展定位和目标，强调北京的各项建设应以国际一流为标准，强调北京在建设和谐宜居之都的同时，还要在全球城市网络体系和区域经济发展格局中不断发挥中心作用，提高集聚和辐射作用、交往和合作水平，提升北京在世界范围内的综合认同度，与世界一流的宜居城市逐步缩小发展差距。

综上所述，我们认为，"国际一流的和谐宜居之都"是指安全稳定、生活便捷、环境宜人、社会和谐、自然环境与人文环境相协调的城市，是具有较强国际认可度的高品质城市。

第三节　和谐宜居之都的内容构成

从国外建设宜居城市的经验来看，我们发现不论是与北京相同的首都城市（如东京、纽约、维也纳、新加坡），还是区域性中心城市（如墨尔本、温哥华等）在建设国际宜居城市过程中都具有一定的共性。例如，强调城市居民的安全保障程度、各种设施和服务利用的便利性、环境的舒适性、城市历史文化传承和尊重等。

综上所述，我们认为，反映"国际一流的和谐宜居之都"的要素应当包括城市的安全性、公共服务设施利用的方便性、环境的宜人性、社会的和谐性、出行的便捷性和城市的开放创新性等内容。

一、城市安全程度

城市安全主要是与城市居民日常生活相关的各种安全问题。安全性是和谐宜居城市最基本的要求，和谐宜居城市的安全性就是要确保居民的生命、财产和日常行为活动安全。城市安全性可以大致分为四类：第一类是日常安全性，包括犯罪等社会治安问题和交通安全问题；第二类是灾害安全性，包括地震等自然灾害诱发的灾害，以及火灾等人类活动引发的灾害；第三类是能源及供水等城市运行的安全水平；第四类是居民的食品和药品安全性，这是关系城市居民日常生活最直接的安全问题，也是居民最关心的问题。因此，测度一个城市是否达到世界一流和谐宜居水平，首先是要分析和判断该城市的社会治安状况、出行的安全程度、居民饮食安全水平、城市抵御和防止各种灾害的能力等。

在每次各种国际组织进行的宜居城市评价中，日本东京总是能够名列前茅，最重要的原因是其作为一个人口规模和密度极高的世界城市，在城市安全尤其是防灾、减灾和安全意识等方面走在了世界前列。城市安全程度不仅体现在城市的硬件建设上，同时它也能反映城市的管理水平，以及城市的发展理念。

二、公共服务水平

城市的公共设施服务水平直接决定了居民日常生活的方便程度，是评价一个城市是否和谐宜居的最直接、最贴近民意的指标。和谐宜居城市应为居民提供日常生活所需的各类公共设施和服务。一般而言，城市公共服务设施的数量越多、类型越丰富、质量越高，其服务水平和居民的满意度也就越高，相应的城市宜居水平也就越高。公共服务设施根据其服务内容又可以分为教育、医疗、文化、养老、休闲等基本公共服务设施，也包括面向特定人群和阶层的服务设施，如养生、康体健身等。

加拿大的温哥华市在宜居城市建设上的经验是重视公共服务设施的建设，具备完善的医疗系统和优质的教育资源配置，如优质服务的图书馆、博物馆、美术馆等。也根据城市居民体育活动的喜好，建设冲浪、游泳、滑雪等各具特色的运动设施，服务于居民休闲和娱乐活动。总之，为居民提供多元化选择的公共服务设施是温哥华市建设宜居城市的重要经验。澳大利亚的墨尔本市除重视居民的基本公共服务需求外，还关注居民的差异化需求，针对不同类型的家庭、年龄、身体状况等差异化需求，提供精心独到的社区服务和个性化服务，为城市居民提供健全的社区服务设施。

三、环境的宜人性

环境的宜人性是指环境质量的健康性和自然环境的舒适性。清新的空气、令人愉悦的自然环境、健康的人工环境等是宜居城市建设最重要的基础和目标。宜人环境应该具备清新的空气、清洁的卫生条件、干净的水体、舒适的自然和人文环境等。同时，宜人的环境也应该远离各种污染源、辐射源及有害身心健康的设施等。总之，宜人的环境能够让居民感受到身心的愉悦，享受到自然环境和人文景观之美。

温哥华市在环境宜人方面主要是重视二氧化碳的减排、废弃物处理和生态系统的建设，从绿色经济、气候领先、绿色建筑、绿色交通、零废弃物、亲近自然、轻的足迹、清洁的水、清洁的空气和当地食品等十大目标落实具体行动。新加坡为建设美丽的花园城市，对不同空间尺度的绿化水平都做出详细规定，见缝插针地绿化和美化每一寸土地，提高城市的宜人性。

四、社会的和谐性

社会和谐性从宜居城市建设而言，主要反映的是社会关系的协调性和人文环境的舒适性。和谐城市应该社会稳定、充满正义与民主、具有开放和包容精神、文化多元、不同群体能够相融和理解，整个社会是积极向上、充满正能量的。同时，和谐城市也应该反映出城市人文环境的特色，包括城市的历史和文化传承、城市的建筑和社区特色、社区邻里关系等。因此，社会和谐至少要体现城市的文化底蕴、社会包容、社会稳定等要素。

文化底蕴是城市发展的无形资产，也是促进经济繁荣和改善居民生活质量的内在动力。例如，温哥华重视文化事业的发展，引导社会资本投资文化创意产业，举办各种类型的文化活动，目标是提高城市文化内涵和品质。纽约在城市建设上，重视自己作为一个国际移民城市的特点，提倡不同国家、不同宗教和种族间的融合和彼此尊重，营造包容开放的文化气质，正因为这样才为纽约大都市发展增添了人才和魅力。巴黎更加关注自己的文化传承和发展，通过文化活动推动文化产业的发展，让居民能够切身感受到文化资源，在享受文化的同时，也能够为居民提供多元的文化，并通过文化艺术活动提升城市空间的魅力，创造更加包容和充满魅力的城市。

五、出行的便捷性

城市的交通条件是反映城市文明和现代化的重要标志之一，是居民出行和享受生活的基本条件。出行的便捷性与居民的出行方式、城市交通结构、交通设施水平、道路状况、出行时间等有关。出行便捷性可以由居民利用交通设施的便利程度和交通的通畅情况，如道路建设情况、公交利用情况、交通通畅性等来反映。出行问题几乎是所有特大城市发展的难题，也是制约这些城市建设宜居城市的瓶颈。对特大城市而言，解决交通出行的唯一出路就是积极发展公共交通系统，尤其是轨道交通。

新加坡交通网络体系完备，确保了居民的出行便利，也提升了城市的宜居性。加之新加坡政府长期鼓励发展公共交通，并利用行政和经济手段限制私人小汽车的使用，确保了公共交通出行能够在 1 小时内到达出行目的地。东京则是通过轨道交通提高居民的出行效率，东京都区部轨道交通出行比例已达 86%以上，从任何街区居民步行 10 分钟以内均可到达一个地铁站口，轨道交通极大地改善了东京出行的便捷性。

六、城市的开放和创新性

宜居和谐城市应该是一个开放和创新型城市。国际化程度是衡量一个城市是否是国际交往中心和世界城市的重要依据，国际化程度可以反映一个城市在世界交往中的地位、吸引跨国投资与国际人才的水平。要建设"国际一流的和谐宜居之都"，必然要将城市置于世界层面进行比较和分析，判断其国际化水平。同时，宜居城市也应该是具有创新能力和充满活力的城市，能够让不同阶层和群体的人们发挥出自身的价值。维也纳尽管城市规模不大，但它承担了奥地利的经济、政治和文化中心等职能，更为重要的是它是一个国际化程度很高的城市，联合国机构数量位居全球城市第三。

本章小结

建设和谐宜居城市是全球所有城市共同的发展趋势和方向，也是城市居民追求生活质量和品质的要求。"国际一流的和谐宜居之都"发展的目标是环境舒适宜人、生活祥和安逸、社会包容和谐、尊重自然和历史文化、具有开放和创新精神的高品质城市。与国际上普遍认可的宜居城市相比较，北京存在的差距仍然很大，尤其是空气质量、交通出行等因素制约着北京迈向"国际一流的和谐宜居之都"的进程。

第二章

和谐宜居城市的研究进展

　　宜居性意味着我们自己在城市里是一个真正意义上的人，一个宜居的城市不应该对人有所压制。

——Casellati（1997）

　　本章在众多学者的研究基础上，归纳总结了宜居城市的内涵和概念、不同学科的研究视角和研究进展，并对宜居城市研究的新领域和动态进行了分析。例如，和谐城市的研究内涵、和谐宜居城市与居民幸福感的关系、大数据在宜居城市研究中的应用等。

第一节　城市宜居性及研究视角

一、城市宜居性的内涵演变

　　宜居性的概念最早是由史密斯（David L. Smith）提出的。史密斯在其著作《宜人与城市规划》中，以 19 世纪后半叶的历史为基础，倡导宜人的重要性，并进一步明确了其概念。根据他的定义，宜人的内涵包括三个层面的内容：一是在公共卫生和污染问题等层面上的宜人；二是由舒适和生活环境美所带来的宜人；三是由历史建筑和优美的自然环境所带来的宜人。1961 年，世界卫生组织（World Health Organization，WHO）总结了满足人类基本生活要求的条件，提出了居住环境的基本理念，即"安全性（safety）、健康性（health）、便利性（convenience）、舒适性（amenity）"（日笠端と日端康雄，1977）。

　　20 世纪 70 年代，国外城市发展的核心进一步强调提高居民生活质量，城市规划面临的主要任务就是解决城市社会矛盾反映在居住空间与环境之间的不和谐问题。围绕这一核心问题，规划学、社会学、生态学、地理学及行为科学等在研究方法和研究内容上相互交叉、相互渗透、相互借鉴，创立了很多研究范式。其中，人本主义理念主导下的城市规划被称作解决这些问题的重要理论。人本主义者认为，人们之所以选择在城市生活，是因为城市能提供人们高度自由选择的生活方式，提供人们各种活动与行为的场所，提供不同社群所依存的社区。居住区的发展与变化始终以人对自身生活质量的变化为中心，而对居住区的认识、评价是人们对自身生活质量关注的结果。关于城市宜居性的内涵，国内外学者有着不同的解释。

Casellati（1997）认为，宜居性意味着我们自己在城市里是一个真正意义上的人，一个宜居的城市不应该对人有所压制。Salzano（1997）在其《Seven Aims for the Livable City》一书中从可持续的角度发展了宜居的概念，认为宜居城市连接了过去和未来，它尊重历史的烙印（我们的足迹），尊重未来的人（我们的后代）。宜居城市保护了历史的标记（遗址、建筑、规划）……宜居城市反对一切对自然资源的浪费，我们必须为后代保留完整的资源。宜居城市也是一个可持续城市，能够满足当前居民在不减少将来后代的资源容量的情况下的所需。在宜居城市里，社会和物质元素必须协调一致，共同为福利、社区和社区中人的进步做出贡献。在宜居城市里，公共空间是社会生命的中心和整个社会的焦点。一个宜居的城市必须修建或者修复成一个连续的网络，从中心地区到更远的居民点，在那里人行道和自行车道编织起了有社会品质和社区生命的地方（图2-1）。

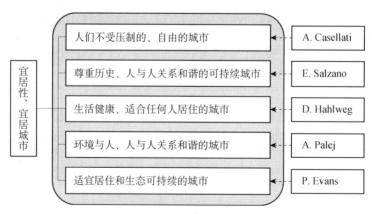

图 2-1　国外学者对宜居性与宜居城市的理解

Hahlweg（1997）指出，宜居城市是这样一个城市，在这里我能有健康的生活，有机会能够轻易地选择交通方式——步行、骑自行车、乘坐公共交通工具，甚至如果没别的选择的话，开私家车……宜居城市是所有人的城市，这意味着宜居城市必须有吸引力，同时，对我们的孩子和老人来说很安全，而不只是对那些在这里挣钱但在外面郊区和周围居住的人。对孩子和老人来说更加重要的是能够轻易地接近绿地，在那里他们可以玩耍、与他人会面和交流。宜居城市是所有人的城市。Palej（2000）从建筑和规划的角度讨论了宜居城市的建设，他描述道，宜居城市是这样一个地方，在这里社会组织的元素（它们通常是人们交流和友谊不可或缺的部分）能够被保存和更新。Evans（2002）认为宜居性具有两面性，一面是适宜居住性，一面是生态可持续性。适宜居住意味着工作地足够接近住房，工资水平与房租相称，能够接近提供健康生活环境的设施。适宜居住也要能够可持续，对工作和住房的追求不能以降低城市环境质量为代价，市民不能用绿色空间和新鲜的空气去交换薪水。一个城市，必须做到适宜居住和可持续性两个方面。

Lennard（1997）提出了宜居城市建设的九个原则（图 2-2）：市民能够感受到彼此的存在，而不是相互隔绝；居民能够进行面对面的交流；有为居民提供活动（庆祝和节日活动）的公共空间，每个市民都以普通人的身份参与其中；市民能够感受到安全；公共空间能够作为相互学习的地方，每个市民都能成为别人的师长和楷模；城市应当具备多方面的功能，包括经济、社会和文化等，不能有所偏废；市民彼此尊重，认同其他人的价值；城市环境具有美感；市民意见得到尊重，市民能够参与到城市发展的过程中。

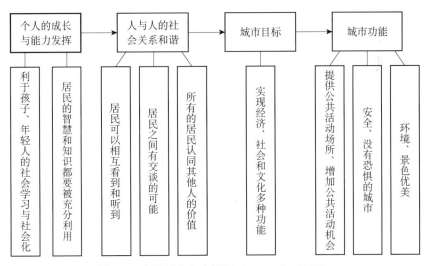

图 2-2　宜居城市九大原则（Lennard，1997）

Douglass（2002）从经济、环境及社会的角度，建立一个宜居性模型。他认为亚洲城市在迈向宜居城市的发展中，宜居性是决定城市未来总体发展和社会发展的关键。该模型由环境福祉（environmental well-being）、个人福祉（personal well-being）、生活世界（life-world）组成。环境福祉的部分包括了城市是否有干净与充足的空气、土地及饮用水等自然资源，废弃物的处理能力，以及环境正义等议题。个人福祉的部分则包括减少贫穷、增加就业机会、增加教育与健康设施和保障儿童安全等。Douglass 特别指出了社会空间在生活世界中扮演的重要地位。社会空间包括绿地及其他形态的小区空间与都市空间的公共空间，或者具有市民互动的场景。这些空间支持与创造了我们每日的生活世界。例如，邻里空间增进居民互动，创造了小区自我管理的能力，也强化了小区居民的认同感。传统的文化空间，如东方社会中的庙宇或茶馆，有文化传承的意义，增加了社会凝聚力。

此外，宜居的城市应该是生活质量（quality of life，QOL）和居住的适宜性比较高的城市（Dwiananto，2011），在这样的城市中，居民满意度高、幸福感强。随着智慧城市理念的提出，宜居城市被认为是可持续的、智慧型的并且可以被监测的城市（Marsal-Llacuna et al.，2015），信息技术和科技的发展让智慧城市成为可能，使城市越来越宜居。

综上所述，宜居城市是基础设施便利、生产高效环保、居住舒适性高、环境质量好、人民满意度高的城市。宜居城市是一个人与自然、社会高度融合，和谐共生的有机统一体，是一个由各种人地关系、人社关系有序组成的复合巨系统。

二、城市宜居性的研究视角

1. 从空间视角研究城市宜居性

不同城市及城市内部不同地区的宜居性差异和影响因素一直是学者们关注的研究热点。本节将重点回顾不同空间尺度的宜居性影响机制研究，而与此相关的宜居性评价将在第六章进行总结和评述。

目前，国内外学者和机构主要是从城市尺度出发，比较不同城市的宜居性水平，剖析其影响因素，如英国《经济学家》、美国《财富》等杂志和机构进行的全球范围内宜居城市评比。城市整体作为一个中观尺度，位于不同地区的城市其气候、地形、地质及生态条件表现出不同的特征，形成风格迥异的自然环境，是影响宜居性的重要背景因素。例如，许多研究指出在降水和光照充足、气温适宜、临近海洋、生物多样性丰富且地形条件有利于污染气体扩散的地区，自然环境的宜人性明显优于干旱内陆地区或地壳活动频繁的地区（Ullman，1954；Roback，1982；Glaeser et al.，2001）。另外，城市作为一个行政级别，具备改善宜居性的能力。例如，城市政府出台降低通勤时间的高速路建设政策、推广丰富多彩的社区活动、增加公共服务设施供给、加强消费和娱乐空间都可以直接或者间接地提高城市的宜居性（Glaeser and Gottlieb，2006）。城市本身的历史文化底蕴、特色文化氛围、社会包容性和居民素养等也会对城市高品质的生活环境起到正向作用，正如 Oswald 和 Wu 所指出的，人们可以在其生活的城市感受到客观的愉悦或者是厌烦（Oswald and Wu，2009）。

即便在同一个城市内部，不同城区公共交通、娱乐文化、学校医院等服务设施可达性的差异同样可以造成城区之间宜居性的差异。尤其是我国北京、上海、广州等这样城市规模非常大的巨型城市。城市内部的街道及居住小区的异质性已经被证明普遍存在。在我国，常见的基本单位划分是以街道为依据，因为它是我国最小的行政管理单元，既可以清晰地表达居住环境的地区差异，又便于规划和政策实施，是能够展现空间特征且具有可操作性的空间尺度（冯健和周一星，2003）；张文忠等以街道为基本单元，分析了北京和大连城市内部的宜居性空间差异（张文忠等，2006；谌丽等，2008；李业锦，2009）。城市街道之间的异质性主要表现在街道的公共服务设施供给、土地利用形态及人口社会经济属性的差别上。这种异质性，首先是城市规划的引导作用所导致的。政府在城市规划的决策中，为了整个城市的协调发展，为不同的街道设定差别化的发展定位。例如，承担历史文化保护的街道、承担居住功能的街道和以工业为主的街道等，这些刻意引导的差别化的街道发展定位引导街道异质性的生成与强化。其次，土地市场的建立同样造成异质性的产生，由于土地价格的空间差异，城市经济活动和功能在不同的区位集聚，位于城市不同位置的街道会表现出异质性的特征，最终导致城市宜居性的差异。

邻里和居住小区是比街道更小的一个尺度，通常是城市里最小的人口集聚单位。在欧美国家常用其来分析不同的规划模式对宜居性的影响，其内容包括住房本身的特征、邻里关系和服务设施配置（Talen，2001）。例如，Lovejoy 等（2010）比较了传统邻里和新城市主义邻里的宜居性，目的是评价新城市主义理论的实践效果，Mohit 等（2010）分析了马来西亚新建公共住房小区的宜居性，用以评估公共住房政策的实施效果。在我国，一个居住小区仅由一个开发商建设，人口从一千到几千不等，面积通常小于十万平方米，小区内部的建筑风格统一，价格基本一致，因此人员构成也类似。居住小区之间的异质性主要表现在小区的类型差异之上。住房市场改革以来，原来单一的福利住房逐渐被多样化的住房体系替代。目前，城市里的住房类型包含了商品房、各类保障房及改制后的单位房。不同类型的住房小区之间由于土地供应、开发模式、供给对象、产权分配等原因而表现出居住环境及人口社会经济属性的明显差别，从而导致宜居性的差异。例如，不同居住小区的通勤行为（孟斌等，2012）、职住距离（柴彦威等，2011）、养老设施（颜秉秋和高晓路，2013）都存在显著差异。一般来说，单位大院的服务设施配给更完善、职住距离更短。而对于商品房来说，由于居民可以自由选择住宅，居住小区之间的异质性还体现在居民的社会经济属性特征上。与国外同一概念的居住社区相比，中国城市居住小区最大的特点在于其封闭性，相邻小区之间的差异比国外更大。

通常对宜居性空间差异的研究都是分别在不同尺度上进行，但不同尺度空间往往具有嵌套性，社区嵌套在城市中，城市嵌套在大区域或国家中，因此并不相互独立（Ballas and Tranmer，2012）。而多层模型能够将不同地理层级要素对宜居性主观评价的影响区分开来，并精确计算出每个地理层级对解释宜居满意度差异的贡献。例如，党云晓等（2015）利用层级定序因变量模型分析了居民生活满意度在城市内部的街道和居住小区尺度两个层级的异质性，为宜居性的空间分析提供了新的思路。

2. 从社会视角研究城市宜居性

宜居性和居民福祉密切相关，在研究城市的宜居性时，有的学者也关注城市社会层面的研究。首先，由于宜居城市是服务于居民的，有的学者试图从市民的角度出发研究宜居城市的建设。人们对宜居性的需求会因居民的社会经济属性、生命周期、性格特质等不同而产生差异（张文忠，2001；刘旺，2006）。例如在美国，老年人、女性等群体的空间活动能力较弱，对公共交通、步行环境和服务设施的需求程度很高，往往偏好中心城区的居住环境（van Vliet，1985），而且对于独居老人、单亲母亲等群体来说服务设施的距离是没有弹性的（Newcomer，1976；Wekerle 1985）。如果家庭里有小孩，那么学校、公园则是最受重视的服务设施（Berheide，1981）。此外，对宜居性的认知还受到社会价值观的影响。例如，美国核心家庭对居住在郊区低密度住宅的偏好源自对后者所代表的中产阶级身份的向往（Franck，1985）。

其次，不同群体的资源掌握能力决定了他们对宜居性要素的占有能力，居民所掌握的资源是既定的，因此通常只能在能力范围内选择效用最大化的宜居性要素。在西方国家，居民的支付能力通常由家庭收入决定。在研究内容上比较关注不同收入群体的宜居性差异，并且大量研究都说明高收入群体更可能获得宜居性高、令他们满意的居住环境（Galster，1987；Lu，1999；Schwanen and Mokhtarian，2004）。还有许多研究也指出西方国家不同种族之间也存在严重的差异，甚至出现种族隔离。Irene van Kamp 等（2003）在研究城市环境与市民福利时指出，大城市在发展过程中出现了市民隔离、社区退化等问题，导致城市的宜居性下降。

解决社会公平问题的一个重要途径是公众参与到城市发展的规划和实施中来。Hartz-Karp（2002）研究了市民参与城市建设的机制和实际执行情况。他指出，在城市的发展过程中，应当形成一种商讨性民主（deliberative democracy），营造一个诚信、公开、透明的环境以鼓励市民参与到城市发展政策的制定和实施中。市民参与是众多学者在研究中所极力强调的，但并不是所有的市民行为都有利于宜居城市的建设。Clark（2001）就指出，宜居城市政策的实施效果不仅受到经济部门的影响，还会受到市民的影响。政府必须要把相关政策对市民进行充分的说明，并协调好政策与市民的偏好和价值取向，否则市民不会配合政策的实施。

我国学者吴箐等（2013）以广州为例，讨论了城市人居环境的健康性需求、城镇人居环境不同主体的要素需求差异，结果发现受访者对闲暇活动等 10 个要素的需求表现出差异性，对生活能源等 22 个要素的需求表现出共性；居住时间和经济状况对不同主体人居环境要素需求的差异性影响最大。李业锦和王敏（2012）、高晓路（2012）、颜秉秋（2013），以及张纯和柴彦威（2013）讨论了老年人对居住环境的需求和满意程度，认为社会支持度、社区服务优度、服务可及度对提高老人的满意度具有重要意义。随着我国老龄化的加快，这也成为近年来的一个研究热点。与西方国家不同的是，我国居民的资源掌握能力除了体现在收入差距上，很大程度上还受到制度的影响。例如，在我国传统的福利分房制度下，居住条件首先是由居民所属的单位决定，其次在单位内部，还要根据他们的职位、工龄、工作表现等来决定（Huang，2003）。另一个重要影响因素是户籍，因为本地城市户籍在购房、购车、公共服务等方面通常比外地户籍居民享有更多的权利。许多学者讨论了北京、上海、广州、深圳等大型城市的流动人口和本地人口的宜居性评价差异（李志刚，2011；郭静和王秀彬，2013）。此外，谌丽等（2008）以收入、学历、年龄、家庭构成等划分了不同社会阶层，讨论了各阶层的宜居性评价差异，以及住房制度对不同收入的宜居性评价的影响（Chen et al.，2013）。

3. 从经济视角研究城市宜居性

城市宜居性不仅在微观层面影响居民的生活品质，在宏观层面上对城市发展也会产生影响。特别是在知识经济背景下，宜居性高的城市对吸引精英人才定居和创新企业入驻都有重要的推动作用。由于西方国家经济发展阶段领先于我国，因此这方面研究主要由西方学者主导，他们从城市经济学的视角研究宜居性对土地和住房价格、工资补偿、就业选址、企业选址乃至人口迁移和经济增长的作用。

其中，城市宜居性及关键要素对住房价格的影响机制与效应是城市经济研究的重要内容。最早可追溯到 Alonso 的土地市场模型对交通可达性的溢价效应模型（Alonso，1964），在此基础上，Benjamin 和 Sirmans（1996）、Knaap 等（2001）、Kim 和 Zhang（2005）等大量学者利用不同区域和时期的数据对此进行实证研究，证实交通环境特征是影响住宅价格的重要因素。除此之外，Chiodo 等（2003）指出教育设施等公共服务也被资本化到住房价格中，同时，气候条件、景观状况、绿地资源、污染情况、噪声等生态环境也对住房价格有重要影响（Roback，1982；Pollard，1982）。实证研究方法主要以特征价格模型（Hedonic model）为主。

从国际经验来看，在部分发达地区，居民不仅愿意为了追求宜居的城市环境而付出高额房租或房价，还愿意接受相应较低的工资（Roback，1982），与此相对应的是，在一些宜居性较差的城市，人们可以从高薪中获得宜居性的补偿。例如，一些新建的资源开发城市往往以高薪吸引工人。Roback（1982）、Blomquist 和 Worley（1988）通过实证研究证明了城市宜居性能够很大程度上解释地区工资差异。

另外，尽管传统研究认为收入差异是影响人口流动的主要因素，然而近年来的研究却表明多样化的生活方式、便利的服务设施等城市宜居性要素成为吸引人才的重要因素。例如，Glaeser 和 Gottlieb（2006）发现高质量的生活能够使精英人群在城市集中。Clark（2003）的结论指出，大学毕业的年轻人偏好服务设施、娱乐方式等宜居性要素，而老年人则偏好自然环境宜居性，高科技人才则要求各方面宜居性都比较高的城市。不仅如此，许多学者还指出社会包容性因素（如以同性恋比例作为指标）能够解释高新技术就业的增长（Black et al.，2002；Clork，2003；Florida，2005）。

由于高技术产业布局往往与高学历、高科技人才密切相关，城市宜居性对高新企业选址也会产生影响，即通过影响人才的定居决策间接影响企业的空间选址（Florida，2002a），但也有学者指出人才定居决策和企业空间选择之间互为因果（Wenting et al.，2011）。

人才和高企业的集聚将提高城市的竞争力，最终推动城市的发展。早在1954年，Ullman（1954）就指出 20 世纪美国西海岸阳光地带的快速发展得益于其良好的生活条件对人口的吸引力。只是早期的研究主要关注气候、湿度、景观等自然环境的宜居性。近年来以 Glaeser 为代表的学者指出消费环境、服务设施等起的作用越来越大。例如，Deller 等（2001）通过分析一系列的娱乐服务和自然环境变量，发现人口水平、就业和收入的变化与这些变量密切相关。Glaeser 等（2001）、Glaeser 和 Gottlieb 等（2006）检验了城市基础设施和公共服务的重要性，发现基础设施和公共服务好的城市比其他城市发展更迅速。

我国土地市场化和住房制度改革之后，居住用地和住房价格受市场影响程度逐渐提高，很多学者也开始分析城市宜居性对价格的影响。例如，郑思齐及其团队进行了一系列研究验证服务设施可达性和轨道交通建设对住房价格的影响。武文杰等（2010）基于北京 2004～2008 年土地交易的微观数据，构建地价估计模型，定量分析了生活、交通、环境设施便利性和工作便利性等宜居性因素对居住用地出让价格的影响程度，结论显示这四类外生潜变量对居住用地价格有显著的影响力，且工作便利性、交通设施便利性、生活设施便利性、环境设施便利性对居住用地价格的影响程度依次减弱。余建辉等（2013）进一步指出居住用地价格存在显著的空间依赖效应，轨道交通和公园绿地便利性及合理的土地混合利用能够显著提升地价。

第二节　和谐城市的内涵和发展

孔子曰：“君子和而不同。”正如联合国人居署所言，“和谐意味着对待一切事物适度而平衡的态度，这是一个古老的社会理想”（联合国人居署，2008）。世界城市状况报告同时也指出，和谐是世界城市发展的核心问题。和谐城市研究，成为学者和社会广泛关注的命题。

1. 和谐城市的界定与内涵

目前人们对关于和谐城市的定义已经比较熟悉，和谐城市是和谐社会在城市领域研究的空间载体之一，是和谐社会的空间附着区域之一。联合国人居署出版的《世界城市状况报告（2008/2009）》从空间和谐、社会和谐和环境和谐三个方面阐释和谐城市的内涵。牛文元等（2007）提出城乡一体和谐城市的理念，认为新型城市化较之传统的城市化，具有以下四个显著特征：一是更加注重城乡统筹；二是更加注重产业支撑；三是更加注重均衡发展；四是更加注重以人为本。闫小培和魏立华（2008）提出和谐城市是谋求“生产-生活-生态”三者之间的和谐。联合国秘书长潘基文（2009）指出，虽然城市蕴含着社会中一些最紧迫的调整，“从污染和疾病，到失业和住房不足等”，但是城市也带来了真正的机会。他呼吁各政府在追求公平的生活成果，实现资源的可持续利用的同时，也要提高其居民的康乐水平。吴志强在 2014 年提出“和谐城市”理念，认为包含人与人的和谐、人与自然的和谐、历史与未来的和谐等三方面（吴志强和刘朝晖，2014）。

"和谐"首次被作为施政目标提出于党的十六大关于实现"社会更加和谐"的目标，并将其作为建设社会主义小康社会的重要内容之一。2006年十六届六中全会又进一步提出"提高构建社会主义和谐社会的能力"的战略要求，并指出社会主义和谐社会是一个"民主法治、公平正义、诚信友爱、充满活力、安定有序、人与自然和谐相处"的社会。和谐宜居城市就是要更加强调城市社会人文环境与自然物质环境的协调统一。作为和谐社会存在的一个具体空间实体，和谐城市在经济水平、基本内容、实现手段方面相应表现出层次性特点。第一，从经济水平来看，城市经济发展水平大致可分为温饱型、小康型、富裕型三种发展水平。对应于以上的不同层次，和谐城市可分为低、中、高三个层次。低层次是在温饱的基础上社会治安良好，社会基本稳定；中层次是小康经济水平社会，城市各阶层和谐相处，平稳发展；高层次是在人民生活极大富裕条件时政治高度民主、社会全面和谐。第二，从基本内容来看，和谐城市是一个稳定的、有效的系统，包括三个方面内容：人与自身的和谐，人和城市社会的和谐，人和城市自然环境的和谐，即人和、社会和、天人和三个层次。第三，从实现手段来看，和谐城市需要通过维护社会秩序、推行法律道德、落实公共治理三个不同层次途径实现。最高层次的公共治理和谐，即城市政府治理达到和谐，包括政府、市场、第三部门三者之间关系的良好发展和有效合作，社会公平，以及政府管理体现正义（孙俊岭和林炳耀，2011）。

本书在第一章对和谐城市的科学内涵进行了界定：①人与自然和谐共生是基础，强调走"生产发展、生活富裕、生态良好"的文明发展道路，即在城市经济社会发展的同时，保持城市的生活环境优美，生态环境良好，资源环境承载力合理发挥；②人与社会和谐共处是关键，强调人与人之间的和谐，强调形成公平正义、安定团结、保障完善、运行有序的社会局面；③历史与未来和谐共赢是目标，强调历史文化开发和保护，强调不损害下一代发展能力，强调以人为本的全面协调可持续发展。

2. 和谐城市的发展研究

"和谐"可以说是千百年来人类共同的美好理想和追求，和谐文化作为中国传统文化的精髓，在五千年中华文明史中一脉相承，成为中华民族力量的象征。孔子曾经说过"君子和而不同"。在西方文化当中，和谐的理念也是源远流长。古希腊的著名哲学家毕达哥拉斯认为，整个天就是一个和谐。文艺复兴之后，许多的思想家都把和谐作为重要的哲学的范畴（邵占维，2010）。数百年来，人们对"和谐城市"的探讨和追求从来没有停止过，从"乌托邦"到18世纪的"理想城市"，再到霍华德的"田园城市"，无一不在探索如何建立城市在空间上、秩序上、精神升华和物质上的平衡、和谐。联合国人居署 1996 年发布的《伊斯坦布尔宣言》强调："我们的城市必须成为人类能够过上有尊严的、健康、安全、幸福和充满希望的美满生活的地方。""和谐城市"理念进入普通民众的视野，得到广泛认同（邵占维，2010）。2010 年，上海世博会以"和谐城市"的理念来呼应对"城市，让生活更美好"的诉求。

和谐城市发展与中国的城市化、和谐社会建设紧密相连。20 世纪 90 年代以来中国城市化发展侧重于"短期内的经济绩效"，城市社会、经济、生态及城市安全等日趋"脆弱"，闫小培提出基于"脆弱性"的城市化模式亟待转型，走健康城市化之路，而和谐城市是中国城市化健康发展的核心，提出实现和谐城市建设有三个基本目标：一是经济产出的最大化；二是宜居性的最优化；三是生态环境的协调。从城市规划学科的角度，吴志强提出"和谐城市"理论模型，认为和谐城市发展取决于三个平衡关系：一是城市人的空间欲望与自然环境之间的平衡，反映了城市与自然的依存关系；二是城市人的空间欲望与社会之间的平衡，体现了城市与社会之间的权益分配关系；三是城市人的空间欲望与时间进程的平衡，体现为城市与实践之间的进程关系。在这个三个平衡关系中，城市规划具有巨大的重要性，是对三大平衡的调控。李立明等（2007）构建了和谐城市运行模式，通过对政府、企业、公众、公共产品等城市运行各类要素的分析，建立和谐化城市运行模型，实现政民和谐、政企和谐、企民和谐，达到社会全面和谐。在建设和谐城市过程中，杭州实施了"经济的和谐发展、城市的和谐建设、人才的和谐创业、社会的和谐共享"，在建设和谐城市之路上做了探索。

世界银行组织的文件指出，建设和谐社会会对城市发展产生积极影响，宜居性是重要的评判因素。国内对和谐社会、和谐城市指标评价也做了一些研究，如国家统计局对全国范围和谐社会进程的评价体系，一些省市政府（如江苏、浙江、南京、广州、武汉、台州等）对特定地方、社区和谐社会进程所作的评价体系，较具代表性的主要有北京市和谐社会指标体系、和谐深圳指标体系、和谐厦门评价指标体系。北京市和谐社会指标体系包括了贫富差距、社会安定、环境资源、社会保障、舆情反映与民主法治、社会应急、社区控制，以及社会主体的主观诉求等评价指标。孙俊岭和林炳耀构建了和谐城市通用评估指标体系，包括民主法治、公平正义、诚信友爱、充满活力、安定有序、人与自然和谐等六个方面的评价指标。中国社会科学院发布的 2013 年《城市竞争力蓝皮书》提出了中国和谐城市的评价标准，主要包括政府善治、社会公平、社会保障和福利、社会安全等四项内容。

第三节　和谐宜居城市的幸福感研究视角

和谐宜居城市与幸福城市是两个比较相似又不完全一致的概念，从和谐宜居城市向幸福城市的延伸是人类对更高生活品质的深入探索。如果说和谐宜居是城市发展追求的最高目标，那么居民在城市生活的幸福感便是衡量和谐宜居城市建设成效的最佳标尺。"建设让居民具有幸福感的宜居城市"，是 2011 年深圳市提出的城市发展口号，以幸福感为取向已经成为新时期宜居城市建设的重要战略。

一、人居环境向居民幸福感研究的延伸

人居环境研究向幸福感的延伸最早起源于 20 世纪中后期，西方地理学界的计量革命催生了包括人居环境研究在内的人文地理学的人文主义转向，一些地理学者开始把居住环境与个人的福祉水平联系起来，形成了早期的福祉地理学。例如，Gould（1969）把居住空间偏好和福祉指标关联起来，将生活水平指标应用于区域划分之中。Nath（1973）提出，福祉地理学是地理学的一部分，研究各种地理性政策对社会福祉的可能影响。这表明，福祉地理学是把居住环境与福祉水平相关联的人文地理学分支。之后，史密斯对福祉地理学的研究方法进行了详细阐述，他认为福祉地理学方法关心的核心是"谁得到了什么？在哪里得到？如何得到"（who gets what, where, and how）（Smith, 1977）。由此可见，福祉地理学研究的核心问题与人居环境科学大同小异，即居住环境各要素的空间分布状态。不同的是，人居环境科学更关注居住环境要素的供求，关注城市生活的适宜性，而福祉地理学更关注福祉水平的空间差异及其产生的原因。

随着人居环境概念的不断完善与宜居城市研究的拓展，居住环境被看作是一种福祉，进而影响到个体生活的主观幸福感。日本学者早川和男提出，居住地是生存的基础，居住环境是福利的基础，住宅是人类生存与生活的基本场所，居住环境水平的提高可以减少居民的疾病或肌体衰老，也可以减少国家在医疗和福利方面的过大开支。他指出，要从居住福利的观点认识人居环境，开展具有福利内涵的住宅政策。尤其重要的是，他提出了"居住福祉"的概念，希望通过对居住价值的重新定义来唤起人们对"居住"的觉悟，从而改善居住状况，提高居住水平。他认为居住福祉包含两层含义：一层是理念含义，即居住福祉代表一种幸福理念，标志着人类社会所应达到的幸福生活、幸福居住的目标；另一层是社会含

义，即居住福祉作为一种社会学概念，必须通过社会学的理论建构和一系列社会方面的操作来实现社会中每一个人的居住幸福（早川和男，2005）。

近年来，国外宜居城市研究把城市发展的核心问题放在提高居民的生活质量和提升幸福感之上，城市规划面临的主要任务就是解决城市社会矛盾反映到居住空间与环境之间的不和谐问题。和谐宜居城市的理念就是要通过改善城市居住环境来提高居民的生活质量，使得生活在和谐宜居城市的居民更幸福。Veenhoven（2007）在他的研究中把生活质量分解为环境的宜居性、个人的生活能力、生活的效用、对生活的感知四个要素。其中，环境的宜居性就是研究适宜的城市空间和生活条件的改善能促进生活质量的改善。

二、和谐宜居城市与居民幸福感的关系研究

已有的研究表明，城市的宜居性与幸福有绝对的正向关系，城市的宜居水平高往往对应着居民生活的幸福水平也相对较高，而全球公认的幸福城市其居住环境的宜居性也比较高。总的来说，从居民主观幸福感的视角探讨宜居城市的研究主要可以划分为两个方向。第一个方向是采用宜居性的相关因素衡量城市生活的幸福感水平，分析影响城市或地区生活质量（Mulligan and Carruthers，2011；Cheshire and Magrini，2006；Shapiro，2006；Kahsai et al.，2011）的宜居因素，构建评价指标体系，并对城市或地区的综合生活质量做出评价。例如，Morais 等（2011）基于两种方法展示了对欧洲 206 个城市生活质量的评价，两种方法包括综合指标构建、以地方经济地位为依据评估当局在改善城市生活质量上的能力。对居民生活幸福感影响较大的宜居性因素被认为是舒适性，舒适性是评价生活质量的重要客观指标，包括自然舒适度，如气候、环境美感、山脉与海洋邻近性，以及社会或人文舒适度，如剧院、音乐厅、餐厅、公园、健康设施、教育设施、购物中心等服务设施（Mulligan and Carruthers，2011）。

第二个方向是探讨宜居城市要素，如城市安全性、便利性、舒适度等，对个体主观幸福感的影响。自然环境的舒适度是目前被广泛关注的话题，MacKerron 对自然环境和幸福感的关系进行研究，发现人们处在绿色或者自然环境中时往往比处在城市环境中更加幸福（MacKerron and Mourato，2013）。Symth 等研究了中国城市地区大气污染与幸福感的关系，文章的核心结论指出，减少大气污染对提高幸福感的作用力远高于其他因素的作用（Symth et al.，2008）。不仅如此，空气污染的强度以及污染物的危害性两种感知风险均对居民的幸福感有显著负面影响，而且这种影响因不同类型的居民而异（Li et al.，2014）。Welsch 研究了欧

洲 10 个国家污染物排放与主观幸福感之间的关系，他的创新点在于将空气污染对幸福感的影响换算成空气质量改善为居民带来的财富值增加，经过计算发现，二氧化硫排放的减少所带来的幸福感相当于每人每年多赚 750 美元，铅污染的减少相当于每人每年多赚 1400 美元（Welsch，2006）。

还有学者关注城市生活的便利性对居民幸福感的影响。例如，Wu 以北京为例研究公共交通投资对房主在公共交通、安全感、社会环境、交通污染、生活方便性等方面的幸福感的影响，他的研究发现与地铁可达性较差的地区相比，地铁可达性较高地区的居民的幸福感更容易受到地铁可达性改善的影响（Wu，2014）。其他的城市宜居性因素，如社会治安状况、社会活动参与热情、历史与文化、土地利用结构等，对个体幸福的影响正在成为学者们关注的焦点。例如，Panelli 和 Tipa 提出，认识和分析"文化-环境"关系是福祉的关键，文化维度和环境维度应该被作为重要的福祉研究要素来对待。他们对毛利人的研究发现，幸福感被复杂的文化信仰、价值观所影响，他们认为文化是理解福祉地理学的中心，福祉对不同的文化和生态系统具有不同的特殊意义（Panelli and Tipa，2007）。Aslam 和 Corrado 研究国家制度和政策对个体幸福感的影响，结果发现，与增加个体收入相比，提高区域层级的宜居性因素水平（如社会信任度、社会凝聚力），对于提高个人的幸福感效果更加明显（Aslam and Corrado，2011）。

第四节　大数据在和谐宜居城市研究中的应用

大数据时代背景下，丰富的、海量的、可获得的大数据和新方法为和谐宜居城市研究迎来新的发展机遇。中国的大数据时代改变着人们的生活、思想和对人类社会系统的认知，也影响着地理学者的认知活动，为其理论的创新和方法的运用提供了新的契合点。利用软件对网络数据进行挖掘，利用 GPS、LBS 等设备结合 GIS 或网络日志来采集与分析居民行为数据，利用网络地图对获取的数据进行可视化开发等技术可以作为大数据时代城市时空间行为研究数据的重要来源，将有利于扩大研究的范围，并增加研究结果的精确性，"大数据"对表征居民社会活动特征的社交网络数据的挖掘与分析，使得传统的居民时空行为方法产生革新，并逐渐应用到对城市空间和城市等级体系的研究（甄峰等，2015）。大数据的应用将为和谐宜居城市研究提供更全面、及时和微观的数据源，加强数据分析的技术与方法，拓展和谐宜居城市的研究内容，同时，传统的宜居城市研究也需要革新以适应大数据时代浪潮。

一、大数据下和谐宜居城市研究数据获取和研究的新方法

1. 传统宜居城市研究的数据获取与方法

传统宜居城市研究中通常是通过发放调查问卷的方法来获取数据，进而通过因子分析等数理统计方法做相关性分析或综合评价，在这个过程中结合 GIS 等软件的空间分析功能进行空间分异机制等的研究。Sakamoto 和 Fukui（2004）在 LEES（Livable Environment Evaluation-support System）的辅助下，基于 WebGIS 环境将空间多标准分析（Spatial Multi-criteria Analysis）和模糊结构模型（Fuzzy Structure Modeling）相结合，提出了探索性的评价方法（an exploratory evaluating process），并建立了相应的模型。Saitluanga（2014）通过选取印度东北部喜马拉雅地区的艾藻尔（Aizawl）为研究区域，进行主客观维度的宜居水平测算并对数据提取和简化，研究了城市中心与非中心区宜居性的差异。Olson 等（2011）则提出推进绿色战略、节能住宅与城市发展的新模式，通过构建宜居社区来提高整个城市的宜居性，重点关注老年人的购物、工作、娱乐和社交活动，提升老年人的城市宜居感。Okulicz-Kozaryn（2013）对欧洲多个城市的居民满意度指数进行分析，运用相关性系数分析了经济、人文、交通、教育等因素对宜居性的影响程度，从而分析了影响不同城市满意度评价指数的原因。国内，张文忠（2007a）通过调查问卷的方式对北京市城市宜居性进行总体评价，结果表明居民对北京市宜居现状不是很满意，北京尚未达到宜居城市的要求。湛东升等（2014）选取北京市不同类型社区居民作为研究对象，采用 2012 年居住满意度感知评价调查数据，运用探索性因子分析和结构方程模型方法构建了"居住满意度-居住流动性意向"概念模型，重点探讨转型期北京市居民居住满意度感知因素及其与居住流动性意向的相互关系。李业锦和王敏（2012）采用问卷调查和深入访谈的形式研究了北京什刹海地区基于生活圈的空间分布对老年人宜居性的影响因素。甘昶春等（2012）在构建城市宜居性评价指标体系的基础上根据可拓学理论，利用可拓学方法对新疆 15 个城市宜居性进行了评价。武永祥等（2014）基于交通资源、商服资源、小区品质、自然环境等四个维度的宜居型特征构建区位选择集，从居住基本需求和居住实现能力两个维度个体自身属性特征阐述区位选择驱动因素，提出假设，建立了居住区位选择结构方程模型。

2. 大数据浪潮下和谐宜居城市研究的新方法

大数据的出现，为和谐宜居城市数据获取带来了全新的方法，大数据的采集是伴随着新技术和手段的应用，如互联网的普及、3S（GPS、GIS、RS）技术的应用和智能手机的广泛使用等而产生的（Russom，2011）。通过这些手段可将大

数据的获取分为三种渠道：首先是网络数据收集，通过设计"网络爬虫"对网页数据进行挖掘，从而获取网页内表格数据、文本数据和网页链接等；其次是"自下而上"的数据收集，即通过数据收集设备（GPS、浮动车等）获取所需数据，从而对居民社会空间活动、城市通勤等进行研究（甄峰等，2015）。最后是"自上而下"的政府开放数据获取，即通过公共服务部门和政府部门获得相关数据，如公交刷卡数据、手机信令数据等。这些数据的获取丰富了宜居研究的数据源及可靠性，带来了数据获取方式的革新。

大数据为和谐宜居城市规划、居民时空间行为等领域的理论、研究方法和技术等带来了变革和创新，充分展现了数据驱动环境下的丰富研究成果。丰富的、海量的、可获得的数据给我们带来了新的研究视角，来重新审视城市、人及其背后隐藏的客观规律。相对于大数据，传统数据主要来源于问卷调查、统计年鉴、访谈和活动日志等。这些数据自身存在着数据量小、代表性弱等缺点，这就需要在大数据背景下通过建立科学的数学模型、运用新方法和手段对传统数据进行深度挖掘，弥补传统数据自身的不足。互联网平台、移动设备等的应用为宜居城市数据获取提供了有力渠道（王波等，2013）。例如，110 警情数据与宜居问卷调查相结合，可对不同地段的犯罪率进行评估，从而反映该地段的宜居性。公交刷卡数据则可以通过分析居民的通勤便捷性来反映宜居状况。手机信令隐藏的经济属性可以用来研究经济因素对宜居性的影响，通话时间、时长、跨度等体现职业特征和个体经济属性，将问卷设计中的每周通话时长及对象、职业、收入状况等数据与手机信令数据对比分析，可以得出经济因素和职业差异对宜居性的影响程度。

二、基于大数据的和谐宜居城市研究

1. 对和谐宜居城市的空间分析

大数据促使空间分析、公共参与、协同规划、空间预测和可视化研究加强，城市的发展和变化过程的研究变得透明、可控和可视。通过数据抓取，进行全样本数据分析，可以获取行为的空间信息，更准确地反映城市空间特征。基于 GIS 平台，建立大数据的可视化模型能够更直观地呈现分布规律，通过几类数据模型的叠加，可以分析空间实体与信息点之间的匹配程度、与宜居的相关性和个体行为的空间格局（表 2-1）。李业锦等（2013）基于 GIS 空间可视化分析能力，以 110 警情数据对北京城市公共安全空间结构及其影响机制进行了研究。

因此，随着新技术手段的应用，大数据使传统数据的重新挖掘有了实现的可能。ArcGIS 以其强大的空间分析能力和可视化能力使传统数据在现象的解释上更具说服力，大数据可扩展的动态数据管理方式、数据驱动的空间分析与挖掘方

表 2-1　基于 GIS 平台的大数据可视化分析优势

可视化分析优势	优势描述
更准确地反映城市活动	全样本数据分析，通过数据抓取，获取用地内实际设施的数量及信息
更直观地呈现分布规律	基于 GIS 平台，建立大数据的可视化模型
更综合地进行叠加分析	通过几类数据模型的叠加，分析公共服务设施的覆盖情况、集聚情况以及与居住用地的匹配程度

资料来源：课题组根据资料整理。

式，以及地理计算的可视分析在传统数据挖掘中得以运用，空间行为分析变得更具说服力（关美宝等，2013）。具有代表性的有 Kwan 和 Lee（2004）运用 3DGIS 软件对波特兰居民 2 天的活动日志数据进行的分析，该分析研究了居民的空间分布状况并进行时空预测，得出了波特兰居民活动的空间行为模式和一般行为规律。此外，数学模型的构建也使得数据分析更加科学化。Sakamotot 和 Fukui（2004）在 GIS 环境下将空间多标准分析和模糊结构模型相结合提出了探索性方法。杨俊等（2011）基于 DPSIRM 模型对大连市社区人居环境安全空间分异进行了研究。Crandall 和 Snavely（2012）通过在线照片所包含的拍照者的行为、情感和地理位置等信息，构建了相应的数据库来反映拍照者的行为空间特征。

2. 对实体空间和社会行为互动研究

大数据通过空间分析、网络分析，发掘行为的空间特征，找到城市与信息点之间的某种潜在联系，可以实现实体空间与社会行为的互动。传统的活动空间研究是基于问卷调查数据开展的，忽略了居民的个体差异性（申悦和柴彦威，2013）。柴彦威等（2013）、申悦和柴彦威（2013）、郭文伯等（2013）则利用 GPS 的北京市活动与出行调查数据对北京市郊区社区居民工作日和休息日的日常活动空间及其对城区空间和案例社区附近空间的利用情况进行研究，并与传统活动日志调查进行比较，研究发现基于 GPS 设备的数据调查要比传统活动日志更加详尽和精确。国外学者针对旅行者轨迹的研究不断展开，Edwards 等（2009）基于 Google 地图，运用 GPS 和具有时间、速度、方向记录功能的网页插件对悉尼和堪培拉 76 个旅游者的行动轨迹进行记录，从而分析旅游者的出行特征。

国内学者则更多地利用了公共交通数据。例如，龙瀛等（2012）利用北京市连续一周的公交 IC 智能卡刷卡数据并结合居民出行调查和土地利用状况，对公交持卡人的职住关系进行评价。Cai 等（2014）基于北京市 11 880 辆出租车数据，评估了怎样的出行方式能够促进公共充电设施的发展。此外，"大数据"背景对居民的居住环境和生活方式也产生了影响。秦萧等（2014）通过挖掘大众点评网的网络口碑度数据，对南京市餐饮业的空间分布格局进行评价。Widener 和 Li

（2014）通过挖掘推特（Twitter）里有关饮食健康的推文，对美国低收入和低进入性的普查区居民所食用食品的安全性以及所表现的情绪进行分析，并进行可视化分析。Carr 和 Shira（2010）通过运用 Walk Score 对 296 名参与者所在街道进行可步行性分析，探索步行得分与居民活动环境评测因素之间的关系，研究发现可步行性与影响居民活动环境的主客观因素之间存在正相关关系。Walk Score 网站基于房屋特征、租金等要素对 Phoenix 的可步行性进行评估，得出 Phoenix 的可步行性得分为 45 分，位列美国可步行性排名的第 33 位。

三、大数据在和谐宜居城市研究中的应用展望

大数据时代背景下，目前海量数据的处理和可视化方法与和谐宜居城市研究融合不足，大数据的应用以及大数据在人居环境应用的反思将有利于开拓宜居城市研究新视野，引入大数据的城市宜居性新思想、新观念和新方法探索将是后续研究的重要方面。随着移动互联网、大数据、云计算、物联网与人工智能等新技术的发展，"人与公共服务"通过数字化的方式全面连接起来，有助于解决看病难、教育资源不均衡及防治雾霾等新老重大民生问题。当前宜居城市的研究多是基于问卷调查和社会经济统计资料的数理统计研究，对研究结果进行描述性分析。传统宜居城市研究的方式存在样本量小，精确度低，研究结果可视化较弱的不足。大数据背景下，数据驱动迫使宜居城市的研究与大数据相结合，利用大数据的数据量大、精确度高、可视化性强的特点分析城市的宜居性。与此同时，大数据应用在人居环境应用上也存在一定程度的反思，如很多大数据是没有价值的、数据存在过多问题及局限性等，需要专门的数据清洗流程和方法等。

本章小结

本章对国内外学者关于宜居城市、和谐城市等的研究进展进行归纳和总结，学者们大多认为，宜居城市通常具有方便的公共服务设施、良好的生态环境、舒适的居住环境，同时重视城市的历史和文化传承，提倡绿色出行等。和谐城市则主要是强调人与自然、人与社会、现实与未来的和谐，确保城市的可持续发展。同时，本章围绕和谐宜居城市的核心内容，从不同的视角就相关研究进展进行了梳理。最后就和谐宜居城市与居民幸福感进行了研究，认为居民在城市生活的幸福感是衡量和谐宜居城市建设成效的最佳标尺，提升居民幸福感应是新时期和谐宜居城市建设的重要目标。

第三章

和谐宜居城市建设的理论基础

> 城市一定要增长，但是其增长要遵循以下原则——这种增
> 长不降低或破坏，而是永远有助于提高城市的社会机遇、美丽
> 和方便。
>
> ——埃比尼泽·霍华德（1898）

自 19 世纪末霍华德提出"田园城市"理论以来，城市建设的思想不断发展，对和谐宜居的关注经历了从物质环境到人文关怀，再到关注可持续性的演变过程。目前，可持续发展理论、人居环境理论、人地关系理论和生态城市理论从不同角度出发，为建设和谐宜居城市提供了坚实的理论基础。本章将梳理城市发展思想演化脉络中对宜居性的关注点的变化历程，总结相关理论的主要内容及对和谐宜居城市理论形成的作用。

第一节　和谐宜居城市思想的形成与演化

一、早期城市建设关注物质环境的宜居性

19 世纪末，快速的工业发展和城市化进程，促进人口向城市的高密度集聚，引发了诸多恶劣的居住问题，如贫民窟卫生状况恶化引发瘟疫蔓延等。为了解决这些问题，创造宜人的居住环境，人们开始深切关注物质环境的改善。同时，快速的商业社会和城市发展也迫切要求完善的城市设计和美观的建筑设计、房屋保护、私有财产实行功能分区等，这些要求推动了城市美化运动。这一运动以 1893 年的芝加哥世界博览会为标志。城市美化运动除了在城市中心进行街道的改造和

美化外，还体现在美国的郊区化建设中，它们奠定了郊区低密度、独户住宅、宽敞的庭院和花园的建筑模式的发展。城市美化运动还受到以形态规划为核心的近现代城市规划理论思想的深刻影响，寄希望于建筑师和规划师绘制的宏大的形态规划蓝图来解决城市发展中的所有问题，充满理想主义色彩。其中就包括霍华德的田园城市理论（1898 年），该理论试图建设一个功能完整的城市和有机的城乡动态平衡体，使人们能够生活在既能享受城市的社会经济环境，又能享受乡村的优美自然环境的新型城市之中。霍华德的支持者还进行了实践，如莱奇沃思花园城（Letchworth Garden City）和伦敦郊外的汉普斯特德（Hampstead）田园住宅区，后者的设计意图是"卫生的家庭、漂亮的住宅、舒适的街区、庄严的城市、健康的郊外"，为此，他对住宅楼间距、外墙面的位置等细部设计都进行了规定，充分体现了对物质环境的宜居性的追求。

柯布西耶（2009）则考虑到了居住空间与生活、就业空间的邻近程度所带来的便捷性，主张建造高容积率的建筑群，使城市集中发展，从而提高人们的生活水平和城市运行效率，这种思想被称为城市集中主义。与此相反，美国建筑师 F. L.赖特等认为城市应与周围的乡村结合在一起，希望人们能够更加自由地选择生活方式，倡导"广亩城市"即每一户周围都有一英亩的土地，用来生产供自己消费的食物和蔬菜，居住区之间以高速公路相连接，提供方便的汽车交通。

之后，国际现代建筑学会《雅典宪章》（1933 年）强调城市不同功能分区，在此影响下，20 世纪 50 年代以前的城市规划的方式以物质空间规划为主。但是城市规划中功能分区过于死板，功能区之间绿化带的分隔割裂了城市的有机结构，使丰富的城市生活走向单一化。同时绝对的分区使居住远离工作地点，扩大了城市的交通量，使极为拥挤的城市交通随着交通工具的革命而日益恶化。我国郊区的大型居住区、产业园的建设就是受此思想影响的。

第二次世界大战后，随着城市规划的发展，对宜人的居住环境的追求在规划中的目标地位逐渐得到确立。史密斯在其著作《宜人与城市规划》（*Amenify and Urban Planning*）中，以 19 世纪后半叶的历史为基础，倡导宜人的重要性，并进一步明确了其概念。根据他的定义，宜人的内涵包括三个层面的内容：一是在公共卫生和污染问题等层面上的宜人；二是由舒适和生活环境美所带来的宜人；三是由历史建筑和优美的自然环境所带来的宜人。不难看出，尽管此时宜居性的概念已经涵盖了健康性、舒适性、便捷性等方面，但主要内容仍然局限于物质环境层面。

二、20 世纪 60 年代后提倡以人为本的和谐宜居思想

20 世纪 60 年代以后，许多西方学者开始从不同角度，对以大规模改造为主要形式的城市建设进行反思，对和谐宜居城市的认识从物质层面扩展到了人文关怀层面。其中最具代表性的有 1961 年 L.芒福德的《城市发展史》，以及同年 J.雅各布斯的《美国大城市的死与生》等。芒福德指出，城市规划应当以人为中心，注意人的基本需要、社会需求和精神需求，城市建设和改造应当符合"人的尺度"，反对那种追求"巨大"和"宏伟"的巴洛克式的城市改造计划（芒福德，2005）。雅各布斯则认为，大规模的改建摧毁了有特色、有色彩、有活力的建筑物和城市空间，以及赖以生存的城市文化、资源与财产（雅各布斯，2006）。舒马赫指出了第二次世界大战后大规模经济发展模式的缺点和局限，提出了规划应当首先"考虑人的需要"，主张在城市的发展中采用"以人为尺度的生产方式"和"适宜技术"（Schumacher，1993）。其他一些学者也从不同立场和角度指出了用大规模计划和形态规划来处理城市的复杂的社会、经济和文化问题的致命缺陷。

在此期间，世界卫生组织总结了满足人类基本生活要求的条件，提出了居住环境建设的四个基本理念，即"安全性、健康性、便利性、舒适性"（日笠端と日端康雄，1977），该理念也可以视作对城市宜居性的概括。希腊城市规划学者道萨迪亚斯提出了人类聚居学的概念，强调对人类居住环境的综合研究，即人类聚居学要从自然界、人、社会、建筑物和联系网络这五个要素的相互作用关系中来研究居住环境，在宜居的基础上考虑到了不同要素的和谐性。到第二次世界大战后城市化进程的新问题和人本主义思潮的兴起，《马丘比丘宪章》（1977 年）在强调"人与人相互作用与交往是城市存在的基本根据"的同时，提出"同样重要的目标是争取获得生活的基本质量"，体现了和谐宜居城市"以人为本"的基本观点。

三、20 世纪 80 年代以来强调综合和可持续发展的和谐宜居思想

从 1980 年联合国大会向全世界发出的呼吁到 1987 年题为《我们共同的未来》的报告，都明显地反映出居住环境的改善上升为全球性的发展纲领，人们对和谐宜居城市的追求不断提高。1992 年联合国环境与发展大会通过《21 世纪议程》，其中设置了专门讨论"人类住区"的章节，指出其总目标是"改善人类住区的社会、经济和环境质量以及所有人，特别是城市和乡村贫民的生活和工作环境"，为此它共列出有关的八个方面的内容。1996 年 6 月，联合国在伊斯坦布尔召开"联合国第二次人类住区会议"，确立了 21 世纪人类奋斗的两个主题："人人有适当的住房"和"城市化世界中的可持续的人类住区发展"（吴良镛，1997）。和谐

宜居的理念逐渐成熟和完善，浅见泰司（Y. Asami）在世界卫生组织的居住环境理念的基础上进一步增加了可持续性因素，他认为，在研究城市的居住环境时，不仅要从个人获得的利益（或损害）的角度来考察居住环境的概念，如"安全性""保健性""便利性""舒适性"等，也要考虑个人对整个社会做出了何种程度的贡献，即必须建立起"可持续性"的理念（Asami，2001）。

在实践中，20 世纪 90 年代以来宜居城市逐渐受到城市规划的关注。伦敦、巴黎、温哥华等城市相继制订了以宜居为目标的城市规划，明确提出改善市民的生活环境，努力减少有害物质对日常生活的影响。

基于对城市建设思想发展过程的总结，不难看出对和谐宜居城市的认识在不断丰富。第二次世界大战前城市建设主要关注物质环境，随着相关研究和实践的不断深入，人本主义开始复萌，城市开始更加注重人的尺度和人的需要，强调居民参与和社会环境的重要性，并关注环境的可持续性。20 世纪 80 年代后，和谐宜居的理念不断完善，并得到学者、规划者的重视，出现了综合的宜居城市发展规划实践。

第二节　和谐宜居城市建设的相关理论

正如上文所述，直接针对和谐宜居城市建设的理论并不存在，但相关理论和发展理念对和谐宜居城市建设具有不同程度的指导和借鉴意义（图 3-1）。

一、可持续发展理论

可持续发展是既满足当代人的需要，又不对后代人满足其需要的能力构成危害的发展。1992 年，巴西里约热内卢召开的首届联合国环境与发展大会，使可持续发展进一步从理论推向实践。各国政府相继制定"21 世纪议程"，确立可持续发展指导下的经济与社会发展的目标。

对于和谐宜居城市而言，可持续发展的目标是建设和创造一个可持续发展的社会、经济和环境，实现经济的高效和高质增长，满足人们的基本生活需求，在经济发展过程中，为人们提供稳定的就业机会；确保人们的生活、生命和财产等的基本安全，为人们提供好的住房、安全的街道和健康的生活环境；给予人们创造机会相对平等的教育和社会参与能力。具体来说，体现在社会的可持续发展、经济的可持续发展和环境的可持续发展三方面。

社会的可持续发展关注人口、教育、社会保障等问题。在许多国家大城市中出现了贫困、社会隔离、社区退化、社会空间分异等社会问题，这些问题直接影

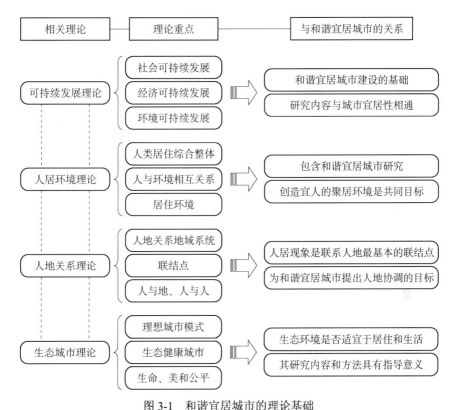

图 3-1　和谐宜居城市的理论基础

响到市民对这些区域居住环境的评价。更为严重的是，不同社会群体之间缺乏积极的联系，使得弱势群体被主流社会抛弃，被其他社会群体排斥，并减少了他们工作和进步的机会，甚至导致社会骚乱。这些现象显然与和谐宜居城市的定义背道而驰。从城市宜居性建设的角度来说，需要更多地关注以下问题：①促进社区的健康发展；提高居民的教育水平，增加就业率；完善社区的安全保障工作，减少道路安全隐患、欺诈犯罪、性犯罪、暴力犯罪等。②关注城市中弱势群体的生存和发展问题。③维持和保护街区特色和魅力。④提高居住环境质量，改善社区环境，为居民营造舒适而富有活力的街区。⑤提升居民的地区归属感，增加不同社会群体的居民对地区的多样性认同。

　　经济的可持续发展是指建设有利于经济、社会和环境相互协调发展的生产和生活方式，改变发展的价值观、财富观。经济的可持续发展理念和内容是宜居城市建设的基本指针，即在维持环境和社会的可持续发展的同时，如何进一步增强城市经济活力。包括城市经济的稳定发展、城市产业的培育和发展、住宅的供求平衡、与社会发展相适应的城市结构、城市比较优势的维持，以及城市魅力的营造等。

环境的可持续发展注重以人为本。建设生态建筑、生态社区、生态城市，为居民创造更适宜的居住环境、生活环境和工作环境已成为现代城市发展的核心目标。环境的可持续发展，要求实现资源的消耗和再生的平衡，因为能源、资源和环境容量是有限的。以碳排放为例，美国 2011 年人均碳排放为 17.2 吨，我国人均碳排放 6.6 吨，如果我国人口达到美国人的生活水准，则碳排放必将超出环境所能容纳的极限，导致出现环境恶化等问题。从这个角度来看，美国"独栋别墅+汽车出行"的模式尽管代表着人们所向往的高质量生活方式，但是它依赖的是其他地区的资源消耗和对其他地区环境的破坏，并不是可持续的发展模式。

总的来说，可持续发展理论是和谐宜居城市建设的基础，研究内容也与和谐宜居城市互通。

二、人居环境理论

伴随各种环境问题的产生，联合国《温哥华宣言》（United Nations，1976）提出"人居环境"（human settlement）的概念，认为人居环境是人类社会的集合体，包括所有社会、物质、组织、精神和文化要素，涵盖城市、乡镇或农村。它由物理要素以及为其提供支撑的服务组成。物理要素包括住房，为人类提供安全、隐私和独立性；基础设施即送达商品、能源或信息的复杂网络；服务则涵盖了作为社会主体的社区完成其职能所需的所有内容。人居环境被认为是社会经济活动的空间维度和物质体现（United Nations，2011）。所有创造性行为都离不开人居环境条件的影响，因此，建设良好的人居环境无疑是社会经济发展的重要目标和衡量指标，同时也是打造和谐宜居城市的重要条件。

在中国，人居环境这一概念由吴良镛院士提出的人居环境科学而得到了深入诠释。吴良镛院士受到希腊城市规划学者道萨迪亚斯创建的人类聚居学的启示，于 20 世纪 90 年代初提出了人居环境科学。他提出采用分系统、分层次的研究方法，从社会、经济、生态、文化艺术、技术等方面综合地考察人类居住环境，由此创建了立足于中国实际的人居环境科学理论体系的基本框架（吴良镛，2001）。吴良镛强调人居环境是一个广义的概念，具有综合性、系统性和开放性的特点；在研究中，应该把人类居住作为一个整体综合地研究，并应该强调人与环境的相互关系的研究。他认为，就物质规划而言，建筑、地景、城市规划三位一体，通过城市设计整合起来，构成人居环境科学体系的核心，同时，外围多学科群的融入和发展使它们构成一个开放的学科体系。多种相关学科的交叉和融合将从不同的途径解决现实的问题，创造宜人的聚居环境（人居环境）。

　　城市地理学侧重于从地理系统观的角度来把握城市人居环境的概念，具体表现为对城市空间结构以及各组成要素之间关系的研究。李王鸣认为，人居环境是指人类在一定的地理系统背景下，进行着居住、工作、文化、教育、卫生、娱乐等活动，从而在城市立体式推进的过程中创造的环境。城市人居环境发展的非线性和多因素性决定了它既非居住区的放大，也非区域地理系统的缩影，而应是一个综合型概念，一个兼容建筑学中人的尺度和地理学中社会经济空间尺度的新概念。宁越敏把人居环境分为人居硬环境和人居软环境。人居硬环境是指服务于城市居民并为居民所利用，以居民行为活动为载体的各种物质设施的总和，包括居住条件、生态环境质量、基础设施和公共服务设施等；人居软环境指的是居民在利用和发挥硬环境系统功能的过程中形成的一切非物质形态事物的总和，包括生活方便和舒适程度、信息交流、社会秩序、安全和归属感等。由此可见，城市地理学对人居环境的理解出于人地关系系统理念，强调人与自然的和谐。城市地理学的研究方法是把人居环境作为一个系统科学，按照自然和人文两大系统来分析人类聚集的空间，并按照不同的地理空间尺度，对不同规模的区域进行分析（李王鸣等，1999；宁越敏，1999；张文忠，2007a）。

　　综上所述，人居环境概念可分为广义和狭义，广义的人居环境就是指人类生存聚居的环境的总和，即与人类各种活动密切相关的地表空间。在人居环境体系中人是核心，实现人与自然、人与人之间的协调与和谐，促进不同空间尺度的人居环境可持续发展，是人居环境建设的目标。狭义的人居环境是指人类聚居活动的空间，它是自然环境与人工建造环境的总和，是与人类生存活动密切相关的地理空间。

三、人地关系理论

　　人地关系理论是研究和谐宜居城市的基础。吴传钧先生将人地关系的思想完整地引入地理学，提出和论证了人地关系地域系统是地理学的研究核心。他关于人地关系的思想最早来源于法国人地学派代表人物白兰氏和白吕纳。该学派根据区域观念来研究人地关系。他们所提出的"或然论"认为人地关系是相对的而不是绝对的，人类在利用资源方面有选择力，能改变和调节自然现象，并预见人类改变自然愈甚则两者的关系愈密切。吴传钧经过长期的实践和探索，提出"人"和"地"这两方面的要素按照一定的规律相互交织在一起，交错构成的复杂开发的巨系统内部具有一定的结构和功能机制，在空间上具有一定的地域范围，构成了一个人地关系地域系统。

在实际研究中，人地关系中人类活动和地理环境相互作用、错综复杂，可通过最能体现人地关系本质的关键要素（有学者称之为"联结点"）来剖析人地关系的主要问题。在人地关系矛盾中，人居于主导地位。从人与地之间的关系发展阶段看，最初是通过粮食、居所、资源和交通等基本的"联结点"来体现。

以往人地关系的研究多侧重于人类生存所依赖的对自然资源开发利用和生产建设上，而对人类生活，如居住环境状况的研究不够。居所是人类休息、娱乐等活动的主要场所，是保证人类劳动力再生产的重要途径。住房与住区也是城市生产、经济、社会等活动的后勤保障基地，居住是人类生存的最基本的条件之一。人居环境的好坏直接影响到人类生活的质量。从这个意义上讲，人居现象应该说是联系人地的最基本的联结点。而地理学人地关系理论为和谐宜居城市提出了人地协调的目标。

四、生态城市理论

生态城市的概念是在联合国教科文组织发起的"人与生物圈计划"研究过程中提出来的，苏联生态学家扬诺斯基（Yanitsky，1984）认为，生态城市是一种理想城市模式，其特点是技术与自然充分融合，人的创造力和生产力得到最大限度的发挥，而居民的身心健康和环境得到最大限度的保护，物质、能量、信息高效利用，生态良性循环（王如松，1988）。美国学者 Register（1987）认为，生态城市即生态健康城市，是紧凑、充满活力、节能并与自然和谐共存的聚居地。1992年，在澳大利亚召开的第二届国际生态会议上，澳大利亚的唐顿提出：生态城市就是人类之间、人类与自然之间在生态上实现了平衡的城市。它包括了道德伦理和人们对城市进行生态修复的一系列计划。国内学者黄光宇和陈勇（1997）认为，生态城市是根据生态学原理，综合研究社会、经济、自然的复合生态系统，并运用生态工程、社会工程、系统工程等现代科学与技术手段而建设的社会、经济、自然可持续发展，居民满意、经济高效、生态良性循环的人类居住区。任情岚（2000）认为，生态城市是现代城市建设的高级阶段，是人类理想的生存环境，一般来讲，具备社会生态化、经济生态化、自然生态化等特点。彭晓春和李光明（2001）认为，生态城市是城市生态化发展的结果，是社会和谐、经济高效、生态良性循环的人类住区形式。李文华（2003）提出，生态城市是与生态文明时代相适应的人类社会生活新的空间组织形式，是一定地域空间内人与自然系统和谐相处、生产高效、环境优美的人类居住区，是人类住区（城乡）发展的高级阶段和最高形式。以上观点在表述上虽然不尽相同，但其核心都是强调在城市发展过程中，社会、经济、自然系统的协调发展，尤其是重视城市发展与生态系统之间的相互协调。生态城市不仅要确保城市自然生态系统的平衡，也要追求城市的自然与人工生态系统的协调，以及人与人和谐的人居环境。

关于生态城市的建设原则和理论，最具有代表性的是里查德·瑞吉斯特的相关思想。1987年，里查德·瑞吉斯特提出了创建生态城市的原则，他认为，生命、美丽、公平是生态城市的基本准则。1993年他又提出了12条"生态城市设计原则"，包括恢复退化的土地、与当地生态条件相适应、平衡发展、制止城市蔓延、优化能源、发展经济、提供健康和安全、鼓励共享、促进社会公平、尊重历史、丰富文化景观、恢复生物圈等。1996年，他领导的"城市生态"组织提出了更加完整的建立生态城市的十条原则：①优先开发紧凑的、多种多样的、绿色的、安全的、令人愉快的和有活力的混合土地利用社区；②修改交通建设的优先权；③修复被损坏的城市自然环境；④建设低价的、安全的、方便的、适于多种民族的混合居住区；⑤培育社会公正性，改善妇女、有色民族和残疾人的生活和社会状况；⑥支持城市绿化项目，并实现社区的花园化；⑦提倡回收，采用新型优良技术和资源保护技术，减少污染物和危险品的排放；⑧同商业界共同支持具有良好生态效益的经济活动，同时抑制污染物、废物排放和危险有毒材料的生产和使用；⑨提倡自觉的简单化生活方式；⑩通过提高公众生态可持续发展意识的宣传活动和教育项目，提高公众的局部环境和生物区域意识（Register，1987）。

2002年8月在我国深圳召开的第五届国际生态城市会议通过并发布了《生态城市建设的深圳宣言》。宣言呼吁为推动城市生态建设人们必须采取行动，如通过合理的手段，为城市人口，特别是贫困人口提供安全的人居环境、安全的水源和有效的土地使用权，以改善居民生活质量和保障人体健康；城市规划要以人为本，扭转城市发展"摊大饼"式蔓延的趋势；要确定生态敏感地区和区域生态支持系统的承载能力，积极开展生态恢复的自然和农业地区；在城市设计中大力倡导节能、使用可更新能源、提高资源利用效率，以及物质的循环再生；将城市建成以安全步行和非机动交通为主，并具有高效、便捷和低成本的公共交通体系的生态城市；为企业参与生态城市建设和旧城生态改造项目提供强有力的经济激励手段；扶持社区生态城市建设示范项目（第五届国际生态城市会议，2002）。

这些原则体现了生态城市建设的核心思想，强调公众利益与平衡发展、公共设施建设的优先权、居民融合、公众参与、自然环境的修复、人文景观的保护、循环经济的普及、城市集约化发展等理念，对建设和谐宜居城市来说，共同点是考虑生态环境是否适宜于居住和生活，因此其研究内容和方法对和谐宜居城市具有重要的参考价值。

第三节 新的城市发展理论的启示

20 世纪后半叶美国出现了严重的郊区化和城市蔓延问题，表现为人口、工业、商业先后从城市中心区向郊外迁移，中心区人口出现绝对数量下降的过程（周一星和孟延春，1998；Pacione，2009）。这些问题通常伴随中心旧城的衰落而发生，随之带来交通拥堵及其引发的能源、污染问题，令人窒息的空气和正在损毁的公众健康，就业和居住空间的错位以及增加的通勤，社会分化与隔离问题等。针对这些居住问题，"新城市主义"和"精明增长"运动应运而生。

一、新城市主义运动的启示

从 20 世纪 80 年代中期开始，美国部分建筑师和规划师开始倡导新城市主义运动，其目标是促进城市以紧凑、土地利用混合的形态发展，提高公共交通和服务设施可达性，并提供多样化的住房来创造多元化的社区环境，以控制城市蔓延。而其理论起源可追溯到 1961 年雅各布斯的经典著作《美国大城市的生与死》，她提出充满活力和多样性的城市需要具备四个居住空间形态上的先决条件：人口和城市活动的高密度；混合的土地使用；小尺度步行友善的街区；街道与新建筑混合（雅各布斯，2006）。

1996 年，《新城市主义宪章》在第四届新城市主义大会上提出。宪章概括了新城市主义在不同尺度上的发展思想：首先，在区域尺度上，倡导大都市、城市和城镇在设计上明确边界，城市在边界内填充式开发，为居民提供多种不同交通方式和能负担的住房，区域内各市镇合理分配资源协调发展。其次，在城市邻里尺度上，倡导紧凑发展，居民的不同行为活动尽量配置在五分钟步行范围内，包括各种服务设施、公交站点等；倡导住房的多样性，能够融合不同种族、收入、年龄等社会经济背景的居民。最后，在街道和建筑尺度上，倡导建筑与局地环境紧密相连，街道和建筑的设计要增强居民的安全性、舒适性，促进邻里交往（唐相龙，2008）。新城市主义理论在美国各个州迅速推广实践，到 2010 年为止，美国共有近 800 个已建及在建新城市主义社区，并于 21 世纪初引入中国（宋彦和张纯，2013）。

不难看出，新城市主义在早期城市规划思想关注物质环境宜居性的基础上融入了以人为本的和谐宜居理念，期望基于城市空间形态的合理规划达到社会和谐发展的目标。但是新城市主义过于强调物质环境的改造，忽视了经济规律的作用，实际上单一良好规划的物质空间难以起到促进社会、经济和谐发展的目标，因此，从新城市主义在美国近 30 年来的实践来看，并没有实现预期的效果（宋彦和张纯，2013）。

二、精明增长运动的启示

新城市主义思想主要体现在规划实践上，而对理论的构建和阐述并不够深入（段龙龙等，2012）。从 20 世纪 90 年代开始，基于可持续发展理论的精明增长思想得到了民众的认可并广泛传播，可以说是可持续发展理论在城市发展观上的延伸。

精明增长思想认为美国第二次世界大战后的城市蔓延问题是因为政府管理不当造成的，美国严格的分区规划政策导致了中心城区衰退、通勤距离增加和房价上涨，因此必须采取新的区域规划，更新使用已有的基础设施以减少环境压力。2003 年美国规划师协会提出，精明增长的三个主要因素是：保护城市周边的乡村土地；鼓励小尺度、嵌入式开发和城市更新；发展公共交通，减少私家车依赖。其主要目的是，确保城市发展使每个居民受益，实现经济、社会、环境三者公平协调发展，并且强调新、旧城区都能获得发展机会。其主要手段包括：①混合式多功能的土地利用；②垂直的紧凑式建筑设计；③住房供给多样化，满足不同阶层的住房要求；④步行式社区；⑤创造富有个性和吸引力的居住场所感觉；⑥增加交通工具种类选择；⑦保护空地、农田、风景区和生态敏感区；⑧加强利用和发展现有社区；⑨做出可预测、公平和产生效益的发展决定；⑩鼓励公众参与。

可以看到，精明增长思想和新城市主义"紧凑、混合、多元、步行导向"的措施基本上是一致的，并且在新城市主义基础上发展，全面反思了城市发展问题，考虑到了社会与经济、空间与环境、规划与管理、法制与实施等不同方面，对和谐宜居城市建设具有很好的借鉴意义。然而，精明增长思想和新城市主义一样在推行中遇到了许多问题。例如，其所推崇的高密度土地利用、服务设施紧凑布局与街道设计等与现有的法案与政策冲突；同时也与美国传统开小汽车、住郊区大房的"美国梦"文化相违背，因而遭到民众的反对；依赖政策的实施力度，但政策改革所需周期较长；等等。

需要注意的是，由于精明增长思想和新城市主义是在美国城市发展的特定背景下产生的，和我国城市现状特征不同，因此在我国的应用不能直接套用过来。两国城市空间形态的相似性在于都经历了大规模的城市郊区化，外围地区土地利用粗放，并且都存在城市交通拥堵、自然环境恶化等问题，而差异在于：中国城市不像美国依赖小汽车出行的低密度蔓延模式，城市密度已经不低，中心城区仍然繁荣，土地功能已较混合；在社会方面，美国的收入和种族隔离问题非常突出，而我国的社会空间分异并不严重，建设和谐城市的阻力更小；美国的土地归私人所有，而我国属于国家所有，土地政策由政府制定；等等。因此，这两种思想能否运用于我国和谐宜居城市的建设中仍有待探讨。

本章小结

　　立足于城市发展过程中的现实问题，早期的城市建设思想已经体现出对于城市宜居性的关注，19世纪末至20世纪40年代，欧洲工业革命后大量农村人口流入城市，有限的城市居住容量带来了一系列的环境问题和社会问题，城市建设主要关注物质环境的宜居性。20世纪60年代，"以人为本"的理念逐渐兴起，城市建设开始强调提高居民生活质量，学者们认识到宜人的居住环境必须包括健康的自然环境和社会环境。20世纪80年代以来，可持续发展成为城市建设的重要内容。2000年以来，城市建设开始关注公平性。2005年年初，由联合国交流合作与协调委员会等创立全球人居环境论坛，这一期间，和谐宜居城市建设开始从理论走向实践的道路。地理学、城市规划、生态学和社会科学等不同学科从自身学科切入，逐渐形成了可持续发展、人居环境、人地关系和生态城市等理论，实践层面也出现了新城市主义及精明增长等具有较大影响力的思潮，充分体现了不同学科交叉的特点。尽管这些思想和理论的出发点不同，产生背景也存在很大差异，但是从促进城市协调健康发展的意义上讲，无疑对我国建设和谐宜居城市都具有重要的借鉴价值和警示意义。

第四章

和谐宜居城市建设的核心框架

在真实世界中蕴含着基本的模式——基本规则和基本形状，它们是构造现实世界的基础；而且，这些基本形状是简单的、易辨的和理性的。

——迪特里希·施万尼茨（2008）

和谐宜居城市是城市发展的目标和追求的方向，建设和谐宜居城市以人为本是最基本的理念，城市的基础设施和公共服务设施要最大限度地满足居民的日常行为活动，能够为居民提供便捷、高效的服务，同时能够有效保障居民财产、人身安全，抵御和防止各种灾害的侵袭。城市开发要尊重和顺应自然规律，保留城市自然山水脉络，给居民留下充足的自然空间，达到人与自然和谐共生。城市建设要力求传承自身的文化和历史，将历史与现实有机地连接在一起，凸显自身特有的地域文化内涵。城市发展的核心和灵魂要体现开放、包容、和谐、创新和绿色等基本思想，为每个生活在城市中的人们提供适合自己发展的空间。只要生活和居住在城市的居民能够感受到愉悦、安全、平等，其创造力就能够最大限度地发挥出来，也就能够集聚各种创新型人才和产业，城市同时也充满了发展活力。

第一节　和谐宜居城市建设的基本理念

自 20 世纪中期开始到现在，宜居城市的内涵由注重物质环境建设扩展到重视城市人文关怀，再到关注城市的可持续性，均融入了和谐发展的思想。从世界城市发展历程和趋势来看，我们认为和谐宜居城市的基本理念要体现可持续发展、以人为本、和谐共生、传承历史文化、包容创新等思想。在宜居和谐城市建设上，应该最大限度地为居民创造和提供一个居住安全、生活便利、工作愉悦、社会和谐、环境友好、成果共享的发展环境。

一、理念1：倡导城市的可持续发展

首先，要尊重和顺应城市的自然发展规律。城市开发和建设要遵循城市自然环境的格局，不破坏自然本底的基本特征，将城市经济和社会活动有序融入城市的山、水和绿色空间等自然系统中，最大限度地尊重城市自然机理。城市中的每个居民能够尊重和保护我们周围的自然环境，珍惜水资源、爱护植物和动物、不破坏和污染土地资源，在享受城市自然环境给我们带来的自然之美，获取环境给予我们的最基本的生存需求的同时，也要顺应和保护自然环境的各种组成要素如水、土、气、生物等自然组合和基本格局，为和谐宜居城市建设奠定坚实的、优越的自然环境和生态本底。

其次，要促进城市社会的公平和共享。提升城市的社会可持续发展能力是和谐宜居城市建设的根本目标，它关系到社会的公平、包容、共享、稳定及和谐等方面。城市社会发展要让人人都感到自己生活的环境是安全的、愉悦的，每个人被赋予相应的权利和自由，同时，也对城市及其他居民负有责任，城市能够给居民提供各种表达和参与决策的场所和机会。城市中每个居民都能共享城市发展带来的机遇和成果，人与人之间、人与环境之间是平等的、公平的，也是和谐的，在城市发展过程中，尊重和保护城市的历史和传统，弘扬和传承城市文化特质，把文化作为城市发展之魂。

最后，要确保城市经济的高效和稳定。经济是城市发展的支撑，也是居民生存和生活的基本前提。城市可持续发展应在资源最小利用的前提下，使城市经济朝着高效、稳定和创新方向演进。只有经济持续发展的城市，才能保证人们具有稳定的生活来源和就业机会，也只有城市经济持续繁荣，才能促进个人的成长与能力发挥，为生活在城市中的居民提供长远的发展空间。

总之，和谐宜居城市建设要关注城市的长远发展，倡导城市环境、社会和经济的可持续性，在发展中要减少资源消耗、维护环境和生态平衡，社会发展要体现公平和共享理念，经济发展要体现效率和稳定。

二、理念2：追求以人为本

首先，要把以人为本作为和谐宜居城市建设之魂。和谐宜居城市的终极目标是最大限度地满足人的各种需求，促进人的发展。其实，以人为本的思想古已有之，我国古代就曾提出"民本"思想，充分重视和肯定人的作用和价值。西方古希腊、古罗马的民主思想也坚持以社会和人民为本位。欧洲文艺复兴在城市规划和建设上的最大影响是回归以人为中心，建设更加贴近人的城市。总之，城市规划和建设只有从重视经济增长转向为人的发展，从重视人口和用地规模的扩张转变为城市品质和质量的提升，从重视物质和实体空间的建造转向为城市精神和城市人文思想的塑造，和谐宜居城市的建设才会上台阶，才会有实质性的进展。

其次，城市规划和建设要围绕"人"展开。人既是城市经济活动、社会活动的实施者，也是直接的服务对象。满足居民日常生产、生活和娱乐活动的需求是城市规划和建设的核心，城市的基础设施建设、公共服务配置、交通道路设计、安全设施规划等要充分考虑居民的需求和行为活动规律和特征，既要追求设施布局的最大化效率，也要顾及居民享受基本公共服务的公平性。

最后，城市管理要更加科学化和人性化。城市管理的目标是确保城市的各种设施和机构有序运转，能够给不同群体居民提供和谐相处、平等发展的机会，满足居民物质和文化需求。城市管理是和谐宜居城市建设的重要组成部分，城市管理的科学化和人性化会促进和谐宜居城市建设的水平。城市管理要摒弃长官意识，要尊重和顺应城市的发展规律，按照城市自身发展规律来规划、建设和管理城市。城市管理要充分利用现代科学技术如GIS、大数据等手段和方法，推进管理和决策的科学化，同时要充分尊重民意、加大公众参与的力度，让城市中每个人都成为城市的监督者和参与者。

总之，和谐宜居城市建设要凸显人在城市的主体地位，城市的规划、建设和管理全过程都要体现以人为本的思想，把城市建设成为人的活动、生活和休闲的场所。

三、理念3：提倡人与自然和谐共生

首先，把人与自然和谐作为宜居城市建设的根基。我国古代人们建造城市时就考虑到了人与自然的关系，《商君书·算地》中提到"垦田足以食其民，都邑遂路足以处其民，山陵、薮泽、溪谷足以供其利，薮泽堤防足以畜"，这一思想反映出城市和自然之间的相互平衡。在西方，霍华德提出的田园城市理论也表现出类似的思想，认为要建设一种兼有城市和乡村优点的理想城市；只有人与自然和谐共生，城市才能永续发展，城市发展的根基才会牢固。由此可见，人类的一切活动都应该尊重和顺应自然规律，城市经济活动、人口集聚规模要与城市的资源环境承载能力相匹配；城市居民生活方式和个人行为活动也应最大限度地减少

对环境和生态的压力，要实现经济社会发展与城市自然环境和谐共生。

其次，推动城市生态系统的平衡发展。人与自然和谐是城市生态系统平衡的基础，城市既有人类社会属性，又有自然属性，两种不能割裂，必须相互平衡。与其他生物的栖居地一样，城市作为人类的栖居地，同样是生态系统的一部分，也需要保持城市内部各系统的平衡与和谐；城市生态系统中，人居于重要的位置，但系统受到人的冲击也最大，维护城市生态系统关键是减少人类对城市自然空间的过度开发，提高资源的利用效率，减少对环境的污染物排放，保留足够的自然生态景观。因此，人与自然和谐是城市生态系统有序、良性循环的基础。

最后，促进城市居民的精神愉悦。人与自然的和谐事关人类精神层面的感受和愉悦，因此，城市建设要遵循城市地形起伏、保留山水风貌，维护城市自然山水脉络和格局，给居民留下充足的自然空间，让居民能够更加便利地亲近自然、融入自然，充分享受和体会自然给人们带来的精神愉悦。确保城市建设疏密有致，保留大量的生态休闲空间、开敞空间、公共空间，为居民休闲娱乐和交流提供必要的场所。

四、理念4：尊重城市的历史和文化

首先，提高城市的影响力。历史和文化是城市的灵魂和血脉，城市的历史遗存和城市特有的文化是生在城市中每个居民永恒的记忆和精神家园。保留城市历史风貌、建筑特色、街区肌理、人文风格等，对于传承城市历史文脉、强化城市的地方性和本土性、提升城市品质具有重要的作用。文化繁荣、历史积淀深厚的城市通常具备更高的可识别性和影响力，能够形成独特的文化符号和标识，可以促进文化活动、文化产业的发展，使城市更加具有生命力和可持续发展潜力。

其次，提升城市发展的凝聚力。城市拥有的独特的历史和文化不仅能够提升城市的品位，也能够增强城市的凝聚力，为城市发展与建设提供强大的精神动力；历史和文化是城市生活的自然延续，保留和发扬城市历史和文化能够增强城市不同阶层、群体的归属感和认同感，减少阶层之间的隔阂，增强城市的向心力。积极向上的文化氛围和丰富多彩的文化活动能够提升城市品位，也可以提升居民的文化品位，促进人的身心愉悦、健康发展。

五、理念5：重视城市的创新与包容精神

首先，增强城市发展活力。创新是人类社会的永恒话题，也是社会经济发展

的重要支撑。纵观人类社会的发展历史，创新始终是社会进步、经济发展的重要源泉，每一次大的社会变革都是由技术创新所引领。在信息化时代，创新能力更是城市竞争力的根本源泉，科技创新的提升、创新型产业的发展对增强城市活力和繁荣经济具有重要的作用。

其次，提升城市的创新环境。包容是创新型人才和创新型企业发展的重要条件，创新型人才和企业一般追求包容性强、开放程度高的城市。在宜居城市建设中，要打造包容开放的文化和产业发展环境，吸纳更多的创新型人才和企业，提升城市的创新能力和发展活力。

第二节　和谐宜居城市建设的基本导则

宜居城市建设应该遵循一定的导则，确保城市建设目标和内容的正确导向，让居民在城市生活更加和谐宜居、更加幸福美好。提升城市的可持续发展能力和宜居性，关注人与自然和谐共生，追求绿色发展，努力为居民提供安全、便捷和良好的公共设施服务，尊重城市的历史文化，构建和谐、健康、包容和公正的社会环境，促进城市经济、社会、文化和环境等各系统协调运行，建设安全、健康、环境宜人、生活方便的城市，应该是和谐宜居城市建设的出发点和落脚点（图 4-1）。

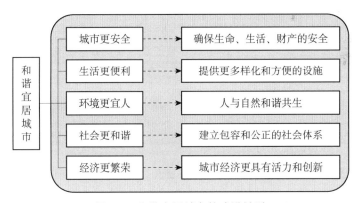

图 4-1　和谐宜居城市的建设导则

1. 城市更安全

安全是人最基本的需求，宜居城市建设应该首先保障居民的生命、财产和日常行为活动安全。城市的安全性可以大致分为四类：①日常生活的安全性，包括犯罪等社会治安问题和交通安全；②抵御灾害的安全性，包括地震等自然灾害诱发的灾害，以及火灾等人类活动引发的灾害；③城市运行的安全性，包括能源、供水、供热、供气、垃圾处理等城市基础设施运行的安全；④居民的食品和药品安全性，这是关系城市生产活动和居民日常生活最直接的问题，也是居民最关心的问题。

2. 生活更便利

居民日常生活的便利程度是体现城市生活品质的重要方面。宜居城市应当为居民提供多样化和方便的居住、公共服务和生活方式。让城市更加方便，需要从基础设施、公共服务设施、土地利用、人口分布等方面综合考虑，具体包括以下三个方面：①控制城市扩张速度，建设紧凑、混合的社区，以增加近距离的就业机会，减少通勤；②提供丰富多样的公共服务设施，包括健全的生活服务设施、高质量的教育设施、完善的医疗设施、现代化的文化娱乐设施等；③提高交通运行效率，建设现代化的综合交通系统，倡导公共交通出行。

3. 环境更宜人

清新的空气、令人愉悦的自然之美、健康的人工环境等是宜居城市建设最重要的基础。宜人的环境建设包括四个方面：①维护城市的自然环境，把好山好水好风光融入城市，让居民享受到自然之美；②营建城市人文环境，保留城市特有的地域环境、文化特色、建筑风格等，提高居民归属感和文明素质；③控制各种污染对居民的影响，防止各类污染源、辐射源及有害身心健康的设施对居民造成伤害；④合理控制城市人口和用地规模扩张，使人口规模和集疏水平与城市的承载能力相匹配，保留足够的生态空间。

4. 社会更和谐

和谐宜居是城市发展的最高要求，也关系到居民的幸福感。建设包容和公正的社会体系应当从三个层面入手：①创造包容和公正的社会环境，为不同群体的居民提供适合自身特点的发展机会和条件；②创建共享的城市发展的机制，为居民提供平等的就业和享受义务教育机会，共享城市发展的成果，如最基本的社会保障；③关注弱势群体的生存和发展，在制度设计上及全社会层面形成关注低收入群体、老年人及残疾人等弱势群体的环境。

5. 经济更繁荣

经济繁荣、充满活力是宜居城市建设的基础，在维持环境和社会的可持续发展的同时，进一步增强城市经济活力，包括城市经济的稳定发展、住宅供求平衡、与社会发展相适应的城市结构、提供充足的就业机会等。

第三节　和谐宜居城市的建设体系

基于和谐宜居城市建设的五大基本理念，以及城市更安全、生活更便利、环境更宜人、社会更和谐和经济更繁荣等五大建设导则，我们认为和谐宜居城市建设重点包括宜人的生态环境系统、高标准的城市安全环境系统、方便的城市公共服务环境系统、和谐的城市社会环境系统和可持续的城市经济环境系统等五大体系（表4-1）。

表 4-1　和谐宜居城市的建设重点

五大体系	内容
宜人的生态环境系统	建设宜人的生态空间
	严格控制污染物排放
	鼓励低碳生产和绿色消费
	控制城市空间无序扩张
高标准的城市安全环境系统	提高城市的应急减灾能力
	保障城市生命供给线的安全
	完善社会治安和交通安全防控体系
	提高食品药品监督水平
方便的城市公共服务环境系统	完善城市服务设施类型
	提高服务设施可达性和效率
	提高城市公共服务设施的品质
	提高出行的便捷性
	鼓励绿色出行方式
和谐的城市社会环境系统	提高城市多样性
	增强城市包容性
	维持和保护传统文化特色
	提高居民的文化认同
可持续的城市经济环境系统	鼓励发展绿色经济
	倡导节约、健康的生活、消费方式
	营造人才和企业发展的创新环境
	促进房地产市场的健康发展

一、营建宜人的城市生态环境体系

宜人的环境能够让居民感受到身心的愉悦，享受到河流、湖泊、森林、山川、田野等自然环境之美。宜人环境建设主要包括两个方面：一是要提升城市自然环境的舒适性，把自然之美融入城市建设之中；二是要提高城市环境质量的健康性，减少各种污染物对城市环境和人体健康的危害。

（1）建设宜人的生态空间。要加大对都市区范围内的森林、湿地、生物多样性和生态脆弱区等生态系统的保护，修复和改善城市内山水、河流等自然生态环境；增加城市绿色空间和开敞空间，合理布局城市公园和绿地，营造良好的河流、湖泊景观；改善居住环境，为居民提供休憩和交流的绿色空间。

（2）严格控制污染物排放。控制高污染、高耗能产业发展，减少生产中产生的"三废"排放；优化能源结构，减少城市煤烟污染；制定建筑施工场地防止扬尘的措施；加大机动车尾气治理，减少对大气环境的污染；采取有效降噪措施，治理城市噪声污染；全面整治城市水体环境，加大城市污水处理设施建设力度，提高城市水质标准，全面实行污水处理收费政策，推动污水处理企业化和产业化进程。

（3）鼓励低碳生产和绿色消费。推广新型先进技术，鼓励企业发展低碳产业，减少污染物排放和危险有毒材料的生产和使用；采用符合生态条件的城市布局，减少对环境有不利影响的经济开发和建设活动；提高北方城市集中供热水平和热能利用效率；积极推行城市生活垃圾处理和资源化利用；促进水资源的节约和循环利用；加强居民可持续发展意识的宣传教育，倡导绿色生活、绿色消费，减少对资源的消耗。

（4）控制城市空间无序扩张。在城市周围、城市功能分区的交界处建设绿化隔离带，严格保护永久基本农田，严防城市发展突破生态保护红线，坚持集约发展，科学划定城市开发边界，推动城市发展由外延扩张式向内涵提升式转变。引导人口适度集聚，城市规划要与城市环境容量和资源环境承载能力相匹配。

二、建立高标准的城市安全环境体系

安全是宜居城市建设的最基本条件，城市的安全环境需要重点解决以下四个方面：一是提高城市的应急减灾能力；二是围绕城市生命线供给安全的建设；三是完善社会治安和交通安全防控体系；四是确保食品和药品安全。

（1）提高城市的应急减灾能力。城市各项建设严格执行国家的强制性规范，防洪、排涝、消防等各类防灾设施符合国家相关标准；规划和布局与成熟人口规模相匹配的应急避难场所，提高城市应对突发事件灾害的能力；建立洪水、地震、气象、火灾和突发性地质灾害等的灾害预警系统，及时向居民发布灾情警告，提高城市灾害的防御能力；划分各主要职能部门和行为主体在防灾减灾方面的职责，形成完善的城市灾害处理程序和对策体系；做好城市防灾减灾的宣传工作，提高城市居民和各有关方面的防灾减灾意识。

（2）保障城市生命供给线系统的安全。城市生命线系统涉及城市气、热、水、电、能源等支系统，是城市安全运行的核心系统。推进城市生命线综合性和整体性规划和建设，最大限度地建设并保护好城市生命线，城市各种管网线路的规划和建设要摒弃各自为政、自成体系的思路，要从城市整体出发，综合规划和建设各支系统，提升城市生命线系统的综合安全性及防御能力；提高城市生命线系统的技术和信息化水平，实施智慧化和精细化管理，促进城市生命线安全防范的科学水平；要建立城市生命线系统安全运行的危机管理机制，在应对城市灾害和风险时，要提前形成各种应急预案和处理方案，确保城市安全、有序运行。

（3）完善社会治安和交通安全防控体系。加强城乡社区警务、群防群治等基层组织建设，做好刑罚执行和教育矫治工作；推进对城乡居民安全常识的教育工作，开展社会公共安全知识宣传工作，提高群众防骗能力和应对各种刑事安全的能力；加强公共安全设施建设，提高情报信息、防范控制和快速处置能力；加强刑事犯罪预警工作，严密防范、依法打击各种违法犯罪活动。建立城市公共交通安全监管体系，确保行车安全，加强超载、酒驾等违规驾驶检查力度，细化交通事故防范制度，有效处理交通安全事故。

（4）提高食品药品监督水平。加强食品药品安全法律制度建设，落实主体监管责任；全面深入地开展食品放心工程；推进食品安全信用体系建设，提高食品产业的诚信水平；完善药师资格准入制度，制定并严格实施药品监督制度。

三、建设方便的城市公共服务环境体系

城市的公共设施服务水平直接决定了居民日常生活的方便程度，公共服务环境的优劣直接决定了城市的宜居性。

（1）完善城市服务设施类型。提供不同档次、丰富多样的生活服务设施、教育设施、医疗设施和文化娱乐设施等，形成区—街道—社区不同层级、功能和特色的公共服务设施体系，满足多样化的生活需求。区级服务设施要承担城市综合职能，街道级服务设施基本实现区域内部自我平衡和自给自足，社区级服务设施基本满足日常生活需求。加强郊区服务设施建设力度。

（2）提高服务设施可达性和效率。建立居民日常生活圈，推广城市社区1000米半径的居民生活圈的建设，在生活圈范围内配备公交站点和各种服务设施，让居民在生活圈内满足最基本的生活需求；实行紧凑、混合的土地利用规划。推进小尺度地块开发，鼓励土地多功能建设，控制城市蔓延，增加近距离的就业机会和服务设施，减少交通出行距离。

（3）提高城市公共服务设施的品质。大规模居住区要建设和预留服务设施用地；按照人口规模和发展需求等，重点支持公益性服务设施的规划和建设。根据各类社区所承载的社会群体构成及其需求的不同，以人口密度、年龄构成、社会经济地位等社会特征作为配套标准的修正性参数，共同构成体现差异化的设施配置标准。

（4）提高出行的便捷性。科学合理地制订城市路网规划，完善城市路网结构及道路交通设施。推进道路微循环系统建设；定期检查和维护道路交通设施质量；合理配置停车车位，加强交通资源管理。积极推进公共交通优先政策的实施，在城市主干道上设置公交专用道和优先通行信号设施，形成覆盖整个城市的公共交通快速网络；建立先进、高效的城市公共交通指挥系统；提高公共交通服务质量和服务水平。

（5）鼓励绿色出行方式。加大步道和自行车道建设力度，改善绿色出行环境；建设公共自行车系统；采取多种措施鼓励新能源汽车的使用；加大宣传力度，提高居民主动参与绿色出行的意识。

四、形成和谐的城市社会环境体系

和谐的城市社会应该是社会稳定、充满正义与公正、不同群体能够和谐相处、具有文化内涵和品质等，提高城市的宜居性需要重视城市的文化内涵、不同群体的公平和包容、居民的城市认同感等。

（1）提高城市多样性。在街区、社区、建筑风格、景观、商业环境、文化和娱乐、企业等方面要体现城市的多元性、差异性、互补性和融合性，提供多元化的城市公共服务，培育和谐社会观念和行为模式，形成多样化和丰富多彩的城市发展环境，促进不同人群的融合和尊重，构建精彩的社会文化环境。

（2）增强城市包容性。提供便民的外来人口管理与服务，提高外来人口办事效率；改善外来人口的生活状况，破解外来人口和本地人口在就业、医疗、子女入学、社会保障等方面的新二元化矛盾；解决中低收入家庭的住房问题，改善人均住房建筑面积在12平方米以下家庭的住房；住宅建设广泛采用无障碍设计，改善残疾人居住与出行条件；注重养老设施建设，有效改善老年人的居住条件和居住环境；进一步健全和完善妇女儿童和残疾人利益诉求表达机制和回应机制，建立健全法律服务和法律援助体系。

（3）维持和保护传统文化特色。制定历史文化遗产保护法规或规章，以及相应的保护措施和政策，并在保护规划中划定保护范围，最大限度地保护传统物质空间；注重对地方传统特色文化进行保护，包括地方戏剧、传统工艺、饮食、民俗等，适度发展具有地方文化特色的业态；尽量维持传统的社会网络和生活方式，对于具有旅游价值的保护区，控制旅游业和商业渗入的强度，避免旅游对传统生活方式产生不良影响；建立规范的保护管理档案。

（4）提高居民的文化认同。新建小区全部实行物业管理，旧小区全面整治后积极推行物业管理；倡导社区开展健康有益、丰富多彩的群众文体活动，提高居民对社区的认同感；积极开展各种公益活动，为居民提供社区服务与援助，创造居民团结互助、文明和谐的社区氛围；重视社区之间的协作与交流。提倡公众参与城市和社区建设的重大决策活动，使城市规划、建设和管理更加民主化和透明化。

五、构建可持续的城市经济环境体系

城市经济活动要避免对环境和生态系统的破坏，构建有利于城市环境可持续发展的生产和消费方式。

（1）鼓励发展绿色经济。在生产方面，要采用先进技术和管理方式，推动产业向低碳化、绿色化、循环化、可再生化方向发展；在产业布局上，要确保产业用地与环境、生态空间格局相协调，控制对环境有不利影响的经济活动行为；大力培育和发展绿色环保产业和高技术、低污染产业，在最大限度降低环境和生态压力下，增强城市经济的发展活力和可持续能力。

（2）倡导节约、健康的生活、消费方式。鼓励居民养成节约、健康的生活和消费方式，从日常生活做起，节约水资源、能源，鼓励资源的重复利用，提倡绿色消费，形成人人关爱环境的社会风尚和文化氛围。

（3）营造人才和企业发展的创新环境。积极搭建有利于吸纳创新人才和企业发展的创新平台，培育人才交流的社会文化环境，完善创新创业发展生态链，提升科技创新能力，促进科技与产业、金融深度融合，提高城市发展活力。

（4）促进房地产市场的健康发展。建立完善的住房供应体系，逐步解决困难家庭的住房问题；房地产市场增量和存量房销售比例以及高、中、低档住宅供应比例协调；房地产市场活跃、交易规则健全，增量市场、存量市场、租赁市场，以及高、中、低档住宅比例比较合理。

本章小结

　　建设和谐宜居城市的出发点是维持城市的可持续发展，满足人的利益与需求，促进人与自然和谐共生，延续城市的文化和历史，保持城市的创新与活力，促进城市经济、社会、文化和环境等各系统协调运行。和谐宜居城市建设应立足城市更安全、环境更宜人、生活更便利、社会更和谐、经济更繁荣的基本导则，重点营建宜人的城市生态环境系统、高标准的城市安全环境系统、方便的城市公共服务环境系统、和谐的城市社会环境系统，以及可持续的城市经济环境系统，全面建设和谐宜居、富有活力、各具特色的现代化城市。

第五章

和谐宜居城市建设的国际经验和启示

> 宜居性体现在两个方面，一方面是适宜居住性，另一方面是生态可持续性。
>
> ——P. Evans（2002）

他山之石，可以攻玉。通过综合考虑经济学家智库（EIU）、美世咨询（Mercer）和《单片眼镜》（*Moncole*）杂志等商业机构在全球范围内进行的宜居城市排名结果，同时关注城市规模等因素，选取墨尔本、维也纳、温哥华、新加坡、东京、纽约和伦敦等七个具有代表性的世界和谐宜居城市作为案例，梳理其在和谐宜居城市建设方面的成功经验，可为中国建设和谐宜居城市提供有益启示。

第一节 立足人与自然和谐

人与自然和谐是建设和谐宜居城市的基础，为宜居城市建设提供良好的自然环境本底条件。世界宜居城市建设均格外重视人与自然和谐发展，不仅强调要具有舒适的气候、优美的自然环境，还注重城市生态环境保护与环境污染治理。优美的自然景观、广阔的水域、良好的生态环境等自然本底条件可为宜居城市建设增添无限魅力。可以说，人与自然和谐是世界所有宜居城市的共性特征。

1. 温哥华强调城市的绿色理念

温哥华城市气候冬季温和，夏季凉爽，绿草如茵，城市发展格外重视绿化环境营造。通过绿化带为城市划定了增长边界，实现了人与自然和谐相处。温哥华城市公园超过 220 个，另有 10 个海边海滩和 1 个淡水湖河滩，使整个城市亲水宜人。为减少城市碳足迹，实现城市可持续发展，温哥华从二氧化碳、废弃物和生态系统三方面重点着手，来打造绿色城市建设，主要从绿色经济、绿色建筑、绿色交通、零废弃物、亲近自然、轻的足迹、清洁的水、清洁的空气和当地食品等目标提出绿色城市的具体建设要求。

2. 纽约重视自然环境的舒适宜人性

纽约市水域面积占到全市地理面积的 1/3 以上，公园和体育等游憩娱乐用地比例超过 25%，城市公园面积合计达 117.3 平方千米，优美的绿化和广阔的水域为纽约城市营造了舒适宜人的自然环境。其中，著名的城市公园包括纽约中央公园、炮台公园等，著名的海滩包括长岛海滩、南滩浴场等。还准备投资建设新的休闲设施和开放公园，为每个社区增加新绿化带和公共广场，在 2030 年实现步行 10 分钟即可到达公园的目标。

3. 墨尔本注重城市绿化和低碳发展

墨尔本位于亚拉河畔，城市绿化率达 40%以上，共有 400 多个城市公园，整个城市四季常青，自然风光优美，享有"花园之州"的盛誉。墨尔本有 70%以上的居民居住在高层公寓中，政府联合居民共同实施降低水和能源使用计划，更好地处理废品和回收利用，并通过资助项目来刺激建筑开发商改进建筑性能，实现城市碳平衡的目标。

4. 维也纳凸显自然条件的优越性

维也纳位于阿尔卑斯山脉东北麓的维也纳盆地，大片森林环绕着城市，并拥有享誉国际的美泉宫公园、罗滕堡城堡花园、人民公园和奥格腾公园等城市公园，欧洲第二条大河多瑙河流经市内，造就了这座古老城市山水相印的独特自然风光。目前维也纳城市绿化空间和水域面积分别占城市总面积的 45.16%、4.6%，成为欧洲名副其实的绿色森林城市。

5. 新加坡彰显花园城市特色

新加坡"花园城市"计划始于 20 世纪 60 年代，一直是政府规划工作的重点。目前，新加坡绿化覆盖率超过 50%，全国有大约 10%的国土面积用于公园和保护区建设，共拥有全世界 80%以上的树种，建有 2 个国家级公园，60 多个 20 公顷以上的区域性公园，邻里型公园则有 300 多个，并通过公园连道方式把所有公园有效地串联起来，还采用立体绿化方式进行见缝插绿，有效提高了城市绿化水平，目前已成为世界著名的"花园城市"。

第二节　突出以人为本

以人为本，就是强调和谐宜居城市建设要回归以人为中心，城市的发展和建设以居民的社会需求和根本利益为出发点和落脚点。以人为本的理念，在和谐宜居城市建设中可以归纳为三点，即尊重历史、关注现实、规划未来。其中，"尊重历史"就是尊重历史文化遗产、延续城市文脉；"关注现实"就是切实解决人民群众所关心的城市问题，以提高居民生活质量和社会整体幸福感为归宿；"规划未来"就是重视和谐宜居城市规划的引导作用，统筹协调和谐宜居城市建设的各个子系统，实现人口、资源、环境的全面协调可持续发展。

1. 墨尔本注重保护特色的历史建筑

墨尔本保留了 20 世纪流传下来的很多古建筑，为城市建筑景观增添不少美感与特色，如弗林德斯街火车站、圣保罗大教堂，其中建于 1880 年的墨尔本皇家展览馆，是澳大利亚唯一被联合国列入世界文化遗产名录的古建筑；墨尔本的涂鸦艺术也非常出名，让整个城市充满了现代活力，与维多利亚古典建筑遥相呼应，给这座城市带来了无限生机与艺术美感。墨尔本遗产保护措施为：理解遗产的现代价值和未来价值；识别出需要保护的地方、建筑、物件和历史事件等；通过保护、更新、重新利用和创造性解释来维持遗产；通过签名、市场、促销材料、其他出版物和在线媒体等交流；利用事件活动、宣传和社区集会来庆祝城市遗产；社区和其他遗产组织机构合作参与。

2. 维也纳彰显艺术文化资源

维也纳是古典音乐的圣地，海顿、莫扎特、贝多芬和舒伯特等世界级音乐大师曾经在这里生活过，城市街头音乐表演和音乐家雕塑也随处可见，浓厚的音乐艺术氛围已在整个城市弥漫开来。维也纳城市还保留了哥特式、罗马式、巴洛克式等各具特色的历史建筑，例如，维也纳城市地标建筑的圣斯蒂芬大教堂和被列入联合国世界文化遗产名录的美泉宫分别为哥特式建筑和巴洛克式建筑的代表作。另外，维也纳城市还拥有酒吧、咖啡馆、舞厅和艺术画廊等现代艺术景观，实现了古典历史文化与现代城市生活的完美结合。

3. 温哥华通过城市规划来引导宜居建设

温哥华是最早从事宜居城市规划与实践的城市之一。为应对城市蔓延、交通拥堵和环境质量下降等问题，1996 年温哥华大都市区颁发了《宜居区域战略规划》，用于指导大温哥华地区的城市可持续发展，目的是为了控制人口增长、保护和改善环境状况与质量。创建宜居的设施完善的社区，主要从保护绿色地带、建立完善社区、实现紧凑都市和增加交通选择四方面提出具体宜居建设要求。另外，还有其他的宜居专项规划，其共同目标是创建一个优先发展可持续性交通方式，减少对小汽车依赖的社区；促进高质量的城市设计，使其有助于建立一个有吸引力、多功能、令人难忘和安全的城市；把公园、开放空间、人行道和通道、水体、树木、景观和照明包含到城市结构中来；保护城市的美丽和周围环境，同时考虑密度和增长。

4. 新加坡、伦敦和纽约重视住房的保障

新加坡成功的住房保障得益于公共组屋计划的实施，到 2012 年，新加坡建屋发展局（HDB）共建设了 94 万套公共组屋，大约 82%的居民居住其中。公共组屋的显著优势为，房屋价格不高，90%以上的居民可以负担起 3 户型组屋，低收入者也可以租赁；房屋类型多样，有 1 户型到 5 户型不等，可以满足居民多样化需求，其中 4 户型比例最高，超过 32%，其次分别为 5 户型和 3 户型，所占比例分别为 25.1%、19.0%（表 5-1）；区位合理，在城市中心区和外围均有分布，邻近公交站、地铁站等公共交通设施，同时还考虑了不同区域内的职住平衡性。

表 5-1　新加坡居民住宅类型比例　　（单位：%）

年份	合计	HDB 合计	1&2 户型	3 户型	4 户型	5 户型/行政公寓	公寓	登记私屋
2008	100	82.8	3.9	20.4	32.0	26.2	11.2	5.7
2009	100	83.6	4.4	20.2	32.0	26.6	10.5	5.5
2010	100	82.4	4.6	20.0	31.9	25.6	11.5	5.7
2011	100	82.7	4.6	20.4	32.1	25.5	11.1	5.8
2012	100	81.6	4.7	18.6	32.6	25.5	12.1	6.0
2013	100	81.9	5.0	19.0	32.6	25.1	12.2	5.5

注：数据来源于 2013 年《新加坡统计年鉴》。

伦敦也重视住房保障，通过建设更多的住房来满足人口增长引起的住房需求增加，确保不同人群均能获得合适的住房，并准备投入更多的资金在可支付性住房上面，保障每个伦敦人至少都能租得起房子，并保证更多的住房都可以实现多样化需求、高质量设计和基本的社会基础设施供给。伦敦已经对每个自治市在今后 10 年的住房供给量做出规定，并对每年的建设实施情况进行监管；鼓励根据当地特征和背景，因地制宜地设计住宅密度的合理范围；还强调新的房屋建设要提高地方品质，考虑物理环境、当地特色、密度、产权和土地混合使用、公共场

所和开敞空间的提供、老人和孩子的邻里需求。

纽约 2030 规划提出要增加 30 万～50 万套住房供给，降低土地价格，使人口的增长向公交覆盖地区发展，同时通过创新性的融资方式、运用包容性区划，以及为低收入居民提供购房产权项目等，使纽约的住房价格更加合理。另外，通过培育更绿色、更好的社区，提高政府资助和公共住房的可持续性，提升零售商店和其他服务设施的可步行性，保护和更新现有的可支付性住房等途径来促进可持续性社区建设。

第三节　重视公共服务设施

公共服务设施是居民日常生活内容的重要组成部分，包括教育、医疗、商业、金融、文化娱乐、体育、社会福利、公共安全等各类为市民提供服务的公共设施，如学校、医院、超市、影剧院、游乐场、文化馆、图书馆、体育馆、养老院和紧急避难场所等。构建配套齐全、功能完善、布局合理、使用便利的公共服务设施体系，能够满足市民出行、购物、就医、上学、娱乐休闲等基本日常生活需求，显著改善居民生活品质，同时促进社会公平正义。世界宜居城市均具备相对健全的公共服务设施，为当地居民享受方便、优质的日常生活服务提供坚实的物质基础。

1. 东京建设世界一流的公共服务设施

东京作为国际性大都市，在教育、医疗、文化娱乐等公共服务设施方面也做得非常出色，能够有效地满足居民日常生活需求。数据显示（表 5-2），在医疗方面，2010 年东京每十万人医院数为 4.5 个，是北京人均医院数的 1.6 倍；在教育方面，2010 年东京每十万适龄人口的小学、初中和高中学校数量分别有 232.6、279.4、145.6 个，每十万人大学数则有 1.04 个，而北京除人均小学数与东京差距相对较小外，人均初中、高中与大学数均还不到东京的一半；在文化娱乐方面，东京比北京拥有的文化娱乐设施优势更加明显，2011 年东京每百万人拥有公共图书馆、博物馆、电影院和体育馆数量分别为 29.9、8.4、23 和 16.5 个，其中人均公共图书馆数差距最大，是 2010 年北京人均公共图书馆数的 23 倍。

2. 维也纳不断完善各种服务设施

维也纳城市拥有出色的医疗条件，可为当地居民提供不同种类的医疗服务，规模最大的维也纳综合医院拥有 2100 张床位和 9000 多职员，截止到 2012 年维也纳市共有 4360 个专科医生（含牙医）；维也纳也是奥地利的高等教育中心和科

表 5-2　东京与北京的基础服务设施水平比较　　　　（单位：个）

基础服务设施	内容	东京	北京
医疗	十万人医院数	4.5	2.8
教育	十万适龄人小学数（6～11 岁）	232.6	187.5
	十万适龄人初中数（12～14 岁）	279.4	115.1
	十万适龄人高中数（15～17 岁）	145.6	65.7
	十万人大学数	1.05	0.45
文化娱乐	百万人公共图书馆数	29.9	1.3
	百万人博物馆数	8.4	2.1
	百万人电影院数	23	9.3
	百万人体育馆数	16.5	1.9

注：除东京的文化娱乐设施数为 2011 年数据外，其他数据均以 2010 年统计为准。

研中心，拥有 9 所综合型大学、6 所应用科学型大学和 4 所私立大学，还有数量不等的培训机构和科研机构。维也纳图书馆是以顾客为导向的，有大量的书籍、杂志及光盘媒介等可供借阅，光盘媒介总量超过 150 万张，图书馆藏书量大于 130 万册，其中大约 47 000 册为外文书籍；维也纳城市还拥有 156 个电影院和 167 个大型运动设施供居民休闲娱乐；维也纳市共有 1216 千米的自行车道，公共交通出行也十分便捷，分别拥有 5 条地铁、29 条电车和 98 条巴士线路，其中地铁出行人数占到公共交通出行总数的一半左右（表 5-3）。

表 5-3　维也纳市公共交通基本特征（2012 年）

公共交通	乘客数/百万	线路数/条	线路长度/千米	车站数/个
地铁	444.4	5	74.2	101
电车	295.1	29	221.5	1056
巴士	167.1	98	717.3	3626
合计	906.6	132	1013	4783

3. 温哥华重视丰富的城市生活

大量的国外移民迁居温哥华，使温哥华城市文化变得更加多元、开放和包容，也促进不同国家文化在这里交流和传播；温哥华每年的节日活动众多，还拥有歌剧、音乐会和其他各类表演活动；完善的医疗系统和优质的教育资源也受到当地居民的青睐；在这座城市还可以品味到不同风格的饮食文化，还有优质服务的图书馆、博物馆、美术馆，以及冲浪、游泳、滑雪等各具特色的运动设施供居民休闲娱乐使用。另外，温哥华还注重营造宜居社区，通过合适的住房、良好的社区服务设施、绿色怡人的开敞空间、丰富多彩的社区活动，增强了社区居民的凝聚力和归属感，为创造和谐宜人的居住环境提供了坚实基础。

第四节　强调公共交通

公共交通也是和谐宜居城市建设不可或缺的一部分，包括公交、地铁和轻轨等多种类型。完善便捷、服务优质的公共交通能够吸引更多的市民采用公共交通出行，有助于减少小汽车出行、缓解城市交通拥堵和降低城市环境污染，对改善交通出行便捷性和提升城市环境质量具有重要的现实意义。另外，鼓励发展公共交通也能够引导城市土地集约利用、缓解人地矛盾突出等问题。因此，优先发展公共交通已成为世界宜居城市，尤其人口规模千万以上和谐宜居城市发展所追求的共同目标。

1. 新加坡鼓励公交优先

高度发达的公共交通系统是新加坡建设宜居城市的重要基础。一方面，新加坡政府通过拥车证、提高使用价格等方式限制私人机动车发展，同时新加坡道路交通保障体系规定，全国大约15%的国土用来发展城市交通，建立综合交通网络体系；另一方面，通过公交优先、降低交通成本和改善公交服务质量等手段促进公共交通发展。70%以上的公共交通出行能够在1小时内达到出行目的地，截止到2011年年底，新加坡地铁和轻轨累计里程达176千米，另有334条公交线路和2.7万辆出租车，公共交通出行比例达59%，今后公交出行比例还将进一步提高。

2. 墨尔本打造特色公共交通

墨尔本公共交通主要包括城铁、有轨电车和公共汽车，覆盖城市商业中心、学校、医院、娱乐场所和旅游景点等各个角落。墨尔本居民早晨7点前可以免费乘坐城铁，这样有效地调节了客流出行分布，缓解高峰期出行拥堵；墨尔本也是澳大利亚唯一保留有轨电车的城市，电车已经成为这座城市的重要标志之一，有轨电车网络总长度已达250千米以上，城市另配有一条免费环城电车，供本地居民出行和游客观光使用；墨尔本还拥有300多条公交线路，方便居民日常出行。另外，墨尔本2012交通规划还从六个方面着手来改善交通环境，包括整合交通和土地利用规划；内城任何时间和地点都有公交可乘；提高内城道路的交通效率；在中心城市创造步行友好的公共交通街区；创造成为自行车城市；培育创新的和低影响的货运和快递。

3. 东京重视轨道交通的发展

东京首都圈已建立起完善的轨道交通体系，主要包括国铁 JR 线（Japan Railway Line，即新干线）、私营铁路和地铁三种类型，其中国铁 JR 线、私营铁路主要负责市际、各区部中心和市内部分交通，地铁则有效与之衔接，通过高效便捷的交通换乘枢纽，可以把市民输送到东京区部的各个片区。全市地铁里程近300 千米，共设有 277 个站台，以东京火车站为中心，50 千米范围内的首都圈轨道交通总长度达到 2300 千米以上，在东京都区部任何区域居民步行 10 分钟以内均可到达地铁站口；不仅如此，东京轨道交通还拥有高质量的设计与服务水平，如地铁换乘比较便捷、内部有行李架和高低不一的扶手、上下行双向电梯设置及女性专用车厢等。东京每天轨道交通客运量超过 3000 万人次，承担了全市 86%的客运量，早高峰时段中心区轨道交通出行达到 90%以上，而小汽车比例仅为 6%。

4. 纽约提供高质量的交通运输网络

纽约 2030 规划通过提升客运能力来减少居民、游客、工作者的出行时间，建立一套完整的交通运输规划，力求在纽约历史上首次全面实现道路、地铁和铁路的良好运行状态。通过改善和扩展城市的公共汽车、地铁和通勤铁路、租车服务和轮渡等项目，促进汽车共享，使自行车更加安全便捷，提高行人进入性和安全性等途径促进可持续性交通基础设施建设。实施改进飞行技术和价格基础机制减少交通噪声、修改停车规则来平衡邻里需求、减少城市街道的卡车拥堵、改善货物流动、提高作为国家和世界门户的作用等举措减少城市交通拥堵，并重视促进和改善道路的物理性能以及交通转换系统建设。

5. 伦敦重视交通环境改善

伦敦拥有国际一流的交通系统，在交通方面的大量投资有效保障了整个城市经济快速运行和城市宜居性改善。其在交通建设方面的努力包括，在城市东部和西部之间建设新的高速横轨，减少出行时间；改善地铁内部的交通环境，增加新的车辆、站点，以及扩展服务内涵；使城市交通更加方便残疾人和空间剥夺严重地区市民的出行；建设更现代化的路网来应对未来出行需求的增长；完善铁路线路并进一步提高其运行速度。同时，鼓励宣传步行和自行车等绿色方式出行，积极引进低碳绿色能源汽车，减少交通发展对城市环境造成的负担。

第五节　关注开放和包容

包容能够促进开放，开放也必然要求包容，因此包容开放的城市文化表现得更加丰富多元。一方面，城市内部各个民族、社会阶层和不同文化背景的企业均能够在城市内部和谐平等地交流，促进城市文化多样性发展；另一方面，与其他城市开展相互交流合作，在资金、人员、信息和技术等方面保持密切联系，有助于提升自身城市在世界城市网络的节点位置。世界宜居城市发展的历史经验已证明，拥有包容开放的城市特质能够提高城市竞争力和吸引力，促进和谐宜居城市建设。

1. 墨尔本倡导包容开放的城市文化

墨尔本是个文化多元的移民城市，统计显示（表5-4），墨尔本移民主要来自英国、印度、中国、意大利和新西兰等国家，包含天主教、英国国教、东正教、佛教等多种宗教信仰类型，家庭只说英语的比例占66.3%，家庭说两种以上语言的比例达32.4%，其他常用语言主要为希腊语、意大利语、普通话、越南语和粤语等。墨尔本还是澳大利亚网球公开赛、F1赛车等大型赛事的常年举办城市，每年吸引了来自世界各地的参赛者和游客。值得一提的是，墨尔本这座移民城市对同性恋文化也表现得非常包容。

表 5-4　墨尔本城市的文化多元性（2011 年）

出生国家	人口/人	比例/%	宗教信仰	人口/人	比例/%	语言	人口	比例/%
澳大利亚	2 530 775	63.3	天主教	1 088 990	27.2	希腊语	113 407	2.8
英国	134 022	3.4	无宗教信仰	939 229	23.5	意大利语	112 686	2.8
印度	106 598	2.7	英国国教	431 354	10.8	普通话	100 598	2.5
中国	90 898	2.3	东正教	220 452	5.5	越南语	85 128	2.1
意大利	68 823	1.7	佛教	158 663	4	粤语	71 275	1.8
新西兰	67 042	1.7				家庭只说英语	2 652 596	66.3
						家庭说两种及以上语言	464 218	32.4

2. 纽约打造包容开放的世界城市

纽约是一个国际移民城市，种族构成较为复杂，拥有来自 97 个国家和地区的移民，在此使用的语言达到 800 种。2010 年最新人口普查数据显示，在纽约市民中，国外出生的人口达到 36.9%，家庭说非英语的比例达到 48.7%。正是大量移民的到来造就了纽约包容开放的文化气质，为这座现代化的国际大都市的发展增添了人才和魅力。

3. 伦敦重视文化多元化

伦敦是个文化艺术氛围浓厚的历史文化名城，不但有数量众多的博物馆、美术馆及历史建筑,也包含各具特色的剧院、电影院、音乐会及城市节日庆典活动。另外,伦敦还是个文化多元的现代化国际性大都市,适合来自不同民族、不同文化的市民在此生活,大量移民的到来进一步丰富了伦敦的文化多样性。

4. 伦敦还特别强调城市包容性建设

每个地方的发展都要为老人和残疾人提供特别需求,包容性的具体维持和管理需要遵循较高的英国国家标准;提倡社区多样化、包容性和凝聚力,尽可能地创造机会提高居民的场所感和安全感;保护当地特色,建筑、街道和开敞空间应该展现高品质的设计,与现存街道图案和纹理在方向、规模、比例和数量上保持联系,促使城市结构和自然景观之间有密切联系,同时积极保护历史文化遗产。

第六节 经 验 启 示

世界和谐宜居城市评比是对各维度和谐宜居要素综合评价的结果,因此需要各宜居要素综合协调发展,不能偏废其一,才可能建成世界和谐宜居城市。但不同的世界和谐宜居城市表现却又各具特色(表5-5),对世界和谐宜居城市建设特色经验的梳理,可为中国建设和谐宜居城市提供如下启示。

表 5-5 世界和谐宜居城市建设的特色与经验

城市	人与自然和谐	以人为本	公共服务设施	公共交通	开放和包容
墨尔本	√	√		√	√
维也纳	√	√	√		
温哥华	√	√	√		
新加坡	√	√		√	
东京			√	√	
纽约	√	√		√	√
伦敦		√		√	√

1. 健全宜居城市规划与相关政策

纵观世界宜居建设先进城市,无一不建立相对完善的宜居城市政策法规和管理监督机构,这些法规不仅有利于明确宜居城市建设的目标方向,更是落实宜居城市建设的行动指南。国内许多城市均把宜居城市作为城市发展的重要目标,但围绕宜居城市建设的专项规划政策与行动仍相对缺乏,宜居城市建设的综合协调机构也还有待建立。政府和规划部门作为城市发展建设和管理的主体，应积极开展宜居城市建设专项行动，并出台相关的法律、法规，促使中国宜居城市建设走向法制化的道路。

2. 完善住房保障

住房保障是城市宜居与社会和谐的重要基础，相对合理的房价收入比、健全的住房保障政策是世界宜居城市的共性特征。就北京而言，2012 年北京市住宅商品房平均销售价格为 16 533 元，城镇居民家庭人均可支配收入为 36 469 元，同年城镇居民人均住房面积为 29.26 平方米，计算得到的房价收入比高达 13.26，远远超过国际房价收入比为 3～6 的合理区间，其他一线城市居民同北京类似，也面临着巨大的购房压力。中国政府通过经济适用房、限价房和公租房（廉租房）等安居工程可在一定程度上解决部分中低收入群体的住房问题，但是保障房的覆盖范围有限，对一部分低收入家庭来说住房价格仍难以承受。从空间分布来看，城市保障房建设更多分布在城市边缘区，存在配套服务设施滞后，交通出行不便等缺陷；同时保障房对城市外来人口住房权利考虑不足，大大降低了外来人口居民生活质量，也不利于社会和谐稳定。因此，政府加强对住房市场的宏观调控，保障城市所有居民的基本住房权利，应是建设和谐宜居城市的基本前提。

3. 重视城市生态环境建设

生态环境是宜居城市建设的自然本底条件，世界宜居城市均具备优美的绿化建设、清洁的空气质量和干净的水源等优良的生态环境。2013 年，中国城市人均城市绿地面积仅为 17.7 平方米，建成区绿化覆盖率为 39.7%，且城市内部绿化空间分布不平衡，建成区绿化面积明显不足，城市公园绿地可达性也均有待改善。空气质量清洁是世界宜居城市的共性特征，2013 年 1 月中旬，中国中东部地区陷入了大范围的严重雾霾天气，涉及 30 多个省份，对建设和谐宜居城市构成重要威胁。同时，本书作者 2013 年宜居调查结果显示，北京城市居民对居住环境健康性认可度最低，雾霾等空气污染成为影响北京城市宜居性的重要瓶颈。因此，亟须优先改善城市生态环境，来促进中国宜居城市建设。

4. 打造公共服务设施

教育医疗、购物餐饮、休闲娱乐、文化体育等公共服务设施是否齐全、便捷是影响居民日常生活方便性的重要因素。快速工业化与城市化发展语境下，中国各城市的公共服务设施正在不断健全和完善，但不少城市公共服务设施建设速度却滞后于常住人口增长速度，同时公共服务设施配置较少考虑到常住外来人口的日常生活需求，导致公共服务设施非均等化现象比较普遍，制约着居民生活质量的提高。另外，中国城市公共服务设施供给还没有真正落实以人为本为导向，不乏形象面子工程。例如，常见市级万人体育场，而缺乏社区体育活动健身场所；常见城市大广场，而缺乏社区公共活动空间等。因此，应该重点打造公共服务设施，促进居民生活质量从根本上得到改善。

5. 提升城市文化内涵

城市文化内涵是一个区域的个性特色与精神活力的重要体现，也是建设宜居城市的重要内容之一，世界宜居城市不仅十分重视对传统历史文化的保护，还拥有包容、开放和创新等现代文化特质。工业化背景下的中国城市发展，要学会处理好经济发展和城市历史文化保护的关系，延续城市历史文脉，打造拥有地域特色的城市形象，避免千城一面。另外，加强文化设施建设，努力提高城市居民文化素质，积极营造良好的社会文化氛围，着重通过提升城市文化的软实力，来促进和谐宜居城市建设。

6. 鼓励低碳交通出行

低碳交通出行不仅包括步行、自行车等绿色出行方式，还包括公交车、地铁等公共交通出行，发展低碳交通有利于节约能源消耗、减少空气污染和提高交通运行效率，已受到世界宜居城市广泛重视与积极实践。目前，城市交通拥堵已经成为中国大城市的通病，这与当地城市规划水平、交通治理能力、公共交通服务水平和市民人口素质等均有密切关联，而低碳交通出行则是解决日益严峻的城市交通和环境问题的重要途径。2012年北京交通发展年度报告数据显示，北京市小汽车出行比例最高，为32.6%，公交、地铁出行比例分别为27.2%、16.8%，自行车出行比例则为13.9%。可以看出，目前北京市小汽车出行仍占有较大比例，公共交通出行比例有待继续提高。可通过优化城市空间结构、提高公共交通服务水平、限制私人小汽车使用频率、积极宣传低碳出行理念等多种方式引导居民绿色低碳出行，提高城市交通运行效率。

本章小结

本章着重阐述世界和谐宜居城市建设的经验特色，以期为中国建设和谐宜居城市提供有益启示。世界和谐宜居城市建设是一个复杂的系统工程，由不同的和谐宜居子系统所构成，尽管其和谐宜居建设的成功经验各具特色，但不能存在明显的短板要素制约。墨尔本、维也纳、温哥华、新加坡、东京、纽约和伦敦等世界和谐宜居城市在人与自然和谐、以人为本、公共服务设施、公共交通、开放和包容等方面各有所长，为其成功建设世界和谐宜居城市奠定了坚实的物质基础，并营造出和谐、活跃的社会文化氛围。这对未来中国和谐宜居城市建设具有以下启示：健全宜居城市规划与相关政策、完善住房保障、重视城市生态环境建设、提升城市文化内涵和鼓励低碳交通出行。

第六章

宜居城市评价指标体系评述

> 宜居、机会、认同感和真实性是美好城市的特征，是满足个人和小社会单元需求的尺度，但是城市还要满足一些更高的社会目的。城市应该能培育人们宽容、正义感、法律和民主意识，实现社区的统一性。
>
> ——艾伦·雅各布斯（2011）

自宜居城市概念提出以来，不同学者从不同角度对宜居城市展开深入研究，各自构建了适用于研究不同空间尺度及地区的和谐宜居城市构成体系，并基于此建立了不同的宜居城市评价指标。本章梳理了目前国内比较有影响力的评价指标体系，发现这些指标体系之间既有大同小异的共性，也有因地制宜的特性。单就指标体系而言，从其刻画人居环境的主客体来看，可归为测量城市物质环境构成的客观评价指标和表征居民感知的主观评价指标。

第一节　宜居城市的物质环境构成评价指标

基于城市物质环境构成的宜居城市评价指标是从城市的客观实体结构来看待宜居城市应该具备的条件，评价从城市实体构成角度出发，通过分解每个构成要素的具体内容形成指标体系，是目前国际上宜居城市评价使用最多的方法。该评价指标体系根据其要解决的问题又可以分为现状比较型指标体系和问题解决型指标体系。

一、现状比较型宜居城市评价指标体系

这类指标体系的构建往往不是为了评价某一个城市而建立的，而是期望经过指标评价可以得出城市实体环境构成的现状，从而可以对不同城市的宜居水平现状进行对比分析。虽然这些指标体系涵盖的内容相差无几，但各自强调的重点因指标体系设置出发点和目标而有所不同。

1. 强调居住质量及可获性评价的指标体系——英国《经济学家》智库全球城市宜居性调查报告

EIU 是英国《经济学家》智库（Economist Intelligence Unit）的简称。EIU 每年要对全球城市的宜居性发布调查报告，进行全球城市宜居性排名工作。这项调查是在其先前"居住困难度"的调查方法上展开的，在"困难度"指标的基础上增加了其他衡量因子，用以全面地诠释什么是城市宜居性，因此，这项指标体系更多的是在反映影响城市居住适宜性的因素。随着城市涵盖内容的不断复杂化，其调查评价标准也在不断变化。2004 年全球城市宜居性评价指标体系共分成三组：健康和安全（health and security）、文化与环境（culture and environment）、基础设施（infrastructure）。2005 年增至五组：社会稳定程度、健康水平、文化与环境、教育质量、基础设施。表 6-1 是 2014 年 EIU 的全球城市宜居性评价指标，评价一级指标包括：稳定性、医疗保健、文化与环境、教育、基础设施。然后通过对调查而来的数据进行定性和定量综合分析，得出一个全面反映生活质量的指数。

表 6-1　EIU 宜居城市 2014 年度评价指标体系

一级指标	二级指标
稳定性（stability，25%）	轻度犯罪
	暴力犯罪
	恐怖主义威胁
	军事冲突威胁
	民事冲突威胁
医疗保健（health care，20%）	私人医疗服务可获得性
	私人医疗服务质量
	公共医疗服务可获得性
	公共医疗服务质量
	非处方药的可获得性
	大众医疗服务指标

续表

一级指标	二级指标
文化与环境（culture and environment，25%）	湿度与气温等级
	不适合旅行的天气
	腐败层次
	社会和宗教制约
	审查等级
	体育设施使用情况
	文化设施使用情况
	餐饮服务设施使用情况
	购物设施使用情况
教育（education，10%）	私立学校
	私立学校教育质量
	公立教育指标
基础设施（infrastructure，20%）	路网质量
	公共交通质量
	国际联系质量
	是否可以获取良好的住房
	能源供给
	水的供给
	电讯供给

2. 强调最佳居住地评选的指标体系——美国《财富》杂志全美宜居城市评选指标体系

《财富》杂志的美国年度最佳居住地评选（How we picked the best places to live）每年举行一次，评选基础来自对城市居民的调查，定位指标很大程度上依赖于居民对城市的主观评价。该项调查的核心在于最佳居住地的客观指标测度以及居民主观感受。评价内容包括财务状况、住房、教育水平、生活质量、文化娱乐设施、气候状况与邻里关系（表6-2）。评选每年举行一次，评选基础虽然来自对城市居民的调查，但定位指标很大程度上还是基于城市实体。

通过对居民调查结果进行分析，《财富》杂志得出以下观点："最受美国人青睐的小城多是高等教育中心""交通方便和优美的自然环境也是美国人挑选宜居城市的重要条件""一个适宜人居住的城市，首先表现在当地居民对城市的满意度和忠诚度上""丰富的文化生活也是吸引人们移居的一个重要因素""房地产价格是家庭选择居住地时考虑的重要因素"。

表 6-2 《财富》杂志 2013 年全美宜居城市评选指标

评价内容	评价指标
财务状况（economy）	家庭年均收入中位数 家庭购买力 州营业税 州最高所得税税率 州最低所得税税率 汽车保险补贴均值 就业增长率
住房（housing）	房价中位数 财产税均值
教育水平（education）	学院、大学及职业学校数 阅读测试分数 数学测试分数 基础考试成绩 公立学校学生占比 私立学校学生占比
生活质量（quality of life）	空气质量指数 人身犯罪事件 财产犯罪事件 通勤中位数 通勤时间超出 45 分钟以上人数占比 步行和骑车上班人数占比
文化娱乐设施（leisure and culture）	电影院 酒吧、餐厅 公共高尔夫球课程 图书馆、博物馆 滑雪度假区 艺术资助
气候状况（weather）	年均降水量 晴天占比 年最高气温 年最低气温
邻里关系（meet the neighbors）	社区人口年龄中位数 大学学历人数占比 已婚人数占比 离婚人数占比 种族多样性指数

3. 以薪酬补偿为导向的指标体系——美世全球城市生活质量排名指标体系

美世人力资询公司（William Mercer，简称美世）是全球性的人才、健康、养老和投资咨询机构，致力于协助客户在全球范围不断提升其最关键的资产，以及其员工的健康、财富和绩效。美世每年都会提供关于全球 440 个城市的生活质量报告，并对其中 230 个城市的生活质量进行排名，进行此项调查旨在帮助跨国公司和其他组织为其海外派遣员工制定合理的薪酬津贴。由于文化、社会和气候不同，以及政治不稳定、犯罪率高和基础设施不完善，都可能使承担跨国工作的员工及随行家属难以适应，雇主需要评估员工和家人在调动时是否将会遇到生活质量下降的情形，并确保为此给予他们合理的补偿。跨国公司必须能够通过合理、一致而又系统的方法确定其海外派遣人员的薪酬方案，在员工承担国际派遣任务时为其提供激励以补偿，尤其是针对艰苦地区而言。两种常见的激励措施为生活质量津贴和派遣津贴，其中，生活质量或"艰苦"津贴针对派驻地区相对于派出国/地区的生活质量下降提供补偿。因此，美世的这项评价指标体系（表 6-3）更加侧重于目标城市的生活质量与基准城市的对比。指标主要反映了城市的实体构成，包括：政治与社会环境、经济环境、社会文化环境、医疗和卫生情况、学校和教育、公共服务和交通、娱乐、消费品、住房、自然环境。

表 6-3　美世全球城市生活质量排名标准

指标	主要内容
政治和社会环境	政治稳定性、犯罪、执法等
经济环境	货币兑换监管、银行服务等
社会文化环境	可获取的媒体渠道和审查制度、人身自由限制
医疗和卫生情况	医疗用品和服务、传染病、污水、废物处理、空气污染等
学校和教育	国际学校的数量和质量情况
公共服务和交通	电力、供水、公共交通、交通拥堵等
娱乐	餐厅、剧场、电影院、运动休闲等
消费品	食品/日常消费品的供应、汽车等
住房	租房、家用电器、家具、维修服务
自然环境	气候、自然灾害记录

美世的研究指出，新兴城市正日益成为传统的商业和金融中心城市的有力竞争者，这些所谓的"二线新兴城市"正加紧基础设施的投入以提高其城市的生活质量标准，并最终达到吸引更多的国外企业的目的。中国的西安和重庆正作为商业经营的新兴地区而崛起，城市提高生活质量标准的主要挑战在于清洁水的供应

及空气污染。不过，电信和消费品部门的进步对于这些城市的排名具有一定的正面影响。而在国际上，人口快速膨胀导致的清洁用水的供应、空气污染及交通拥堵问题正在严重威胁一些城市生活质量的提升，如印度的孟买和新德里。

基于人才"双脚投票"是美世生活质量排名研究背后的理论依据，而人才吸引力正是城市竞争力的重要内容。因此，美世的这项研究不仅仅是为跨国公司提供员工薪酬补偿依据，更为以生活质量衡量的城市竞争力提供评价标准。

4. 基于大尺度区域强调核心要素评价的指标体系——美国大都市区生活质量排名指标体系

与其他评价指标体系不同，Savageau 教授的地方排名年鉴（Places Rated Almanac）是基于大都市区尺度的研究。这项研究对美国大都市区的生活质量从九大方面进行综合评价，选用指标均由可以量化表达的实体构成，主要囊括了文化氛围、住房、就业、犯罪、交通、教育、医疗保健、娱乐设施、气候。虽然研究仅限于美国内部，但 Savageau 教授对美国 379 个大都市地区生活质量的九项内容进行了非常详细的评价。不同于旨在提供生活质量综合排名的研究，Savageau 教授的这项研究更倾向于为居民在国内进行居住迁移提供一个向导性质的服务手册，报告甚至将居民喜欢的餐厅在各地区之间进行详细的描述和分析（表 6-4）。

表 6-4　美国大都市区生活质量排名标准

一级指标	二级指标
文化氛围 （ambience）	艺术博物馆、剧院、芭蕾舞剧团、交响乐团，民族多样性、政治活动、历史街区、较好的餐厅
住房 （housing）	2000 年以来的房价增幅、毛坯房价格、简单装修房价格、精装房价格、财产税、公共服务、抵押贷款、典型税款金额
就业 （jobs）	失业风险、九大基础产业到 2015 年可提供的就业增量
犯罪 （crime）	过去 5 年每十万人年均暴力犯罪和财产犯罪的平均值、犯罪趋势在强化、弱化还是保持不变
交通 （transportation）	通勤时间、公共交通、使用飞机火车或州际高速路出入大都市区的难易程度
教育 （education）	公立学校数量、私立学校数量、学院和大学数量、公共图书馆数量
医疗保健 （health care）	医院数、医生数、特殊医疗服务
娱乐设施 （recreation）	公共高尔夫课程、电影院、动物园、职业运动、海岸线长度、国家公园、森林面积、野生动物园
气候 （climate）	全年温度接近 65 华氏度的天数，光照亮度和天气稳定性

5. 强调人居环境可持续性的指标体系——国际标准化组织城市服务与生活质量指标体系

2014 年全球城市峰会（Global Cities Summit）期间，国际标准化组织（ISO）正式发布了《社区的可持续发展——城市服务与生活质量指标》（*Sustainable Development of Communities—Indicators for City Services and Quality of Life*）。这一国际标准研制历时三年，最终从城市服务和生活品质两个方面出发，从经济、教育、能源、环境、财政、火灾与应急响应、治理、健康、休闲、安全、庇护所、固体垃圾、通信与创新、交通、城市规划、废水、水与卫生等 17 个方面，提出了 100 项指标（其中包括 46 项核心指标和 54 项辅助指标）来衡量城市可持续发展状态。这项研究涉及的指标涵盖范围之广泛是目前相关研究中所罕见的，研究者在设计指标体系时，主要参考了衡量城市可持续发展能力的研究。因此，与其说这是一项评价城市人居环境质量的指标体系，还不如说这是一份衡量城市可持续发展能力的指标体系（表 6-5）。

表 6-5　国际标准化组织城市服务与生活质量指标体系

一级指标	二级指标
经济	失业率、商业与产业指标、贫困率、全职就业人数、年轻失业人口比重、十万人商业交易数、十万人专利数
教育	女性学龄人口就学比例、小学教育水平人口比重、中学教育水平人口比重、小学教师比例、男性学龄人口就学比例、学龄人口就学比例、十万人高等学历比重
能源	人均家庭电力使用、用电人口比重、公共建筑年能源消耗、清洁能源占比、人均电力使用、人均年电力中断次数、电力中断平均时长
环境	PM2.5 浓度、PM10 浓度、人均温室气体排放量、二氧化氮浓度、二氧化硫浓度、臭氧浓度、噪声污染、本地物种变化率
财政	贷款服务比例、资本投资占比、本地税收占比、征税比重
火灾与应急响应	十万人消防员数、十万人火灾死亡人数、十万人自然灾害死亡人数、十万人志愿者与兼职消防员人数、应急响应时间、火灾应急响应时间
治理	最后一次选取的选民参选率、城市级别官员的女性官员比例、政府机构中女性从业者比例、十万人腐败与行贿罪数、十万人市民代表人数、注册选民数占适龄选民数比重
健康	平均预期寿命、十万人医院床位数、十万人医生数、千名儿童中 5 岁以下儿童死亡率、十万人护理与产科从业人员数、十万人精神健康从业者人数、十万人自杀数
休闲	人均室内公共休闲活动场所面积、人均室外公共活动场所面积
安全	十万人警察数、十万人杀人犯罪数、十万人财产犯罪数、警察局报案响应时间、十万人暴力犯罪数
庇护所	贫民窟人口比例、十万人无家可归者、没有合法注册的家庭数
固体垃圾	常规固体垃圾收集人口数、人均市政固体垃圾收集量、回收利用固体垃圾比例、填埋固体垃圾比例、焚烧炉焚烧固体垃圾比例、室外燃烧固体垃圾比例、室外倾倒固体垃圾比例、其他方式处理固体垃圾比例、人均有毒垃圾量、回收利用有毒垃圾比例

续表

一级指标	二级指标
通信与创新	十万人国际通信联系数、十万人手机通信数、十万人固定电话通信数
交通	十万人大容量公共交通系统千米数、十万人客运公共交通系统千米数、人均私家车数量、采用除私家车以外方式通勤的人数比、人均两轮交通工具数、十万人自行车道千米数、十万人交通设施数、商业航空联系
城市规划	十万人绿地面积、十万人年均种植树木数量、非正式协议城市面积占比、工作与住房比
废水	污水收集人口比、未处理的污水比重、经过初步处理的污水比重、经过二级处理的污水比重、经过三级处理的污水比重
水与卫生	可使用饮用水的人口占比、可持续得到不断提升的水源的人口占比、可得到不断提升的卫生服务的人口占比、人均当地水资源消耗量、人均水资源消耗量、家庭户年均供水停止次数、水资源损失比重

6. 强调社区尺度居住环境评价的指标体系——日本浅见泰司的居住环境评价系统

20世纪80年代到90年代，随着日本经济的增长，住宅规模和性能等水平得到提高，人们对居住环境的要求也由过去安全、卫生的居住环境转向富有人性和舒适等多样化和高质量的居住环境。从1992年开始，依照《城市计划法》，日本的城市总体规划纳入了居民参与的程序，使居民可以切身把握和认识居住环境问题，借此摸索地区环境的发展方向。这些改变使城市的模式和各地区整治所面临的课题与居民的意识相适应，并使得居住理念趋于个性化和详细化。另外，日本对城市和住宅区的发展提出了更加关心老年人和残疾人生活的新要求，开始从城市经营的角度来关注居住环境的作用。

在这样的背景环境之下，浅见泰司在其所著的《居住环境——评价方法与理论》中提出的居住环境指标网罗了世界卫生组织健康的人居环境的四个基本理念，即安全性、保健性、便利性、舒适性，同时加入了可持续理念。浅见泰司认为，在研究居住环境时，不仅要从个人获得的利益或损害的角度来考察居住环境的概念，如安全、保健、便利、舒适，也要考虑个人对整个社会做出了何种程度的贡献，即必须建立起可持续的理念。关注居住环境，应当关注环境的可持续性，关注人们之间的关系和地区文化集成等社会可持续性，关注地区经济发展应该避免地区经济崩溃的经济可持续性。浅见泰司的居住环境指标体系考虑的所有项目较为全面地涵盖了社区级别的居住环境评价指标（表6-6）。

表 6-6　浅见泰司构建的居住环境指标体系

居住环境目标			评价指标
安全性	日常安全性	防范性能	防灾与防范设施的密度
			町会及居民自治团体的数目、活动频度
			街灯密度
		交通安全性	道路率
			道路宽度分布
			机动车通行量
			最大道路宽度
			步行空间率
			一般道路人行道设置率
			道路转角的切角率
		生活安全性	适合轮椅通行的道路比例
			无障碍设计住宅比例
	灾害安全性	灾害的总体安全性	老朽住宅比例
			老朽住宅户数密度
			空地率
			公共开敞空地比例
		火灾安全性	道路率
			道路宽度分布
			木造与防火木造建筑覆盖率
			不可燃建筑比例
			地区或街区建筑覆盖率
			栋数或户数密度
			空地率
			与 6 米以上道路的距离
			消防困难区域的比例
			换算后的老朽住宅户数
			不可燃区域比率
			能够双向避难的户数比率
			消防署与政府派出机构数目
			便于消防的房屋栋数比例
			单位长度道路的路边停车数
			不沿街房屋的比例
			公共开敞空间比例

续表

居住环境目标			评价指标
安全性	灾害 安全性	洪涝灾害安全性	空地率
			公共开敞绿地比例
			下水道普及率
		地基安全性	地表的改变程度
		地震与城市型灾害安全性	道路率
			道路宽度分布
			木造与防火木造建筑覆盖率
			《新耐震设计法》实施以前建成的住宅比例
			消防困难区域比例
			公共开敞空间比例
保健性	防止公害		道路宽度分布
			环境基准综合化指标
			土地利用比例(住工混合比例)
			道路率
			噪声水平
			公害投诉件数
			机动车交通量
	传染病预防		下水道普及率
			冲水厕所普及率
	自然环境保护		地面建筑覆盖率与街区建筑覆盖率
			地区或街区容积率
			栋数或户数密度
			空地率
			日照在一定时间以上的户数比例
			天空率
			邻栋间隔系数
			空地与地区总建筑面积的比例
便利性	日常生活便利性		停车场设置率
			自行车停车场设置率
			违法停车率
			垃圾场数目

续表

居住环境目标			评价指标
便利性	各种设施的利用		到最近医疗机构的距离
			医疗福利设施的整备密度、诊疗科目的多样性
			到中小学校的距离
			到儿童馆、保育机构的距离
			到公民馆、会所的距离
			文化设施数量
			宾馆、会议设施数量
			到最近公园的距离
			人均绿地
			公共开敞空间
	交通的便利性		到最近交通机构的距离
			地区内停车场设置率
			通勤时间
	社会服务的便利性		垃圾收集频率
			家庭服务员人数
			道路宽度分布
			城市 CATV 普及率
			PHS 天线、光缆整备情况
			电波信号受到干扰的住宅比例
舒适性	人工环境	优美的街道景观	美观性的评价
			从道路后退的建筑外墙的长度
			树篱墙的比例
			电线埋入地下的比例
		开敞所带来的舒适性	建筑栋数与户数密度
			地区或街区的建筑覆盖率
			空地率
			天空率
		社区的舒适性	与住户主要出入口的距离
			地区或街区的建筑覆盖率
			户数（栋数）密度
		与嫌恶设施或场所的距离	土地利用比例
			位于各种垃圾处理设施一定距离以内的户数比例

续表

居住环境目标			评价指标
舒适性	自然环境	自然环境的享受	土壤面、水面、绿化覆盖率
			地区内绿地面积比例
			绿视率
			亲水性水面面积
可持续性	地域的可持续发展		产业结构比例
			住宅存量的充足程度
	环境污染的预防		透水性地表覆盖率
			环境基准综合化指标
	循环型的地区振兴		废弃物产生率
			分类回收比例
			再利用比例
			土壤面、水面、绿地率
			透水性地面覆盖率
			水的循环使用率
			PRH 值
			长期耐用住宅比例
			对环境贡献的评价指标
	能耗的减少与能源的有效利用		对环境贡献的评价指标
			家庭用电量、用水量
			尚未利用的能源的利用率
			一次性能源的消耗量
			CO_2 的排放量
			节能住宅比例
	对生态循环的贡献		对环境贡献的评价
			Biotope 比
	良好的城市环境的形成		CO_2 的排放量
			对环境贡献的评价指标
			土壤面、水面、绿化覆盖率
			透水性地表覆盖率
	良好的城市获得的持续性		人口（家庭）密度
			各年龄层人口比例
			人口变化率

续表

居住环境目标		评价指标
可持续性	良好的城市获得的持续性	修正后各年龄层人口变化率
		昼夜人口构成比
		家庭人口构成比
		住宅存量充足程度
		住宅与家庭构成偏差度
		住宅空置率
		公共住宅的申请比例
	地区的魅力	地区的魅力
	居住区改善和更新的容易程度	街道不良的住宅比例
		平均地块规模
		租赁土地的住宅比例

资料来源：Asami（2001）。

注：表 6-6 中有多处指标重复，与原著核对无误，见：居住环境评价方法与理论，浅见泰司著，高晓路译，第 372 页。

二、问题解决型宜居城市评价指标体系

这类指标体系构建的出发点通常是为了解决某个问题，如针对灾害居住环境重建和评价所设立的评价指标体系。另一种情况是，指标体系的构建仅仅是为了改善某个特定城市的发展问题，如大温哥华地区的宜居区域战略规划。

1. 强调愿景与行动的指标体系——联合国人居环境奖评价指标体系

1989 年，联合国人居署创立"联合国人居环境奖"，目的是使国际社会和各国政府对人类住区的发展和解决人居领域的各种问题给予充分的重视，并鼓励和表彰世界各国为人类住区发展做出了杰出贡献的政府/组织、个人和项目。评奖内容涉及人类住区的各个方面，如住房、基础设施、旧城改造、可持续人类住区发展、灾后重建、住房困难等。

1995 年，联合国人居署和阿拉伯联合酋长国迪拜市政府发起，设立包括在联合国"最佳城市建设和政府管理"项目之内的联合国人居环境最佳范例奖（又称"迪拜国际改善居住环境最佳范例奖"），旨在奖励在人类居住条件的改善及可持续发展方面做出杰出贡献的项目。每两年，全球最出色的 10 个方案将被授予"迪拜奖"。最佳范例将被作为案例和指导方案加以研究，从中得出的经验教训将推广至全球其他国家、地区和城市。全球任何组织和机构甚至个人，只要在改善人类尤其是贫困人口及弱势群体的居住环境方面产生了积极和显而易见的影响，并

给这一领域带来持久的变化，都可以申报。这个项目包含了一个全球性的组织机构网络，该网络致力于发掘和推广全球各地可持续发展的成功方案，简称最佳城市建设和政府管理项目（Best Practice and Local Leadership Programme，BLP），其所关心的有创意的人居环境改进方案集中在以下几个领域：居民住宅建设；城市发展与治理；环境综合治理；经济发展方案；社会融合；打击犯罪；扶贫与社会救助；妇女和青少年问题；基础设施建设；公共设施建设等。根据第二届联合国人居大会和《迪拜宣言》确立的基本标准包括：改善居住环境产生的影响、参与者之间的合作关系、可持续性、领导能力和加强社区作用、男女平等和社会包容、基于当地情况的创新及其可传播性（表 6-7）。

表 6-7　迪拜国际改善居住环境最佳范例奖评选标准

基本标准	内容	指标
改善居住环境产生的影响	可持续住房和社区发展	扩展安全的供水和卫生设施； 可负担得起的住房、服务及社区设施； 获得土地、房地产持有权保障及资金； 以社区为基础的规划以及对决策和资源分配的广泛参与； 旧城、社区和住区的改造与修复； 安全和有益健康的建筑材料和技术
	可持续性城市与区域发展	创造就业，消灭贫困； 减少污染，改善环境卫生； 改善公共交通和通信； 改善废物收集、处理和再利用； 城市绿化以及有效利用公共场地； 改善生产与消费循环，包括替代/降低使用不可再生资源； 保护自然资源和环境； 更有效地利用和生产能源； 保护重要的历史和文化遗产； 形成并实施统一和综合的城市发展战略
	可持续、高效、负责和有透明度的住区管理	更有效的行政、管理和信息系统； 男女平等以及在决策、资源分配、计划设计及实施中的公平； 减少和防止犯罪； 提高防灾、减灾及重建能力； 社会融合，减少社会排斥； 提高责任心和透明度； 促进社会平等和公平； 促进内部机构间的协调
参与者之间的合作关系		政府组织或机构，包括双边援助机构、国家人居委员会或联络处、多边机构、城市、地方当局或它们的联合会、非政府组织（NGO）、社区组织（CCBO）、私营部门、研究和学术机构、媒体、公共或私人基金会等之间的合作关系

续表

基本标准	内容	指标
可持续性		以立法、规章制度、章程或标准等正式确认所提出的问题和难题； 有希望其他地方加以仿效的全国性或次一级的社会政策或行业战略； 对不同级别和不同类别的参与者，比如中央和地方的政府机构以及社区组织等，赋予清晰的角色和责任的制度框架和决策程序； 更有效地利用人力、技术、资金及自然资源的高效、透明和负责的管理体制
领导能力和加强社区作用		在鼓励行动和变化，包括公共政策的变化方面发挥领导作用； 加强个人、街道和社区的作用，并将他们的力量结合起来； 对社会和文化多样性的接受和响应； 具有被进一步传播、推广和复制的潜力； 适应当地的条件和发展水平
男女平等和社会包容		对社会多样性和文化多样性的接受和响应； 在收入、性别、年龄、身体和智力状况等基础上提高社会平等和公平； 承认和尊重不同的能力
基于当地情况的创新及其可传播性		他人是如何从该项目中学习和受益的； 分享或传播所学到的知识、专项技能及经验的方式； 在传播以下某项或多项内容时造成了切实的影响； 传播作为一个持续不断的学习与变化的过程的一部分从而具有的可持续性

2. 强调区域规划导向的指标体系——加拿大温哥华地区宜居区域战略规划指标体系

加拿大温哥华地区曾一度出现人口增长与城市低密度蔓延的发展趋势，城市内部散置着一些缺乏有效的交通服务的高密度的人口集聚点，绿色空间紧迫、交通拥堵及空气质量下降非常严重，整个区域缺乏共同的构想和协调行动。为改善这一无序的发展状态，大温哥华行政区、市政当局及公众提出大温哥华地区宜居区域战略构想："大温哥华可以成为世界上第一个实现全人类追求目标的城市区域：一个人类活动能使自然环境改善而非恶化的区域，一个人造环境的特性与自然环境的特性相接近的区域，一个种族与宗教多样性可以带来社会力量而非造成冲突的区域，一个人们可以控制其社区人口密度的区域，一个人人都能获得基本的食物、衣物、庇护场所、安全设施及有益活动的区域。"[①]

之后，大温哥华地区于 1996 年通过了"面向 21 世纪的宜居区域战略规划"（The Livable Region Strategic Plan，LRSP），作为对行政区长期发展的指导方针。这项规划不仅仅作为区内各级政府部门的工作框架，同样也适用于私人部门、个

---

① Livable region strategic plan（LRSP）for the Greater Vancouver Regional District. Canada. 1996.

体公民和社区协会。宜居区域战略规划的目的是通过区域内各成员间的协同配合以合理的土地利用和交通规划来控制人口增长，保护和改善环境健康状况与质量，创建宜居的、设施完善的社区，并在共同的构想和协调的行动的基础上，用有效的交通系统连接这些社区，实现大都市区的可持续发展，从而帮助人们维持地区的宜居程度和保护地区环境。一级规划指标包括保护绿色区域、建设完善社区、实现紧凑都市、增加交通选择（表 6-8）。这项指标最大的特点在于高度的可操作性和实践性，围绕这项指标体系展开的宜居区域规划帮助大温哥华有效地改善居住环境，并成为全球著名的宜居区域。

表 6-8　大温哥华区宜居区域战略规划指标体系

一级指标	二级指标
保护绿色区域	绿色区域面积 农业土地储备面积 农业部门销售总额 绿色区域中新增非农居住数量 濒危物种数量 已完成的区域性绿廊长度 保护区大小
建设完善社区	按建筑类型分类，新增居住在城市集中规划建设区域（GCA）的数量和比例 新增居住在自治市中心和区域中心的数量和比例 区域住房供给的基准价格 办公楼板面积在自治市和区域中心的比例 在家所在的次区域工作的劳动力的比例 出租住宅占区域住宅总量的比例
实现紧凑都市	GCA*和大温哥华地区（GVRD）人口增长总量和分享的年增长量 GCA 内外有地基住房的数量和比例 次区域非住宅建筑的允许值 穿越 GVRD 东部边界的汽车数量 GCA 和 GVRD 总就业岗位数和增长量 GCA 和 GVRD 的区域排水干线增长情况
增加交通选择	汽车驾驶里程总量 每户汽车拥有量 区域合乘计划的参与情况 主干公路网长度 拥有人行道的街道总长度和拥有自行车道的街道总长度 通勤长度与时间 公共交通工具乘客总数与人均 运输能力总量和人均增长情况 交通模式比例 儿童上学通过步行与其他交通方式的比例

*代表城市集中规划建设区域。

第二节 宜居城市的主观感受评价指标

居住环境的主体构架虽然是由客观物质环境组成的，但是评价居住环境的目标仍然是为提高城市居民生活品质而服务。城市实体环境的优良并不一定意味着居民对居住环境感到满意，这是因为居住环境更关乎个体的主观感受，因此，从个体主观感受来评价居住环境显得很有必要。基于居民主观感受的宜居城市评价指标，是从居民居住的心理需求角度出发建立的指标，将主观感受与城市物质环境构成对接起来，由居民对相应的客观指标进行满意度评价，形成"以人为本"的评价结果。

一、城市宜居性评价指标体系

基于主观感受的评价往往是建立在基于物质环境构成的评价指标体系之上，即首先分析实体环境的构成要素，然后以此设计问卷，直接访问咨询个体对这些构成要素的感受（张文忠等，2006）。目前，国内比较有影响力的研究是中国科学院地理科学与资源研究所张文忠领导的宜居城市课题组从事的城市宜居性评价，宜居城市课题组所建立的主观评价指标体系涉及居住环境的六大要素：生活方便性、安全性、自然环境舒适度、人文环境舒适度、出行便捷性、居住环境健康性。确定主指标和分指标之后，根据层次分析法和德尔菲专家打分法，结合居民意见，共同决定各级各项指标权重（表6-9）。

表6-9 张文忠城市宜居性评价指标体系

主指标	权重	分指标	权重
生活方便性	0.25	日常购物设施状况	0.28
		非日常购物设施状况	0.09
		餐饮设施状况	0.16
		医疗设施状况	0.12
		休闲娱乐设施状况	0.11
		儿童游乐设施状况	0.07
		教育设施（中学及以下）	0.17
安全性	0.30	治安状况	0.48
		交通安全状况	0.35
		防灾宣传管理状况	0.07
		应急避难场所状况	0.10

主指标	权重	分指标	权重
自然环境舒适度	0.12	周边公园绿地绿带的状况	0.11
		居住区内绿化状况	0.33
		居住区内清洁状况	0.26
		公用空地活动场所状况	0.13
		空间开敞性与建筑物密度	0.17
人文环境舒适度	0.07	居住区邻里关系状况	0.18
		居住区物业管理水平	0.29
		建筑景观与美感协调	0.26
		周边社区文化和氛围	0.18
		周边区域特色与价值认可	0.09
出行便捷度	0.15	公交设施的利用	0.22
		交通通畅不拥堵状况	0.25
		工作学习等通勤的便利程度	0.34
		生活出行的便利程度	0.17
		到市中心的便利程度	0.02
居住环境健康性	0.11	汽车尾气排放产生的污染	0.16
		扬尘、工业等其他空气污染状况	0.17
		雨污水排放和水污染状况	0.11
		道路和工厂噪声状况	0.25
		商店和学校等生活噪声	0.10
		垃圾堆弃产生污染	0.20

二、其他相关评价指标体系

和谐宜居是城市发展的最高目标，与和谐宜居城市类似的概念还有幸福城市。有关幸福城市的研究中比较有代表性的研究主要有以下四个。

联合国与美国哥伦比亚大学的《全球幸福指数报告》（*World Happiness Report*）：联合国与美国哥伦比亚大学地球研究所从 2012 年开始共同发布《全球幸福指数报告》，目前已公开 2012 年和 2013 年的结果。报告的标准包括 9 个大领域：教育、健康、环境、管理、时间、文化多样性和包容性、社区活力、内心幸福感、生活水平等。在每个大领域下，又分别有 3～4 个分项，总计 33 个分项。报告除了公布各国的幸福水平，还对影响幸福的因素进行了详细分析，并提出政策建议（Helliwell et al.，2012）。

世界价值观调查（World Values Survey）：世界价值观调查机构是目前世界上公认最权威的幸福感数据发布机构，对于各国价值观（包括幸福感）的调查，从1981年到2014年共经历了六次，涵盖国家的人口达到了世界人口的90%（其中1981～1984年8个国家，1989～1993年18个国家，1994～1998年51个国家，1999～2004年42个国家，2005～2008年58个国家，2010～2014年51个国家）。每次调查除了咨询反映居民幸福感的问题，同时还包括了居民对健康社交、生活目标、财富与经济、教育等多个内容的认知和看法，共涉及近百个问题，然后根据每项指标对所有调查国家进行深入分析。

盖洛普世界民意调查（Gallup World Poll）：盖洛普世界民意调查在2005～2009年，访问来自155个国家及地区数千名受访者，让他们将自己的生活满意程度以1～10评分，得出"人生评估"幸福指数。此外，盖普洛调查还涉及一些客观指标，如人口多样性、经济信息指数、食物与避难所、工作景气指数、法律与秩序、国家机构评价等。2014年盖洛普世界民意调查对受访者生活目标、社会关系、居住社区、财务状况和身体状况五个方面的感受进行调研，中国人的幸福感排名第90。

荷兰社会学家Ruut Veenhoven的世界幸福数据库（World Database of Happiness）：Veenhoven从1994年开始持续搜集大量关于幸福的经验性数据，涉及上百个国家，8000多份调查，形成了比较全面系统的评价全球国家幸福程度的数据库。调查对幸福国家的评价采用"对生活幸福感整体评价"回答为幸福的人口比例，调查涉及1945～2013年的164个国家，其中对15个国家实现了20年以上的时间序列调查，所有的第一世界和第二世界国家都被包含进来，同时也有一些第三世界国家的数据。在这份数据库里，Veenhoven对每个国家的幸福数据进行分析，同时展示了全球大区域的国家幸福对比。根据这份数据库，中国居民的平均主观幸福感为6.3（得分最高国家哥斯达黎哥8.5），幸福年为45.8年（得分最高国家哥斯达黎哥66.7），幸福不公平指数为2.71（得分最高国家荷兰1.42）。

除了上述比较有代表性的研究调查外，还有些地方政府对辖区内的居民进行幸福感调研，以获取本地区的幸福评价。例如，大伦敦行政区近几年推出伦敦选区幸福评分制度，制定了一套幸福指标体系，包括健康、经济保障、安全、教育、子女、家庭、交通、环境、社区等12组指标，根据选民对所在选区这些指标的打分高低，评价每个选区居民的幸福程度。

第三节　宜居城市评价指标的共性和特征

一、评价指标的共性

对比本章节收集的 12 套宜居城市及相关话题的评价指标体系（表 6-10），可以发现，虽然国际上不同机构与学者构建的宜居城市评价指标在细节上有所差异，但是显而易见地，无论是基于物质环境构成还是主观感受，在评价一个城市的宜居性时，至少需要同时考虑到以下几点。

（1）城市安全性，即居住在这个城市是否是安全的，居民的生命和财产是否能够得到保障。

（2）各种设施使用的便利性，包括居民可以享受的医疗保健、学校教育、文化娱乐等城市公共设施供给是否充足、服务质量是否良好。

（3）社会和谐性，即社会是否是正义公平的，城市是否存在有益居民精神健康的浓厚的文化氛围，已有的社会文化是否有包容性，居民是否对生活的城市有归属感。

（4）生活健康性，即这个城市的环境是否有利于居民健康，包括气候条件、环境污染及自然环境对居民健康的影响。

（5）交通设施的使用情况，包括公共交通能否满足居民的需求，是否采用了绿色低碳的出行方式。此外，个别研究机构还考虑了其他内容，如城市的就业情况、社区的建设、财务状况、政治环境、政府领导能力、技术创新能力等。

表 6-10　国际宜居城市评价指标比较

类型	研究机构/学者	宜居城市评价一级指标
客观评价	经济学家	稳定性、医疗保健、文化与环境、教育、基础设施
	《财富》杂志	财务状况、住房、教育水平、生活质量、文化娱乐设施、气候状况与邻里关系
	美世全球生活质量排名	城市可供应消费品、经济发展环境、住房情况、医疗保健设施、自然环境、政治与社会环境、公共服务设施与交通、娱乐设施、学校与教育、社会文化氛围
	美国大都市区生活质量排名	文化氛围、住房、就业、犯罪、交通、教育、医疗保健、娱乐设施、气候
	国际标准化组织	经济、教育、能源、环境、财政、火灾与应急响应、治理、健康、休闲、安全、庇护所、固体垃圾、通信与创新、交通、城市规划、废水、水与卫生
	联合国人居环境奖评价指标	改善居住环境带来的影响、合作关系、可持续发展、领导能力和社区作用、男女平等和社会包容、创新及其可传播性

续表

类型	研究机构/学者	宜居城市评价一级指标
客观评价	大温哥华地区宜居区域战略规划	保护绿色区域、建设完善社区、实现紧凑都市、增加交通选择
主观评价	日本浅见泰司居住环境指标	安全性、保健性、便利性、舒适性、可持续性
	全球幸福指数报告	教育、健康、环境、管理、时间、文化多样性和包容性、社区活力、内心幸福感、生活水平
	世界价值观调查	健康、社交、生活目标、财富与经济、教育
	盖洛普世界民意调查	人口多样性、经济信息指数、食物与避难所、工作景气指数、法律与秩序、国家机构
	大伦敦行政区选区幸福评分制度	健康、经济保障、安全、教育、子女、家庭、交通、环境、社区

二、评价指标的特征与差别

1. 居住环境的衡量标准不同

基于物质环境构成的评价指标更侧重于客观地看待城市居住环境，反映城市的客观存在，而基于主观感受的评价指标是从居住环境的体验者的视角来评价，以主观间接反映客观。虽然都是对城市居住环境进行评价，由于出发视角不同，衡量和谐宜居的标准也有所不同，甚至于评价的结果也略有差异。例如，以客观指标反映的城市公共服务设施供给充足并不意味着居民对公共服务水平感到满意，这是因为居民的主观感受虽然受到客观存在的影响，但同时还与其自身的社会属性密切相关，比如有学龄儿童的家庭更关注中小学教育，而老年人更关注医院和社区公园。

2. 评价主体不同

上文总结的评价指标体系的主体各有不同，既有国际学术机构、咨询机构、国际组织这样的国际单位，也有杂志这类宣传出版物，还有学者与个人。不同的评价主体在构建评价指标体系时，由于评价目标不同，因此在选取指标时的侧重点也有所不同。例如，美世作为国际咨询机构，其经营内容是协助客户了解目标国的生活质量，为派遣员工进行跨国工作提供薪酬补偿标准，因此指标体系更侧重于生活质量评价。

3. 指标性质不同

评价指标体系在分项指标的设置上也有所不同，对于同一项居住环境要素，既可以采用正向的指标，也可以采用负向的指标。例如，反映居住环境健康的指标中，既可以采用空气质量达标天数、污水处理率、生活垃圾处理率等正向指标，也可以采用 PM2.5 浓度、水体重金属含量、噪声污染等负向指标。指标性质不同，在计算综合评价时采用的方法也有所不同。

三、评价指标的综合评述

从已有和谐宜居城市评价指标体系的研究与实践来看，现有的研究主要是基于物质环境构成来建立指标体系，缺乏基于主观感受的居住环境评价研究。虽然物质环境是城市客观存在的实体反映，但是追根究底，物质环境还是服务于居民，因此居民感受也是检验居住环境质量的重要标准。关注居住环境体验者的感受，并以此检验居住环境建设的成效，应当成为未来和谐宜居城市研究的一项重要内容。

此外，从研究方法来看，已有和谐宜居城市评价指标体系通常只关注客观或者主观一个方向的评价，少有研究把客观评价与主观评价结合起来分析。未来的研究中，应当更加注重以客观评价反映物质现实，以主观评价检验客观存在。而如何将主客观研究结合起来，将对和谐宜居城市的延展性研究提出挑战。

本章小结

本章梳理了国内外比较有影响力的宜居城市评价指标体系，从其刻画人居环境的主客体来看，这些指标可归为测量城市物质环境构成的客观评价指标和表征居民感知的主观评价指标。其中，基于城市物质环境构成的评价指标体系根据其要回答的问题又可以分为现状比较型指标体系和问题解决型指标体系，基于居民主观感受的评价指标主要从居民居住的心理需求角度出发建立指标，形成"以人为本"的评价结果。通过比较发现，这些指标体系在评价城市宜居性时，均考虑了城市安全性、各种设施使用的便利性、社会和谐性、生活健康性及交通设施的使用情况。目前来看，国际上缺乏基于主观感受的居住环境评价研究，未来应当更加关注居住环境体验者的感受，以此检验居住环境建设的成效，同时还应当注重把客观评价与主观评价结合起来对城市宜居性进行综合分析。

第七章

和谐宜居城市评价指标体系和方法设计

有一种信仰，如果不信仰完美，那么至少信仰完美的可能性。

——Glendinning 和 Muthesius（1994）

第一节　评价指标的选取原则

综合考量和谐宜居城市的科学内涵以及国内外和谐宜居城市评价指标来看，我们认为选取和谐宜居城市评价指标应该充分考虑以下三点：一是城市是一个复杂巨系统，和谐宜居城市评价指标也应该是有体系的，应由不同的和谐宜居子系统共同组成；二是不仅要包括反映和谐宜居城市的客观环境指标，也应该包括能够反映居民对和谐宜居城市真实感受的主观评价指标；三是注重空间尺度单元的影响，不同空间尺度的和谐宜居城市评价重点会有所不同，因此，城市单元和城市内部单元的和谐宜居城市评价指标选取要有所区别。基于这些考虑，我们认为遴选和谐宜居城市客观和主观评价指标都应该遵循如下五条基本原则。

一、客观评价与主观指标相结合

和谐宜居城市客观评价的优点明显，便于把握和谐宜居城市建设进程与方向，同时有利于与其他城市进行横向比较，寻找自身的优势与不足，评价结果相对公正、可靠。以人为本应是所有城市规划和建设的宗旨，因此和谐宜居城市建设也不能忽视人的需求，仅从客观评价视角考虑显然是不够的。为此，我们构建的指标应当能够体现居民对城市安全、生活便利性、环境舒适与健康、交通便捷、社会和谐等维度的基本需求，并以此为基础设计对应的主观评价指标。

客观评价侧重反映不同和谐宜居要素的实际建设水平，主观评价突出反映居民对这些和谐宜居要素的满意程度。两种评价方法各有长处，主客观结合分析能够更加全面地反映和谐宜居城市实际建设水平与居民需求满足程度。

二、科学性与可获取性相结合

评价指标的设计必须建立在科学的基础上，根据和谐宜居城市的科学内涵来选取有代表性的评价指标。同时，在科学的基础上尽量简洁，评价指标不必过于烦琐，达到能够比较全面地刻画居住环境的现状和可能发展趋势即可。不论是客观指标还是主观指标都应该可量化，对于评价指标中的定性指标，也应该尽量通过科学的分析使之量化。

评价指标应使用易于获取的指标，否则如果单纯追求指标设计的完善和精美度，却忽视数据获取的难度，也就丧失了制定指标的实际意义。一般来说，尽量选取统计年鉴可以查阅或各部门进行年度统计的指标，避免采用没有任何官方来源的数据，以及数据来源不稳定的评价指标。

三、全面性与层次性相结合

和谐宜居城市评价是一个综合的多维概念，因此评价指标选取要全面反映和谐宜居城市建设的各个重要方面，对于关键和谐宜居要素尽力避免遗漏，像教育医疗、休闲娱乐、社会安全、交通出行、自然环境和人文环境等方面所涉及的城市和谐宜居要素都应该有所体现。

评价指标设计并不是对所有单个指标的简单罗列，还应体现不同指标组合的层次性，由宏观到微观层层深入，把同一维度的独立指标进行归类组合，形成统一的有机体，能够明晰和谐宜居城市发展的具体内涵和把握未来城市建设的重点方向。

四、阶段性与可比性相结合

和谐宜居城市的建设是一个阶段性的过程，设立阶段性目标有利于考核指标的实施效果。因此，相应的评价指标体系应具有阶段性特征，不仅要有指标的最终目标取值，而且需要设定各个阶段的发展目标。

评价指标应使用统一的衡量标准，尽量消除人为的可变动因素的影响，使评价对象之间存在可比性。指标体系应尽可能地选取具有相对意义的指标，如百分比、比率等，使指标同时具有横向与纵向的可比性。

五、普适性与中国特色相结合

和谐宜居城市建设是实现城市可持续发展的必然要求，也是未来中国所有城市发展的共同目标，因此和谐宜居城市评价指标要能代表中国所有城市发展的共同趋向，即具有普适性特点，指引中国和谐宜居城市建设稳步前进。

但是，不同地区、不同发展阶段及不同文化背景渲染城市所具有的特色是不同的，其面临的和谐宜居现实问题也有所差别。我们也要认真探索更加适合中国城市特色的评价指标，尤其是在指标的表述上要与中国城市特色和文化相契合，合理引导不同特色城市的和谐宜居城市发展方向。

第二节 客观评价指标的选择

和谐宜居城市客观评价重点是从城市安全、生活品质、环境宜人、交通便捷和社会和谐等五大维度，对构成城市居住环境要素的数量和质量进行客观评价。由于北京城市发展目标定位为"国际一流的和谐宜居之都"，评价指标构建还应该突出"开放创新"的特色内容。开展和谐宜居城市客观评价，有利于动态监测和谐宜居城市建设效果、横向比较和谐宜居城市发展水平的排名状况，可为和谐宜居城市建设决策提供科学依据。

一、和谐宜居城市的客观评价

在遵循上述五项原则前提下，根据和谐宜居城市的科学内涵以及国内外和谐宜居城市评价经验，从城市安全、生活方便、环境宜人、交通便捷与社会和谐五大维度，建立了中国和谐宜居城市客观评价指标体系，分别包括 13 个二级指标和 29 个三级指标（表 7-1）。

1. 城市安全维度

城市安全包括社会安全、避难设施两个要素层。社会安全主要从城市犯罪率、交通安全、防火安全和生产安全等方面评价城市安全程度，可选取十万人刑事案件立案数、十万人交通事故死亡人数、十万人火灾事故死亡人数、十万人生产安全事故死亡人数等指标反映。避难设施是从城市安全保障角度的考虑，主要衡量城市应急避难设施等的完备程度，鉴于广场与城市绿地是城市重要的应急避难场所，可选择广场与城市绿地占城市建设用地比重来表征。

2. 生活方便维度

生活方便主要测度居民对日常生活服务设施的需求满足程度。住房、教育、

表 7-1　和谐宜居城市客观评价指标

维度层	要素层	指标层
城市安全	社会安全	十万人刑事案件立案数
		十万人交通事故死亡人数
		十万人火灾事故死亡人数
		十万人生产安全事故死亡人数
	避难设施	广场与城市绿地占城市建设用地比重
生活方便	住房	城市人均住房建筑面积
	教育	小学专任教师负担学生数
		中学专任教师负担学生数
		万人普通高等学校数
	医疗	千人医生数
		千人病床数
	文化娱乐	百人公共图书馆藏书数
		万人电影院数
环境宜人	环境舒适	万人城市公园数
		建成区绿地率
	环境健康	污水处理率
		生活垃圾处理率
		PM2.5 年均浓度
		区域环境噪声平均值
交通便捷	道路设施	人均城市道路面积
	公共交通	人均轨道交通运营里程
		万人公共汽车标台数
		万人出租车拥有数
社会和谐	社会包容	常住外来人口比例
	社会公平	城乡收入差距
		城镇登记失业率
	社会保障	城镇养老保险参保率
		城镇医疗保险参保率
		失业保险参保率

医疗和文化娱乐等日常生活设施的完备齐全程度，是评价一个城市或区域是否宜居的重要因素。故选取城市人均住房建筑面积指标，反映城市住房条件；选取小

学专任教师负担学生数、中学专任教师负担学生数、万人普通高等学校数三个指标，分别从义务教育和高等教育视角，反映城市教育发展水平；选取千人医生数、千人病床数两个指标，共同反映城市医疗服务水平；选取百人公共图书馆藏书数、万人电影院数两个指标，反映城市文化娱乐设施服务能力。

3. 环境宜人维度

环境宜人更加侧重于居民对自然环境舒适性的需求满足程度，不仅强调城市环境要舒适美观，也要关注城市环境的健康与否，尽可能减少环境污染的负外部性。因此，环境宜人维度可从环境舒适、环境健康两个要素层来考察。选取万人城市公园数、建成区绿地率两个指标，反映城市环境的舒适程度；选取污水处理率、生活垃圾处理率、PM2.5年均浓度、区域环境噪声平均值四个指标，反映城市面临的水、土、气、声等方面的健康危害。

4. 交通便捷维度

便捷的交通条件是城市社会经济发展的加速器，也是城市宜居与否的重要标志。随着居民出行需求的增加，对城市交通便捷的要求也越来越高。因此，可从城市道路设施和公共交通两个要素层分别对交通便捷程度进行考量，选取人均城市道路面积，反映城市道路建设水平；选取人均轨道交通运营里程、万人公共汽车标台数、万人出租车拥有数，反映城市公共交通服务设施的发展水平。

5. 社会和谐维度

社会和谐是建设和谐宜居城市的软环境，也是评价城市宜居与否的重要组成部分。一个社会和谐的城市应包括三个要素层：社会包容，以吸引不同社会阶层、不同民族和不同国籍的人能够相互平等交流，选取常住外来人口比例表征；社会公平，以促使城市中的人能够公平地享有发展机会、公共服务设施和工资待遇等，选取城乡收入差距、城镇登记失业率两个指标表征；社会保障，主要保障每位居民的基本生活权利，选取城镇养老保险参保率、城镇医疗保险参保率、失业保险参保率三个指标表征。

二、"国际一流的和谐宜居之都"客观评价

根据对"国际一流的和谐宜居之都"的科学内涵解读，结合和谐宜居城市客观评价的综合考虑，从城市安全、生活方便、环境宜人、社会和谐、开放创新等五大维度，建立"国际一流的和谐宜居之都"客观评价指标体系，共包括14个要素层和36个具体指标（表7-2）。与和谐宜居城市客观评价略有不同的是，在

"国际一流的和谐宜居之都"客观评价中，我们把交通便捷维度归并到生活方便维度。

表 7-2　"国际一流的和谐宜居之都"客观评价指标

维度层	要素层	指标层	
城市安全	社会安全	社会安全指数	社会治安：十万人刑事案件判决生效犯罪人数
			生产安全：十万人生产安全死亡人数
			生活安全：十万人火灾事故死亡人数
			交通安全：万辆车交通事故死亡人数
	食药安全	食品、药品合格率	重点食品安全监测抽检合格率
			药品抽验合格率
	安全保障	人均应急避难场所面积	
生活方便	公共服务	小学专任教师平均负担学生数	
		千人病床数	
		平均预期寿命	
		百名老人养老床位数	
		文体设施	十万人文化设施使用人次（公共图书馆、博物馆、电影院）
			十万人组织文艺活动次数（群众艺术馆、文化馆和文化站）
			十万人体育场地个数
		每百户居民社区公共服务配套设施面积	
	住房保障	城镇人均住房建筑面积	
	交通便捷	轨道交通运营里程密度	
		公共交通出行比例	
		交通指数	
环境宜人	环境健康	年均 PM2.5 浓度	
		地表水功能区水质达标率	
		污水处理率	
		生活垃圾无害化处理率	
		区域环境噪声平均值	
	环境优美	公园绿地 500 米服务半径覆盖率	
		森林覆盖率	
		市容环境卫生指数	
社会和谐	社会公平	城镇居民高低收入比	
		城镇登记失业率	
		每万人到市以上机关集体上访的批次	

续表

维度层	要素层	指标层	
社会和谐	城市文明	市民公共行为文明指数	
		注册志愿者占本地区人口比重	
	区域协同	京津冀居民收入差距	
		城区间居民收入差距	
开放创新	国际交往	航空客运量	
		常住外籍人口数	
		跨国公司地区总部数	
		大型国际会议、展览次数	大型国际会议数
			国际展览数
	科技创新	研究与试验发展经费支出占比	
		万人发明专利拥有量	
	高端发展	高技术产业增加值比重	
		新能源和可再生能源比重	

1. 城市安全维度

选取三项代表性指标。社会安全方面选取十万人刑事案件判决生效犯罪人数、十万人生产安全死亡人数、十万人火灾事故死亡人数和万辆车交通事故死亡人数，从社会治安、生产安全、生活安全、交通安全角度反映社会安全综合情况；食药安全则选取重点食品安全监测抽检合格率、药品抽验合格率指标，不仅反映食品、药品监管水平，也是当前居民安全的关注点；安全保障方面选取人均应急避难场所面积指标，反映城市安全保障设施建设水平。

2. 生活方便维度

选取十项代表性指标。公共服务方面，根据党的十八大报告提出的"学有所教、病有所医、老有所养"，设置教育、医疗、养老指标，选取小学专任教师平均负担学生数，反映义务教育发展状况；选取千人病床数和平均预期寿命，反映医疗卫生机构服务能力和居民整体健康水平；选取百名老人养老床位数指标反映养老机构设施建设水平；另外，选取十万人公共图书馆、博物馆、电影院等文化设施使用人次、十万人群众艺术馆、文化馆和文化站组织文艺活动次数和十万人体育场地个数分别反映文化休闲设施利用水平、文化馆文艺活动情况，以及体育场地建设情况；选取每百户居民社区公共服务配套设施面积，反映社区服务能力的提高。住房保障方面选取城镇人均住房建筑面积，反映住房条件改善情况。交通便捷方面，选取轨道交通运营里程密度、公共交通出行比例、交通指数，分别从轨道交通建设、公交利用水平和交通拥堵程度三个角度反映公共交通服务、居民绿色出行和交通便捷性状况。

3. 环境宜人维度

选取八项代表性指标。环境健康方面选取年均 PM2.5 浓度、地表水功能区水质达标率、污水处理率、生活垃圾无害化处理率、区域环境噪声平均值，从空气质量、地表水质、污水处理、生活垃圾处理、声环境质量五个角度反映环境健康水平。环境优美方面选取公园绿地 500 米服务半径覆盖率、森林覆盖率和市容环境卫生指数，从绿地可达性、绿化水平、街区环境三个方面反映生活环境舒适性。

4. 社会和谐维度

选取七项代表性指标。社会公平方面，收入水平和就业水平是影响和谐、体现民生的最根本、最重要的两个因素，我们选取城镇居民高低收入比指标反映收入结构；选取城镇登记失业率指标反映社会就业状况；信访工作是化解社会矛盾、疏解民怨的重要手段，我们选取每万人到市以上机关集体上访的批次反映基层矛盾化解力度。城市文明方面，市民文明素质是建立在完备的公共设施、优质的公共环境、高水准的公共管理和服务、高素质的人文教育基础上的表现，志愿服务是社会进步、城市包容友好氛围的具体体现，我们选取市民公共行为文明指数和注册志愿者占本地区人口比重作为反映城市文明的代表性指标。区域协同方面，选取京津冀居民收入差距和城区间居民收入差距指标，反映区域协同发展水平。

5. 开放创新维度

选取八项代表性指标。国际交往方面，选取航空客运量，反映交往承载能力；选取常住外籍人口数，跨国公司地区总部数，大型国际会议、展览次数，从人员、总部机构、国际活动三个方面反映北京的吸引力和交往水平。科技创新引领着城市未来发展方向，是城市发展的重要驱动，我们选取研究与试验发展经费支出占比和万人发明专利拥有量作为北京科技创新中心的代表性指标，从研发投入和科技产出两个方面反映北京科技创新水平。高端发展方面，选取高技术产业增加值比重指标从产业角度反映北京"高精尖"经济结构构建情况；选取新能源和可再生能源比重指标反映北京绿色发展理念。

第三节 主观评价指标的选择

一、和谐宜居城市主观评价

根据和谐宜居城市客观评价指标，对应地设计了和谐宜居城市主观评价指标，重点考察居民对城市安全、生活方便、环境宜人、交通便捷及社会和谐等维度的主观感知评价。主观评价数据主要通过问卷调查或访谈等形式获取，重视居民的社会参与，充分体现以人为本的城市发展理念。一般来说，要尽可能使主客观评价指标保持一致性，由于主观评价指标设计更侧重于了解居民对和谐宜居环境需求的满意程度，也是对客观评价指标的重要补充，因此与客观评价的具体指标构成会稍有不同，但并不会影响对和谐宜居城市的综合评价。最终也从城市安全、生活方便、环境宜人、交通便捷和社会和谐等五大维度，建立了和谐宜居城市主观评价指标，共包括 14 个要素层和 28 个具体指标（表 7-3）。

表 7-3 和谐宜居城市主观评价指标

维度层	要素层	指标层
城市安全	社会治安	社会治安
	交通安全	交通安全（人车混行）
	安全保障设施	紧急避难场所
		防灾宣传管理
生活方便	日常生活	购物设施（超市、菜市场、购物中心等）
		餐饮设施
	教育医疗	教育设施（小学、中学等）
		医疗设施（卫生服务站或医院）
	文化娱乐	文化设施（公共图书馆、博物馆、电影院等）
		休闲娱乐（电影院、游乐场等）
环境宜人	环境舒适	气候舒适性
		水域空间美感
		城市绿化覆盖率
		城市公园
		市容清洁度
	环境健康	水质污染
		垃圾废弃物污染
		雾霾（PM2.5）等空气污染
		噪声污染

维度层	要素层	指标层
交通便捷	道路设施	城市道路质量
	公共交通	公共交通便利性
	停车设施	停车便利性
	交通通畅	交通运行通畅性
社会和谐	社会包容	市民文化素质
		社会包容性
	社会认同	城市特色文化氛围
		历史文脉保护
		城市归属感

1. 城市安全维度

城市安全的主观评价是检验城市社会安全防范能力的重要形式，也是衡量城市宜居水平的关键要素，主要考察居民对城市内部社会安全和抵御灾害能力的满意程度。城市安全包括社会治安、交通安全、安全保障措施三个要素层，故选取社会治安、交通安全、紧急避难场所、防灾宣传管理四个指标，分别反映居民对社会整体治安、交通安全和安全保障措施的主观满意程度。

2. 生活方便维度

生活方便的主观评价主要考察居民对日常生活服务设施的满意程度。与生活品质的客观评价相比，它能够反映居民利用日常生活服务设施的数量、质量、类型及可达性等内容的综合满意度，比单纯的日常生活物质设施数量等指标评价更具丰富内涵。故选取购物设施、餐饮设施两个指标，反映日常生活设施的服务水平；选取教育设施、医疗设施两个指标，反映教育医疗的设施供给和服务质量；选取文化设施、休闲娱乐两个指标，反映文化娱乐设施的服务水平。

3. 环境宜人维度

环境宜人的主观评价主要考察居民对城市整体环境美观舒适性的满意程度，以及居民对可能影响自身健康的环境因素感知评价。故选取气候舒适性、水域空间美感、城市绿化覆盖率、城市公园、市容清洁度五个指标，反映居民对城市环境舒适性的满意程度；选取水质污染、垃圾废弃物污染、雾霾（PM2.5）等空气污染、噪声污染四个指标，反映居民对危害环境健康内容的感知评价。

4. 交通便捷维度

交通便捷的主观评价主要考察居民对利用城市道路、公共交通设施和交通出行便利性的满意程度。交通出行已成为居民日常生活的重要组成部分,但一个城市的交通便捷程度,是无法通过道路设施或公共交通设施等客观指标来真实反映的,而生活在城市中的居民对交通便捷的真实感受则可以合理评价。故选取城市道路质量、公共交通便利性、停车便利性、交通运行通畅性四个指标,分别反映城市道路条件、公共交通设施服务水平、停车设施建设水平、交通管理水平等内容。

5. 社会和谐维度

社会和谐维度的主观评价主要考察居民对社会包容性和社会认同感等方面的满意程度。社会和谐是对城市社会文化环境的重要考量,通常更难以寻找到具体的客观指标来准确测度,居民对社会和谐的主观感知评价可以弥补这种客观测评的不足。故选取市民文化素质、社会包容性两个指标,反映居民对城市包容性的满意程度;选取城市特色文化氛围、历史文脉保护、城市归属感三个指标,反映居民对城市社会文化特质和归属感等内容的满意程度。

二、"国际一流的和谐宜居之都"主观评价

基于和谐宜居城市主观评价指标、"国际一流的和谐宜居之都"客观评价指标的综合考虑,进一步设计对应的"国际一流的和谐宜居之都"主观评价指标。由于"开放创新"维度评价不适合采用居民主观评价方式进行测度,在构建主观评价指标时将其舍去,因此设计出的最终主观评价指标主要包括城市安全、生活品质、环境宜人、交通便捷和社会和谐等五大维度,共包括13个要素层和35个具体指标(表7-4)。可以看出,"国际一流的和谐宜居之都"主观评价指标与上述和谐宜居城市主观评价内容较为接近,因此该部分评价内容将不再具体展开进行陈述。

表 7-4　"国际一流的和谐宜居之都"主观评价指标

维度层	要素层	指标层
城市安全	社会治安	社会治安状况
	交通安全	交通安全状况
	安全保障设施	紧急避难场所
		防灾宣传管理
生活方便	教育	教育设施
	医疗	医疗设施
	文化娱乐	休闲娱乐设施(健身、娱乐)
		老年活动设施
		儿童游乐设施

续表

维度层	要素层	指标层
生活方便	商业金融	日常购物设施（便利店或超市）
		非日常购物设施（百货店或购物中心）
		餐饮设施
		银行网点
环境宜人	环境舒适	周边公园绿地绿带
		居住区内绿化、清洁
		广场等公共活动场所
		空间开敞性
		建筑景观的美感与协调
	环境健康	PM2.5 等雾霾污染
		汽车尾气排放产生的污染
		扬尘、工业等其他空气污染
		雨污水排放和水污染
		工厂、工地等生产噪声
		商店、学校和道路等生活噪声
		垃圾堆积物污染
交通便捷	交通设施利用	上下班出行便捷程度
		生活出行便捷程度
		商务出行便捷程度
		到市中心的便捷程度
		停车的便捷程度
	交通通畅性	交通通畅与拥堵程度
社会和谐	社区和谐性	居住区邻里关系状况
		居住区物业管理水平
	社区凝聚力	社区文体活动
		社区认同感

第四节 评 价 方 法

和谐宜居城市评价是和谐宜居城市研究的重要内容，评价方法的选取将直接影响和谐宜居城市最终评价结果。和谐宜居城市评价隶属于城市居住环境评价的范畴，还包括居住环境、人居环境和宜居城市等相近内容，评价内容差别不是特别明显，但随着研究单元尺度不同而有所变化。从城市居住环境评价方法来看，一般可分为定量和定性评价方法，两种评价方法各有优劣，在城市居住环境评价研究中均得到许多学者的青睐。

一、定量评价方法

定量评价方法从原始数据特征出发，评价过程相对客观、科学，能够避免人为因素评价的干扰，因此评价结果相对可靠。研究方法主要包括主成分分析、因子分析、熵值法、均方差法、人工神经网络和 GIS 空间分析等。

1. 主成分分析方法和因子分析方法

主成分分析和因子分析方法是多指标综合评价的重要方法，在城市居住环境评价领域有广泛应用。两种方法具有相似之处，主要根据评价指标的相关性，利用降维思想来提取主要影响因子，并计算相关矩阵的特征根、特征向量和贡献率，进一步计算居住环境综合评价得分。

王茂军等（2003）基于大连市城市居民对居住环境主观评价，利用因子分析方法得到由周边环境、利便环境和社区文化环境组成的居住环境评价主因子，并对居住环境主因子的空间特征进行分析。谌丽等（2008）运用因子分析方法和 GIS 空间分析方法，把大连宜居性评价和居民属性结合起来，将大连划分为宜居性特征不同的五个区域。李雪铭等（2008）运用主成分分析方法对大连市社区宜居度分析发现，大连市社区的宜居度整体评价较好，市内四区存在较大差异；宜居度的高值区主要分布于风景优美的地区，以及商业活动的中心和行政中心所在地等地区。湛东升等（2015）采用地理探测器方法研究北京居民主观感知居住环境的影响因素，其中也采用了因子探测的方法，分析宜居性的影响因素。也有学者运用主成分分析方法把大连市人居环境提取为居住质量、邻里关系、自然环境、生活便利度、轻轨交通、教育医疗等六大主因子，并对其主成分得分进行聚类得到城市人居环境类型区（李雪铭等，2014）。但是居住环境评价因子存在较强的相关性和样本量较大是这类方法应用的前提，对于相关性偏弱的居住环境因子和小样本进行综合评价，主成分和因子分析方法则不具有明显优势。

2. 方差变异方法

熵值法和均方差法也是城市居住环境评价的常用方法。其思想原理都是根据方差变异思想来计算权重大小，如果评价指标的方差变异越大，则表明该指标对城市居住环境评价的重要程度越大；反之，则表明其对居住环境评价的重要程度越小。

杨兴柱和王群（2013）运用熵值法对皖南旅游区乡村人居环境质量进行综合评价，发现皖南旅游区乡村人居环境质量综合得分总体上呈现"双核突出，中部跟进，外围凹陷"的异质异构空间格局。朱彬和马晓冬（2011）从居住环境、基础设施、公共服务及生态环境四个人居环境评价子系统来评价江苏省农村人居环境质量，研究表明江苏省农村人居环境系统层中居住环境子系统及指标层中公共图书馆藏量的权重最大，且农村人居环境存在地域差异性。也有学者利用熵值法或均方差法对全国地级以上城市或直辖市的居住环境质量进行综合评价，得到居住环境质量评价的优劣区域（王坤鹏，2010；李雪铭和晋培玉，2012；湛东升等，2015b）。由于方差变异法更加强调变异程度大的指标对综合评价结果的影响，与评价指标的实际功效可能存在差异而遭到不少诟病。

3. 人工神经网络方法

人工神经网络，是一个具有高度非线性的超大规模连续时间动力系统，是由大量的处理单元广泛互连而形成的网络。人工神经网络具有自学习、联想存贮、高速寻找优化解的能力等优点（徐建华，2002）。处理复杂地理问题也特别适合采用人工神经网络方法，该方法在城市居住环境评价领域也有大量应用。

李明和李雪铭（2007）把改进神经网络模型应用在人居环境评价中，并对中国 35 个主要城市人居环境质量进行综合评比，揭示城市人居环境现状和发展相对水平，结果表明改进神经网络模型取得了令人满意的结果，是一种有效的评价方法。艾彬等（2008）则基于聚类判别函数的神经网络评价模型，来计算上海市外环以内 131 个街镇社区的宜居指数。也有学者采用人工神经网络方法对人居环境指标值进行预测，建立人居环境的预警系统（李华生等，2005）。但是人工神经网络分析方法存在学习速度慢、网络训练可能失败、易陷入局部极小解等不足，需要进一步改进。

4. GIS 空间分析方法

GIS 空间分析方法也是城市居住环境评价的重要方法。一类是基于城市平均气温、降水量、植被等自然要素来评价地区人居环境的自然适宜性，主要为栅格要素叠加方法；另一类是利用公园、学校、医院和商场等日常服务设施供给的数量或质量来探讨城市内部居住环境质量的差异，包括最近邻距离和缓冲区方法。

张文忠等（2006）分析北京宜居性时采用的客观数据源自 GIS 栅格提取与叠加，包括北京行政区划、自然地理要素、人口分布、道路交通、服务设施和遥感影像资料等方面。郝慧梅和任志远（2009）运用 GIS 栅格叠加技术，从地形起伏度、地被指数、温湿指数和水文指数四方面，探讨了陕西省人居环境自然适宜程度空间格局。阿依努尔·买买提等（2012）利用平均气温、降水量、人口和等自然要素栅格数统一到的 1 千米×1 千米栅格尺度，反映新疆和田地区人居环境适宜性的空间分布特征。其他学者也采用类似方法对人居环境自然适宜性进行大量探讨（娄胜霞，2011；张东海等，2012）。

谌丽等（2013）采用缓冲区分析方法计算出居民生活圈内服务设施数量，在此基础上和街道布局、土地利用、容积率、五普人口分布数据结合，运用因子生态分析等方法识别出居住环境类型区，并分析居民对不同类型区的宜居性评价（谌丽等，2015）。蔡伟等（2014）运用缓冲区分析方法，基于商业中心、公共设施、道路、学校、医院和工厂等对城市居住区空间宜居性进行评价。自然栅格要素与城市实体空间环境要素的数据可获取性，通常是 GIS 空间分析方法应用的主要限制。

二、定性评价方法

定量评价方法的最大不足在于其评价方式过于机械化，有时难以反映每个评价指标的真实重要程度，有可能导致宜居城市或居住环境评价结果与居民实际感受出现较大反差。而主观评价方法主要根据专家研究经验，来确定每个评价指标的实际作用大小，评价结果相对符合实际，故也备受推崇。主观评价方法主要包括层次分析法、德尔菲法等。

1. 层次分析法

层次分析法（Analytic Hierarchy Process，AHP）是由美国匹兹堡大学萨第教授在 20 世纪 70 年代最先提出的定性与定量相结合的系统研究方法。该方法能够通过将复杂问题分解为若干层次和若干因素，在各因素之间进行简单比较和计算，就可以得出评价因素的指标权重。其基本思想主要通过构建判断矩阵、求解判断矩阵的最大特征值和对应的特征向量，得到每一评价要素的权重大小，近年来被广泛运用于解决复杂的地理决策问题（徐建华，2002）。

任学慧等（2008）采用层次分析法和 Q 型聚类分析方法，从行政区和不同功能片区两个角度，进行了大连城市居住适宜性空间评价，发现大连城市宜居性在空间格局上体现出由中心城区向外围逐渐降低、差异程度变大的特性。黄宁等（2012）采用层次分析法对厦门市集美区不同类型社区的人居环境特征研究发现，城市化过程中各类型社区人居环境质量均逐渐变好，城乡过渡型社区和农村尤为明显，城市居住小区质量明显高于过渡型社区与农村，且除城中村之外，从农村到城市居住小区社区城市化程度与人居环境质量成正相关关系。马仁锋等（2015）则运用层次分析方法对宁波市石化企业集聚区居民的人居环境进行综合评价，并探讨其空间格局和人群属性差异特征。层次分析方法判断矩阵构建的主观性很强，权重计算结果的人为差异成为该方法应用的主要缺陷。

2. 德尔菲法

德尔菲法是一种专家调查法，用专家背靠背的判断代替面对面的会议，即采用函询的方式，反复征求每个专家的意见，经过客观分析与多次反复征询，使各种不同意见逐步趋向一致。该方法一定程度上克服了畏惧权威以及不愿听到不同意见的弊病，使专家能够充分发表意见，最后取得较为客观实际的调查结果（张文忠等，2006）。

张文忠等（2006）在宜居北京大规模问卷调查中，采用了德尔菲法进行两轮专家打分确定指标权重，首先在第一轮打分结果的基础上用层次分析法得出第一轮的权重值，汇总分析后发现各专家意见间的差异较大，进行了第二轮专家打分修订，即将第一轮经过汇总的专家意见及新的调查要求回馈给每位专家，专家以此为参照，继而保留或者修改自己的意见，最终采用第二轮打分，并用层次分析法得出权重值。孟斌等（2009）运用德尔菲方法研究了北京市区宜居城市满意度的总体特征和空间自相关特性，结果表明北京市区宜居城市满意度总体水平尚可，存在明显的空间自相关特性，满意度总体由城市中心向郊区递减，在交通节点附近存在满意度的"洼地"区域。刘星光等（2014）用层次分析法和德尔菲法相结合的方法对中国各地区主要城市宜居性进行分析，发现中国主要城市宜居性综合指标质量地域差异显著，呈现出与经济发展水平相似的从东部到中、西部依次递减的地带性空间分布特征以及南高北低的分布状况。同层次分析法类似，德尔菲法也存在较强的主观性，因其过度依赖于专家经验而经常受到质疑。

三、评价方法总结

除了上述评价方法外，其他评价方法在城市居住环境评价中也有所实践，如可拓学评价（甘昶春，2012）、DPSIRM 因果关系模型（杨俊，2012）、模糊数学（董晓峰等，2010；马婧婧和曾菊新，2012）和关联矩阵方法（戴俊骋等，2011）等。整体来看，城市居住环境评价方法应用比较丰富，定性方法与定量方法均得到广泛应用，但仍然缺乏比较公认统一的评价方法。建议根据城市居住环境评价的具体内容和数据结构特征，来选择合适的评价方法，并结合定性与定量评价方法的各自优势，促进定性与定量方法相结合，有助于得到更为科学合理的城市居住环境评价结果。

本章小结

　　本章在上文对和谐宜居城市的科学内涵辨析和国内外和谐宜居城市评价经验借鉴的基础上，遵循客观评价与主观指标相结合、科学性与可获取性相结合、全面性与层次性相结合、阶段性与可比性相结合、普适性与中国特色相结合等五项原则，从城市安全、生活方便、环境宜人、交通便捷和社会和谐等五大维度构建了和谐宜居城市的主客观评价指标体系。另外，结合北京城市最新发展战略要求，还建立了"国际一流的和谐宜居之都"主客观评价指标体系，也主要包括城市安全、生活方便、环境宜人、交通便捷和社会和谐等五大维度。有所不同的是，"国际一流的和谐宜居之都"客观评价指标中，还考虑了"开放创新"维度，并把"交通便捷"归并到"生活方便"维度。

　　从城市居住环境评价方法来看，暂时尚未形成公认统一的和谐宜居城市评价方法，定性与定量方法均得到广泛应用，充分发挥两种方法的各自优势，并促进其相结合使用可增加评价结果的科学性与可信度。

北京建设国际一流和谐宜居城市的目标和路径

本书下篇以北京为例，具体分析北京市建设和谐宜居城市的现状与问题、定位与目标、路径与对策等。本书期望通过本篇的梳理，能够为北京建设"国际一流的和谐宜居之都"提供科学依据和政策支持。

第八章

北京建设和谐宜居城市的综合评价

> 旧金山人热爱他们的城市，通常出于审美原因，而不是经济原因；这个城市之所以令人倾心，并不在于权利与文化活力，而在于其秀丽的风景、温和的气候与迷人的建筑。

> ——乔尔·科特金（2010）

本章主要是利用客观及主观数据，对北京市居住环境的现状进行综合评价，并进一步对和谐宜居要素的空间分布及属性人群的评价进行梳理。

第一节　基于客观指标的评价结果

一、总体评价结果

1. 整体水平有所提升

基于客观评价指标体系，对 2005 年、2009 年和 2013 年三个年份的和谐宜居城市建设进行综合评价，可以看出，与 2005 年相比，2009 年和 2013 年和谐宜居城市建设效果在稳步提升，由 2005 年的基准值 100，分别提升到 2009 年的 112.5 和 2013 年的 118.7（表 8-1）。这与北京经济发展水平提升和城市规划引导密切相关，一方面经济高速发展使得城市建设成为可能，另一方面城市规划的引导促进城市高品质发展。具体这两项因素如何影响北京和谐宜居水平，详见第九章。

表 8-1　北京不同年份的"和谐宜居城市"评价得分

维度	2005 年	2009 年	2013 年
总体评价	100	112.5	118.7
城市安全	17	25.2	25.0
生活方便	25	24.1	24.3
环境宜人	30	31.9	33.2
交通便捷	16	17.9	21.4
社会和谐	12	13.5	14.8

2. 城市安全性：总体态势较好，但交通安全和避难设施仍需改进

世界银行 2009 年的数据显示，与新加坡和东京相比，北京在城市安全建设方面存在一定优势。新加坡和东京的十万人刑事案件数分别为 581 和 1413，十万人火灾事故数 84.43 和 40.8，而北京的这两项指标分别为 704、16.52。然而，交通安全和城市避难设施却是北京城市安全建设的薄弱环节。数据显示，北京十万人交通事故死亡人数（4.4）明显高于新加坡（3.16）和东京（1.4），每十万人应急避难场所面积仅为 0.74 平方米，与世界宜居城市差距甚远。虽然北京市在城市总体规划中提出每年要安排一定数量的场所建设任务，保证中心城每年要完成 20～30 处应急避难场所的确定和配套设施建设，然而目前北京的应急避难场所依然捉襟见肘。

3. 生活方便性：文化类公共设施整体落后

从全国来看，北京的公共服务设施无论是数量还是质量都处于首屈一指的位置，然而与国际大城市相比仍然有很大差距。以文化设施为例，北京公共图书馆、美术馆、剧院、宗教建筑数量虽然在国内处于领先地位，但远远落后于国际城市，公共图书馆数量不足伦敦、巴黎和东京的 10%；美术馆数量均不足其他城市的 8%；剧院的数量不足纽约的 2%；宗教建筑数量仅有不足其他城市 2% 的总量（表 8-2）。文化设施缺乏也是中国多数城市的通病，改革开放以来，上至政府下至百姓，经济和财富增长一直是各个阶层的追求目标，在城市的高速发展过程中，传统文化保护和文化创新一直处于尴尬的境地。不过经济发展水平同样可以催生居民对高品质生活的追求，可以预期未来城市的文化实施应当会逐年增加。

4. 环境宜人性：空气质量是影响北京与其他国际宜居城市差距拉大的主要问题

北京城市身体健康发展水平较高，平均预期寿命和婴儿死亡率分别为 80.2

表 8-2　北京文化设施的国际国内对比

文化设施	指标	北京	纽约	伦敦	巴黎	东京
公共图书馆	总量/个	25	220	383	830	377
	每十万人图书馆占有量/个	0.13	3	5	7	3
博物馆	总量/个	162	131	173	137	47
	国家级博物馆数量/个	11	5	11	24	8
美术馆	总量/个	50	721	857	1 046	688
	人均参观数（含博物馆）/人	0.68	1.9	3.2	2	0.8
剧院	总量/个	68	3 752	214	353	230
	年表演场次/场	11 625	43 004	32 448	26 676	24 575
电影院	总量/个	126	117	108	302	82
	银幕数/个	676	501	566	1 003	334
	每百万人占有银幕数/个	33	61	73	85	25
宗教建筑	总量/个	114	50 436	13 974	9 255	90 433

岁、2.87‰，均优于对应的全国均值（表 8-3）。其中，人口预期寿命略低于世界宜居城市所在国家均值水平；婴儿死亡率略高于新加坡和日本均值，但与加拿大和澳大利亚均值相比相对较低。

表 8-3　环境宜人性要素比较

名称	人口预期寿命/岁[①]	婴儿死亡率/‰[②]	PM10/（微克/米^3）[③]
北京	80.2[④]	2.87[④]	73.00
中国	75.2	12.6	60.24
新加坡	82.1	2.0	23.21
日本	83.1	2.4	24.91
加拿大	81.2	4.9	15.65
澳大利亚	82.1	4.1	13.91
奥地利	80.9		

注：数据来源于 2013 年《国际统计年鉴》。
①为 2012 年数据，②为 2011 年数据，③为 2009 年数据，④为 2012 年数据。

　　从 PM10 浓度来看，2009 年北京市 PM10 平均浓度含量达到 73.00 微克/米^3，高于同期中国均值 60.24 微克/米^3，也明显高于世界宜居城市所在国家均值水平（表 8-3）。另外，对 2011 年国内 286 个地级以上城市的空气质量进一步分析得到，北京市空气质量优良天数（API＜100）比例为 78.4%，排在全国第 273 位，表明空气质量成为现阶段制约北京环境宜人性的关键要素。

　　从环境舒适度来看，北京在绿化覆盖率、人均公园绿地面积和水域面积占比等城市建设方面取得了积极的成效，但亲绿、亲水环境在城市内部空间分布不平衡却制约了居民宜居满意度的有效提高。

5. 交通便捷性：公共交通覆盖范围广，但道路建设远远落后于其他国际宜居城市

从公共交通覆盖面来看，北京的公共交通网络覆盖面之广是全国乃至世界上少有城市能够相比拟的，公交线路不仅覆盖主城区，远郊区县均有公交站点。图8-1（a）展示了2000年以来北京市公共交通运营线路的变化，其中轨道交通的增长最明显。图8-1（b）显示，北京轨道交通除西北与西南角尚未涉足外，整个主城区均被覆盖。图8-1（c）显示，北京公交线路覆盖整个北京市域地区，公交站点500米覆盖率面积为90%。从公交利用来看，2012年公共交通出行比例达到44%，但与东京和新加坡等世界宜居城市相比，北京城市公共交通出行仍然不高。

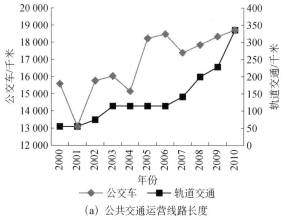

（a）公共交通运营线路长度

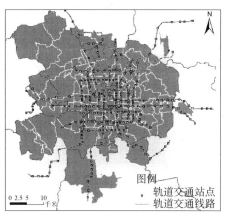

（b）主城区地铁分布　　　　　（c）市域公交设施分布

图8-1　北京市公交设施建设情况

从道路建设情况来看，发达国家城市用地中交通用地的比重较大，纽约曼哈顿为 37.6%、纽约地区为 30%，伦敦中心区为 26.2%、中心加外围为 20.6%。在日本，公路、铁路、港口、航空等合计的交通建设用地占国土面积的 3.5%，超过了占 3.0% 的住宅用地。在城市中，交通用地占土地面积比率，在整个东京都为 11.1%，在都心 23 区则高达 21.8%。除去轨道、港口等用地，主要供汽车和行人等使用的铺装道路面积占都心 23 区面积的 18.75%。与此相对的是，北京建成区内城市道路面积共 93.59 平方千米，道路面积率仅为 7.11%。由东城区和西城区组成的首都功能核心区道路面积率较高，但也只有 12.03%。从路网密度来看，东京与北京之间差距大得惊人，城市行政区全域平均路网密度，东京都为 11.13 千米/千米^2，而北京市仅为 1.73 千米/千米^2，东京都是北京市的 6.43 倍。从建成区路网密度看，东京都 23 区为 19.04 千米/千米^2，北京仅为 4.85 千米/千米^2，东京都 23 区是北京的 3.93 倍。北京由东城区和西城区组成的首都功能核心区路网密度较高，达到 10.86 千米/千米^2，也仅为东京市区平均水平的 57.04%。

6. 社会和谐性：具有一定潜力和优势

北京作为六朝古都和中华人民共和国首都，城市文化底蕴十分深厚，这是国内外众多宜居城市难以媲美的，北京现拥有 6 处世界文化遗产、25 个历史文化保护区、128 个全国重点文保单位。2011 年 11 月，北京市积极宣传"爱国创新包容厚德"的北京精神，对推动和谐宜居北京建设起到重要促进作用。在社会包容方面，2014 年北京市常住外来人口占常住人口比达到 36.0%，第六次人口普查显示北京市外来人口占比居全国第 9 位（图 8-2）；非京籍毕业生留京率为 4.1%，数值并不高，但可以预见这一比例仍在逐步提高。在社会稳定方面，2014 年，城镇高收入户与低收入户的家庭总收入达到 3.6，收入分配不均可能成为影响社会和谐性的诱导因素之一，应予以重视；北京市城镇登记失业率相对较低，仅为 1.27%。

居民收入差距是反映社会公平、衡量社会和谐发展的重要指标，我们采用每年城镇居民抽样调查中 20% 的高收入家庭户与 20% 低收入家庭户的收入比来表示这种差距。从图 8-3 可以看出，城镇居民高低收入比从 2005 年开始在经历了 2008 年的增长期后，呈现出下降的趋势，说明高低收入差距正在逐渐缩小。同样的，常住外来人口比重在不断增加，反映了北京市对外来人口的包容性正在不同增强，这也暗示了社会和谐性的提升。此外，城镇登记失业率在不断下降，从 2005 年的 2.11 下降到 2012 年的 1.27，这也反映了社会稳定性的逐步增强。

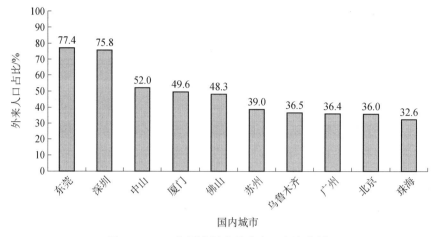

图 8-2　2014 年国内城市外来人口占比分析

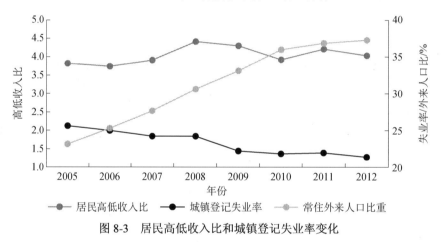

图 8-3　居民高低收入比和城镇登记失业率变化

二、和谐宜居要素的空间分布特征

1. 公共资源集中分布于主城区，部分设施在主城区集聚程度过高

从北京市域范围来看，公共服务设施在空间上的分布极不均衡。从医疗机构的分布情况来看，三级医院主要集中在主城六区，紧邻主城的区县散落式分布二级医院和社区卫生服务站，远郊区县只有少量的二级医院和社区卫生服务站。社区服务中心主要集中在主城六区和房山区，而社区服务机构整体数量较少，空间上集中在朝阳区。相比之下，幼儿园、小学、中学等教育机构在中心城区的分布密度虽然较大，但整体布局相对均衡。北京市公共资源的空间分布形态与人口的分布相吻合，在人口密集的主城区，集中了大量公共服务设施，而且设施的服务质量相对郊区更加优良（图 8-4）。

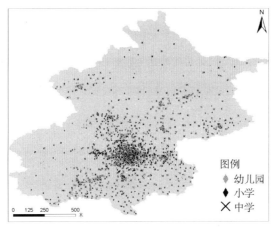

（a）北京市学校空间分布

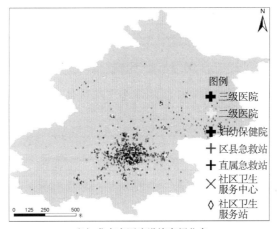

（b）北京市医疗设施空间分布

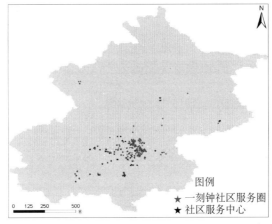

（c）北京市社区服务设施空间分布

图8-4　部分公共服务设施在北京市的分布

进一步分析主城区内部公共服务设施的分布情况，这里采用 ArcGIS 的核密度估算方法（kernel density estimation）[①]来拟合部分公共服务设施的空间分布形态。

（1）交通设施：由于北京土地资源紧张，城市道路发展空间有限，次干道和支路路网结构还不完善，所以居民出行仍然主要依赖城市主干道和快速路，因此，公交站点沿交通要道布局的特征非常明显（图 8-5），尤其是行政机关和金融机构集中的西二环和长安街。另外，中关村大街沿线往北延伸到西苑一线的站点密度也较为突出，该道路连接了中关村就业集中区和北京大学、清华大学、中国人民大学等重要高校。此外，CBD 地区、劲松街道的公交站点密度也比较高。

（2）教育设施：北京中小学在空间上的集聚趋势非常显著（图 8-5），密度核位于二环以内的区域，尤其是西城区的新街口、什刹海、椿树街道，东城区的景山、东四、交道口、东花市街道的分布密度最大，表明教育设施的数量在区域之间的配置极不均衡，而教育设施质量上的差距更进一步拉大了内城和郊区的差异。中小学分布不均的重要后果是，相对于教育资源雄厚的核心城区，郊区的基础教育发展速度明显不能满足居民需求，将会造成大量学生跨区就学。庞大的上学大军穿梭于城市的大街小巷，不仅增加了交通拥堵，也大大降低了居民的生活质量。

（3）医疗设施：医院和诊所的分布也存在显著的内城区集聚趋势（图 8-5），其密度核位于东城区和西城区。其中，东城区安定门、交道口和北新桥街道片区的分布密度最高，其次建国门街道分布密度也比较高；西城区的广安门内街道、椿树街道和牛街街道是另一个医疗设施集聚区域；此外，西城区什刹海街道、朝阳区潘家园街道医疗设施分布也相对集中。总的来说，由于历史原因，多数面向全国服务、床位规模较大、承担国家级医疗中心职能的大医院均集中在内城区发展，使内城区医疗资源相对密集。考虑内城区大医院外地患者就诊比例高的现状，面对本市普通居民服务的医疗资源分布仍相对不均衡，既影响了医疗资源利用的公平性和可及性，也不利于内城区人口和产业的疏解，更造成内城区交通、环境和能源压力日益增大。

（4）休闲设施：随着人民生活水平的日益提高，居民对精神文化的消费需求也日益增加，北京的休闲场馆设施建设经历了一个从无到有、从零星分布到相对密集的分布过程。相比医疗设施和教育设施，休闲场馆的分布相对均衡，各个城

---

① 核密度估计定义为：设 x_1, …, x_n 是从分布密度函数为 f 的总体中抽取的独立同分布样本，估计 f 在某点 x 处的值 $f(x)$。Rosenblatt-Parzen 核估计公式如 $f_n(x) = \frac{1}{nh}\sum_{i=1}^{n} k\left(\frac{x-x_i}{h}\right)$，式中：$k(\ )$ 为核函数；h 为带宽；$x-x_i$ 为估计点到样本 x_i 处的距离。

区都有休闲设施分布，但平均密度较低。进一步研究发现，北城的休闲设施分布
比南城更加集中（图8-5），尤其是海淀区万柳、中关村、海淀、北下关等街道分
布密度较高，此外亚运村、CBD等街道和地区的分布密度也比较高。而南城仅陶
然亭、体育馆路、牛街等街道分布较为集中。由于数据是来自2003年，随着2008
年鸟巢、水立方、奥林匹克公园及森林公园的建设，休闲设施"北密南疏"的空
间格局已经进一步加剧。

（5）购物设施：图8-5显示，北京市购物设施空间分布的特征是总体分散、
局部集中。内城区王府井、西单、前门-大栅栏三大传统商业中心仍然是主要的购
物设施集中区域。而潘家园、月坛、牛街等靠近内城区、区位条件优越的地区购
物设施的分布密度也较高。同时，由于购物设施依赖于便捷的交通条件，购物中
心的位置一般布局在交通线路的交叉点，如苏州桥附近、马甸桥附近、木樨园桥
附近、三元桥附近等。此外，随着城市空间的快速扩张，三环、四环甚至北五环
周边地区的购物设施分布也逐渐密集，如亚运村、五道口、望京、酒仙桥、西三
旗、五路居、六里屯、南八里庄、南磨房等街道购物设施发展迅速，能够初步满
足当地居民的日常消费需要。

（6）餐饮设施：餐饮设施是居民日常生活中利用率非常高的一类设施，因此
餐饮设施的分布密度要高于购物、医疗、教育、休闲等服务设施。并且在空间上
的分布相对均匀（图8-5），四环内有多个密度核，以组团式集聚和带状分布相结
合的方式布局。其中，西单、前门-大栅栏、王府井三大传统商业中心也是餐饮设
施的主要集中地。在三环路周边也形成了一些餐饮设施集聚区域，如北新桥-交道
口附近的簋街已经有相当大的知名度，还有潘家园街道、方庄地区、羊坊店街道、
展览路街道等餐饮设施分布密度也比较高。

2. 不同人群在空间上的分布呈现集聚趋势

社会人文环境也是城市居住环境的重要方面，人与人交往的质与量、居住社
会组织结构，以及居住地区的特色与氛围都是社会环境的构成要素。通过对北京
主城区社会环境空间布局的分析，发现北京街道尺度的社会环境呈现出多样化的
空间格局。

1）失业人口和低收入人口集中分布在外围地区

北京市第六次人口普查数据显示，失业人口最多的街道分别是位于外围地区
的香山、五里坨、金顶街、和义、黑庄户、常营和紧邻中心城区的大栅栏和六里
屯。中心城区内部有少数街道的失业人口比重较大，这些街道主要是历史年代比
较久远的老旧街道（图8-6）。

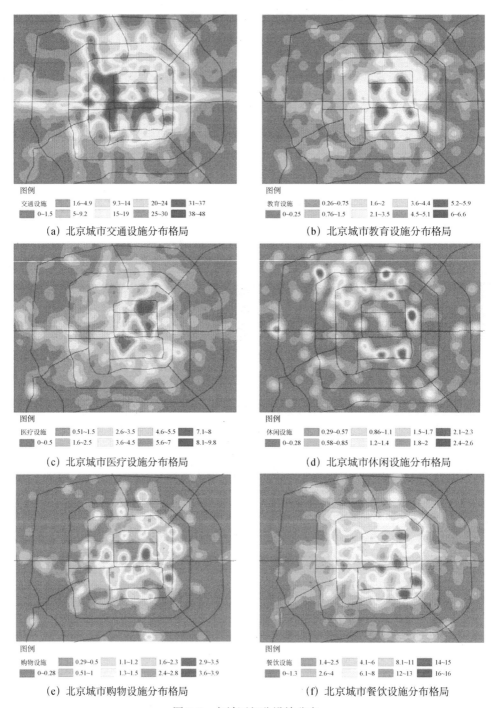

图例
交通设施 ▨ 1.6~4.9 ▨ 9.3~14 ▨ 20~24 ■ 31~37
▨ 0~1.5 ▨ 5~9.2 ▨ 15~19 ▨ 25~30 ■ 38~48

（a）北京城市交通设施分布格局

图例
教育设施 ▨ 0.26~0.75 ▨ 1.6~2 ▨ 3.6~4.4 ■ 5.2~5.9
▨ 0~0.25 ▨ 0.76~1.5 ▨ 2.1~3.5 ▨ 4.5~5.1 ■ 6~6.6

（b）北京城市教育设施分布格局

图例
医疗设施 ▨ 0.51~1.5 ▨ 2.6~3.5 ▨ 4.6~5.5 ■ 7.1~8
▨ 0~0.5 ▨ 1.6~2.5 ▨ 3.6~4.5 ▨ 5.6~7 ■ 8.1~9.8

（c）北京城市医疗设施分布格局

图例
休闲设施 ▨ 0.29~0.57 ▨ 0.86~1.1 ▨ 1.5~1.7 ■ 2.1~2.3
▨ 0~0.28 ▨ 0.58~0.85 ▨ 1.2~1.4 ▨ 1.8~2 ■ 2.4~2.6

（d）北京城市休闲设施分布格局

图例
购物设施 ▨ 0.29~0.5 ▨ 1.1~1.2 ▨ 1.6~2.3 ■ 2.9~3.5
▨ 0~0.28 ▨ 0.51~1 ▨ 1.3~1.5 ▨ 2.4~2.8 ■ 3.6~3.9

（e）北京城市购物设施分布格局

图例
餐饮设施 ▨ 1.4~2.5 ▨ 4.1~6 ▨ 8.1~11 ■ 14~15
▨ 0~1.3 ▨ 2.6~4 ▨ 6.1~8 ▨ 12~13 ■ 16~16

（f）北京城市餐饮设施分布格局

图 8-5　主城区部分设施分布

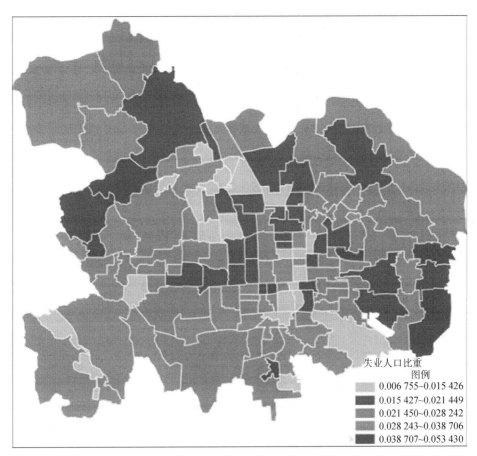

图 8-6　主城区街道失业人口比重

资料来源：北京市第六次人口普查数据

　　利用宜居城市课题组分别于 2005 年、2009 年和 2013 年的调研数据，分析北京市低收入人口在各空间研究单元的比例。可以看出，2005 年低收入人口（家庭月总收入小于 3000 元）占比的变化范围是 5.76%～50.00%，其中低收入人口占比最低的区域为曙光街道和四季青街道，这一区域环境状况相对较好，生活设施较为成熟，汇聚了众多高档社区。而低收入人口占比最高的是十八里店地区和小红门街道，是北京有名的小商品批发市场集中地，环境较为嘈杂。除个别地区外，低收入人口占比较高的区域主要位于东北五环外、西五环外、西南五环外和东四环、东五环之间。到 2009 年，低收入人口（家庭月总收入小于 3000 元）占比在各个地区都有不同程度的降低。其中低收入人口占比最低的是燕园、东升和清华园街道，这一区域邻近北京大学、清华大学等高校，依托良好的氛围吸引了一批高科技产业在此集聚，高学历、高收入的居民所占比重较高，低收入人口比例仅为 1.69%；低收入人口占比最高的是西北五环外的海淀区上庄镇、温泉镇、苏家坨镇、香山街道，是较为偏远的城乡结合部，低收入人口比例达到 40.00%。综合来看，低收入人口占比较高的区域位于西北五环外和西南四、五环之间。到 2013 年，低收入人口（家庭月总收入小于 5000 元）占比略有调整，其中低收入人口占比最低的是月坛、将台、酒仙桥，低收入人口比例不足 10%；低收入人口占比最高的是位于二环以内的体育馆路和东花市等老街道，以及马连奎、青龙桥等五环地区的街道，低收入人口比例接近 50%（图 8-7）。

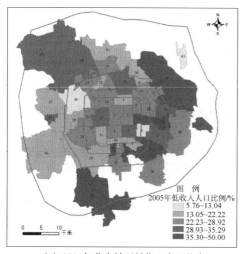

（a）2005年北京城区低收入人口分布

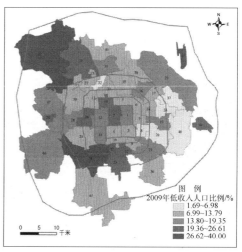

（b）2009年北京城区低收入人口分布

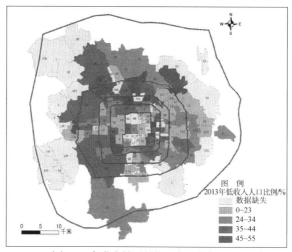

（c）2013年北京城区低收入人口分布

图 8-7　北京市低收入人口在各区域的比例

2）不同属性的人群空间分异显著

表 8-4 总结了各街道社会多样性的统计描述特征。这里采用变异系数[①]来比较指标得分的离散程度。变异系数可以消除单位和（或）平均数不同对两个或多个资料变异程度比较的影响。可以看到，反映居民社会经济属性的教育程度的多样性的变异系数明显高于年龄和家庭类型多样性，表明社会经济导致的人口分异更为显著。

表 8-4　各街道社会多样性特征的统计描述

指标	极小值	极大值	均值	标准差	变异系数
年龄多样性	2.75	3.66	3.23	0.16	0.05
家庭类型多样性	3.12	4.13	3.69	0.20	0.05
教育程度多样性	1.39	3.44	2.56	0.50	0.20

图 8-8 分别展示了城区居民年龄、家庭类型和教育程度的多样性的空间差异。其中，年龄多样性最高的是海淀区紫竹院街道，其学龄人口和青年人口的比重高于城区平均水平，而中年人口的比重仅占 36.96%；年龄多样性最低的是朝阳区豆各庄乡，中年人口比重占到 54.12%，儿童和老年人口比重很少。居民家庭类型多样性最高的是东城区景山街道，四人户家庭和五人户及以上的家庭分别占 12.81%和 11.39%，远高于城区平均水平；家庭类型多样性最低的是丰台区云岗街道，三人户家庭占全部家庭户的 51.92%。从图上可以看出，内城区的家庭户规模类型比其他区域更为丰富。教育程度多样性最高的是海淀区中关村街道，初中及以下学历的人口仅占 33.69%，大学大专学历占 35.38%，研究生及以上学历占 11.09%，高等学历人口比重远远高于城区平均水平；教育程度多样性最低的是丰台区王佐乡，初中及以下学历的人口比重高达 83.58%。通过进一步分析发现，教育程度多样性较高的区域主要位于内城区，而其中以具有高科技产业园区和大学校园优势的海淀区部分街道最高，因为这些街道受过高等教育人口的比重较高，其次是具有 CBD 商务区优势的朝阳区和拥有金融产业特点的西城区。

总的来说，年龄、家庭类型、教育程度多样性的空间分布并不匹配。教育程度多样性的空间分布与人口密度分布具有一致性，指标值总体上从中心到外围递减，高值区位于西北三环内。而年龄多样性、家庭类型多样性从图上不能看出与人口密度分布的相关性。

---

①　变异系数是衡量资料中各观测值变异程度的一个统计量。当进行两个或多个资料变异程度的比较时，如果度量单位与平均数相同，可以直接利用标准差来比较。如果单位和（或）平均数不同，比较其变异程度就不能采用标准差，而需采用标准差与平均数的比值（相对值）来比较。标准差与平均数的比值称为变异系数，记为 CV。

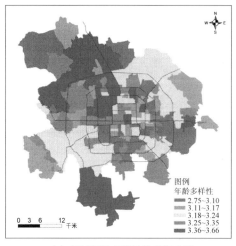

（a）居民年龄多样性的空间分异

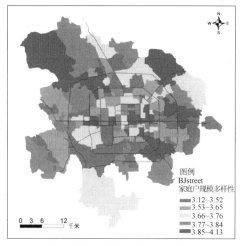

（b）家庭户规模多样性的空间分异

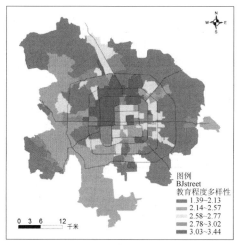

（c）教育程度多样性的空间分异

图 8-8　北京城区居民年龄、家庭户规模、教育程度多样性的空间分异

3. 全市空气质量南北差异显著

根据北京市环保局网站公布的 2014 年北京环境状况公报，全市 PM2.5 年平均浓度值超过国家标准 1.45 倍，二氧化氮年平均浓度值超过国家标准 42%，PM10 年平均浓度值超过国家标准 65%。从空间分布来看，位于北部、西北部的生态涵养发展区明显好于南部等其他区域（图 8-9）。PM2.5 浓度空间分布显示，位于北部边界的京东北和京西北区域站 PM2.5 年平均浓度值为 67.4 微克/米^3，低于全市平均水平 22%；南部边界的京西南、京东南和京南区域站 PM2.5 年平均浓度值为 112.7 微克/米^3，高于全市平均水平 31%。交通污染监控点监测结果表明，交通

环境 PM2.5 和二氧化氮年平均浓度值分别为 98.1 微克/米³ 和 81.6 微克/米³，分别高于全市平均水平 14%和 44%。各区县空气中 PM2.5 年平均浓度均未达到国家标准（表 8-5）；二氧化硫年平均浓度达到国家标准；二氧化氮年平均浓度除北部和西北部的延庆区、怀柔区和平谷区达到国家二级标准外，其余区未达到国家标准；可吸入颗粒物年平均浓度范围在 87.1～136.9 微克/米³，均未达到国家标准。

地形、地势及地表植被覆盖等自然因素是解释南北空气质量差异显著的主要原因，北京市北部的怀柔、密云、延庆是北京的生态保护屏障，森林覆盖率高，生态本底条件优良。而南部的郊区紧邻河北省重工业城市廊坊市，污染气体从河北省向北扩散至北京，致使北京南部的郊区遭受更加严重的空气污染。

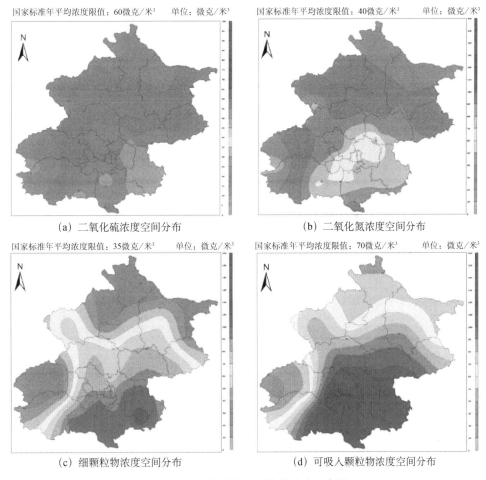

（a）二氧化硫浓度空间分布　　　　　　（b）二氧化氮浓度空间分布

（c）细颗粒物浓度空间分布　　　　　　（d）可吸入颗粒物浓度空间分布

图 8-9　全市主要空气污染物分布示意图

资料来源：2014 年北京市环境状况公报

表 8-5　各区县主要空气污染物年平均浓度值（单位：微克/米^3）

区县	PM2.5	SO$_2$	NO$_2$	PM10
东城区	86.3	22.2	56.4	114.4
西城区	88.4	23.1	63.0	115.2
朝阳区	88.4	23.4	62.8	124.0
海淀区	89.5	25.1	66.9	127.0
丰台区	95.0	23.1	58.0	127.7
石景山区	89.2	20.5	62.3	131.0
门头沟区	84.3	18.1	48.9	119.5
房山区	100.8	19.7	61.7	135.0
通州区	105.9	28.8	60.5	136.9
顺义区	84.0	17.6	45.7	107.2
大兴区	104.4	27.1	62.6	131.4
昌平区	79.3	21.2	45.7	103.2
平谷区	83.2	20.1	38.3	102.6
怀柔区	76.4	17.9	37.5	96.7
密云县	73.0	18.3	40.2	93.6
延庆县	74.8	18.1	35.8	87.1
北京经济技术开发区	104.0	24.2	56.9	123.0

资料来源：2014 年北京市环境状况公报。

注：2015 年 11 月 13 日，国务院下发《关于同意北京市调整部分行政区划的批复》，同意撤销密云县、延庆县，设立密云区、延庆区。

第二节　基于主观指标的评价结果

一、总体评价结果

对比三个年度的总体评价结果，可以发现：2009 年的居住环境满意度最高，2013 年次之，2005 年最低。从一级指标来看，评价一直较好的是生活方便性，评价越来越差的是环境健康性。2005 年居民对北京市总体评价得分为 63.8 分，2009 年上升为 71.7 分，主要是因为奥运会的举办为北京整体居住环境的提升起到非常重要的推动作用。2013 年评价下降至 66.19 分，这与北京近两年的雾霾加剧有很大关系。对比主客观评价结果可以发现，北京和谐宜居水平的主客观评价结果趋势大致相同，从 2005 年至 2013 年整体呈现出优化的趋势。

一级指标的权重表征了居民对要素的看重程度，从图 8-10 可以看出，2005 年居民认为城市安全性最重要，然而对此的评价却并不高，之后两年安全性的权重有所下降，但是对该指标的评价有所上升，说明北京市在安全性建设方面卓有成效，居民最看重的居住环境要素已经从城市安全性向生活方便性转移。客观评价结果显示，生活方便性从 2005 年以来逐年改善，从三年的主观评价结果来看，

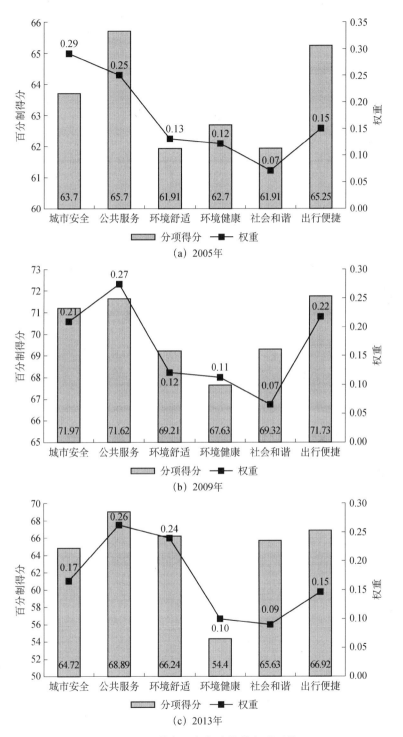

图 8-10　和谐宜居之都建设的主观评价

居民对北京市生活方便性的评价也一直相对较高。此外，居民对社会和谐性和环境舒适性的评价也在逐渐上升，暗示了北京市在城市的建设中比较重视为居民生活提供基本的生活服务设施，营造良好的居住舒适性，而这些工作反过来也得到了居民的普遍认可。

最显著的变化是，居民对环境健康性的评价越来越差。在后奥运时代，北京居住环境整体有所上升，尤其是基本的生活配套设施和交通设施都是居民比较满意的方面，然而健康性却成为影响居民对居住环境满意度持续升高的阻力点。上文也提到，自 2012 年以来，北京市的雾霾污染逐年严重，这种客观环境的变化也影响到居民的生活感受，对环境健康的评价越来越低。

对宜居北京各要素在过去 5 年中的改善程度进行统计，结果显示，生活方便性是居民普遍认为有改善的方面，73.1%的居民认为有改善，只有 2.0%的居民认为相比之前更差；环境健康性是居民认为改善程度最低的方面，超过 30%的居民认为无改善，12.1%的居民认为健康性在过去 5 年变得更差。社会和谐性和环境舒适性是居民认为改善度相对较小的方面（分别为 51.0%和 50.8%）（图 8-11）。

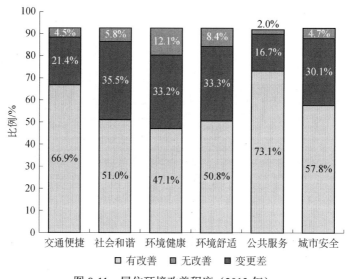

图 8-11 居住环境改善程度（2013 年）

图 8-12 显示了三次大规模问卷调研中居民最满意的前 10 项指标，可以看出，公交设施的利用情况和交通便利情况一直都是居民较为满意的内容，可见北京市在公共交通建设和服务上已经为建设和谐宜居之都打下了良好的基础。此外，反映生活便利性的指标（日常购物设施、餐饮设施、大型购物设施），反映社会和谐性的指标（邻里关系），以及反映安全性的指标（社会治安）也是三个年度居民最认可的指标。

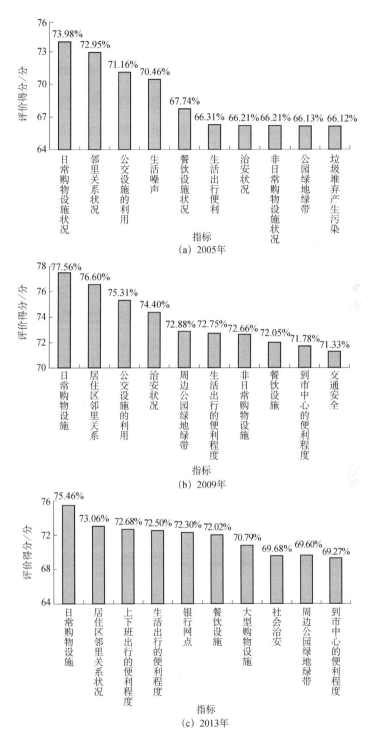

图 8-12　最受居民认可的前 10 项指标

二、主观评价的空间分异

1. 城区尺度

主城区评价高于远郊居住区。2005年，主城八区的生活方便性、城市安全性、社会和谐性和交通便捷性的评价均值都高于五个远郊居住区，尤其是安全性评价主城比郊区高出5.16分，而环境舒适性和健康性则相反，远郊居住区要优于主城区，说明主城区经过多年建设，公共服务设施和基础设施相对比较完善，能够满足居民的日常生活需求，而远郊新建的几个居住区由于开发较晚，配套设施的建设还有欠缺，然而远郊区也因为开发晚，产业和人口密度较小，原有的自然环境破坏程度较弱，环境宜人性比较令人满意。

2013年，宜居各要素全部表现出主城八区高于远郊居住区，尤其是主城区的出行便捷性得分比远郊居住区高出5.74分，说明远郊居住区在人口和产业集聚之后，原来处于优势地位的自然环境质量和健康性有所下降，加之配套设施不如主城区完善，整体居住环境得分相对较低。

值得注意的是，2005年天通苑和回龙观是宜居各要素评价最差的两个城区，原崇文区是主城区中各要素评价最差的城区，2013年天通苑和回龙观依旧是各要素得分最低的城区，主城区中石景山区各方面的得分较低。可见，天通苑和回龙观从2005年至今一直都是居住环境质量较差的地区，尤其是天通苑在城市安全性、出行便捷性和环境健康性方面的表现让居民最为头疼（图8-13）。

2. 街道尺度

从2013年居民对居住区宜居性的整体评价来看，得分最高的街道在北京城区各个方位都有分布，但基本全部位于五环内，呈镶嵌式散布，并没有形成集中分布区域。这些街道的共同特点是除环境健康性以外其他五个宜居要素得分均较高。这些街道大部分基础条件较好，自然和人文环境相对优越，出行条件和生活设施比较完善。二级街道呈片状分布，数量较多，主要集中在东北部、东部及南部地区。这些街道最近在城市建设和环境整治等方面进展较快，居住环境正在逐步优化。三级街道集中在西北片区和东南片区，这些街道主要分为两类，一类是位于主城区边缘，自身的发展条件相比城内街道较差，第二类是如中关村、德外、前门等已经发展比较成熟的街道，但是由于集中了大量人口，各种资源和设施的承载力下降，居民的评价较低。最后一类街道主要分布在五环以外，呈零散分布。这些街道的人文、自然环境较差，公共设施落后且数量缺乏，是发展一直相对落后的街道。

居民环境被认为是影响居民生活满意度的重要因素，对比居民对居住环境的评价和对自身生活满意度的空间评价（图8-14），结果显示，两种评价的空间分

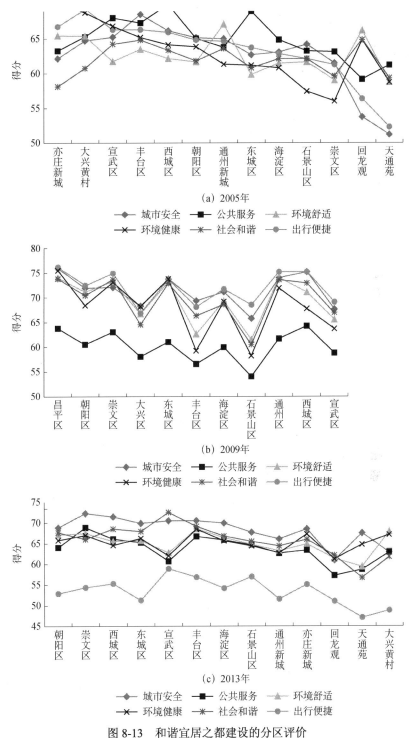

图8-13 和谐宜居之都建设的分区评价

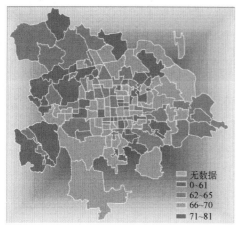

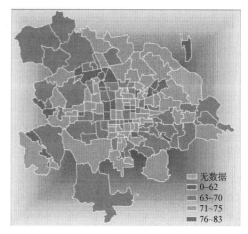

（a）总体评价　　　　　　　　　　　　　　　（b）生活满意度

图 8-14　总体评价和生活满意度评价的空间示意

布态势非常相似。两者评价均较高的街道主要集中在三环以内，以及西北四环和五环地区，两者得分均较低的街道主要位于五环以外。两者评价得分均最高的街道有月坛、酒仙桥、景山、朝阳门、清华园、方庄、广宁，主要分布在四环以内。两张图的相似性暗示了居住环境对居民自身的生活有极大的影响力，优良的居住环境意味着居民对生活更加满意。

2013 年，居民对城市安全性评价最高的街道主要集中在中心城区及长安街以北的条状地区（图 8-15），这部分地区是中央军事机构的集中地，治安相对其他地区更为优良，只有少数外围街道的安全性评价较好。公共服务水平评价较好的街道主要位于中心城区，较差的街道主要位于主城区边缘，同上文的客观评价结果一致。从环境舒适性和健康性评价来看，较好的街道主要位于外围地区及少数中心城区，这是因为外围地区自然环境要素相比市内分布更多。社会和谐性评价较好的城区集中在南二环与南四环之间，这部分地区集中了一些老街坊，社区居民之间的熟识度和交流更高，评价较差的街道分布比较零散。出行便捷性较好的街道主要位于北二环与北四环，以及东二环及东四环之间，较差的街道主要分布在主城区边缘，这是因为外围地区公共交通站点较少，出行受限更大（表 8-6）。

三、不同属性的人群主观评价结果

从不同属性的个体评价来看，已退休人员评价最高，而兼职工作评价最低；学历较高的群体对居住环境的评价也较高；离异人群的评价最低；男性的评价仅

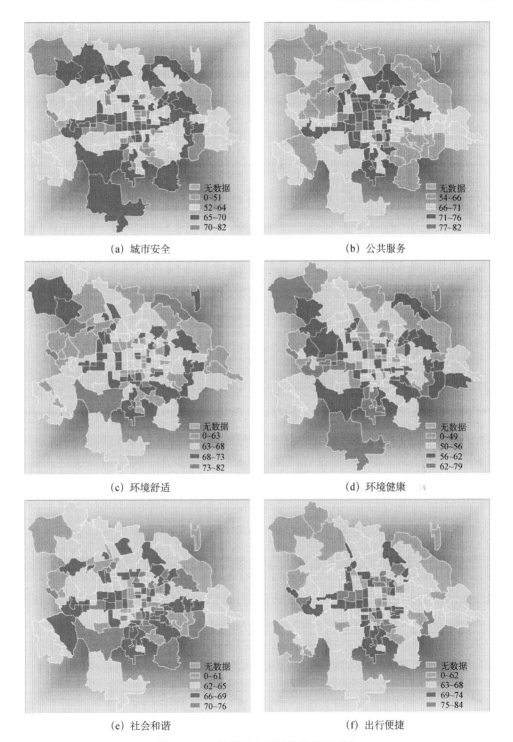

(a) 城市安全

(b) 公共服务

(c) 环境舒适

(d) 环境健康

(e) 社会和谐

(f) 出行便捷

图 8-15　一级指标主观评价的空间示意

表 8-6   主观评价得分最高和最低的街道名录

得分最高的 15 个街道	得分	得分最低的 15 个街道	得分
和义街道	80.80	椿树街道	60.95
月坛街道	77.01	上庄镇	60.87
清华园街道	74.91	东小口镇	60.86
交道口街道	74.66	东高地街道	60.84
朝阳门街道	74.00	崔各庄地区	60.41
燕园街道	73.96	青龙桥街道	59.94
安贞街道	73.83	金顶街道	59.88
方庄地区	73.75	长辛店镇	59.87
东直门街道	73.63	麦子店街道	59.22
酒仙桥街道	72.88	王四营乡	58.33
景山街道	72.87	五里坨街道	56.38
东铁匠营街道	72.28	鲁谷街道	54.90
望京街道	71.98	堡头街道	54.47
左家庄街道	71.95	大栅栏街道	51.00
广宁街道	71.75	小红门地区	50.80

仅略高于女性；年龄组分类表现出"两端高中间低"的特点；北京户口居民的评价明显高于外地户口居民；高收入家庭的宜居性满意度整体高于低收入家庭；高级管理的评价较低（图 8-16）。

从不同群体对居住环境的需求来看（表 8-7），30 岁以下的单身年轻人看重出行便捷度的人数较多，然而这个群体对出行便捷度的评价较低，说明年轻人有更高的出行需求却并没有得到满足。50 岁及以上的老年人最重视自然环境的舒适度和健康性，但是显然自然环境的舒适度远远没有达到老年人的需求，老年人对此的评价最差。从性别差异来看，女性更加看重生活方便性和安全性，而男性更加重视居住环境的舒适度、出行便捷度和健康性。三口之家比较看重居住区的安全性，对此的评价也相对较高，说明目前的安全建设基本可以满足三口之家的需要。四口之家最看重生活的方便性，对此的评价一般，说明针对四口之家的生活方便性仍有可以改善的余地。更多的离异人群和家庭收入在 3000 元以下的人群认为人文环境更重要，但是目前的人文环境却不能满足这两类人群的需要。收入在 1 万元以上的高收入家庭更加看重生活方便性和自然环境，对此的评价也相对较高，这与高收入家庭能够支付的住房区位相对优越有很大关系。学历在研究生及以上的人群对人文环境舒适度的要求相对较高，而现状人文环境基本可以满足该类人群的需求，此外高学历人群还比较看重环境的健康性，然而他们对此的评价非常低（50.73），说明北京的环境健康状况远远不能满足高学历人群的需求。从

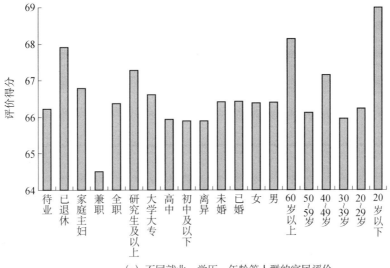

（a）不同就业、学历、年龄等人群的宜居评价

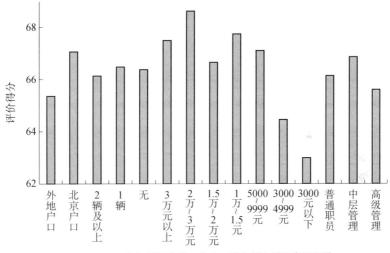

（b）不同户籍、收入、职位等人群的宜居评价

图 8-16 不同属性人群的总体评价

户籍的影响来看，北京户口居民更看重居住的安全性，对此的评价相对较高，而外地户口对出行便捷度的需求更大，这是因为原来北京市政府限制只有本地户口才可买车，导致外地人口只能利用公共交通，出行受限显著大于本地人口，而且可以看出，外地人口对现在的出行便捷度并不满意。

总的来说，居民最为看重的宜居城市要素首先是生活方便性，其次是自然环境舒适度。老年人出于养老需求更加看重居住环境的自然舒适性和健康性，同样对居住环境比较敏感的高学历人群也更加看重人文环境的舒适度和健康性，多口之家因生活需求面广而更加看重生活方便性，离异和低收入人群更加看重能够寻求心理慰藉的人文环境，单身的年轻人及外地户口因出行受限较大而更加看重出行的便捷度。

表 8-7　不同属性人群对宜居城市的需求（百分比）/评价得分

属性	特征	生活方便性	安全性	自然环境	人文环境	出行便捷度	健康性
年龄	30 岁以下	25.63/68.54	16.26/64.91	23.67/66.47	9.21/65.89	16.18/66.75	9.05/54.38
	30~49 岁	25.88/69.23	16.47/64.72	24.19/66.37	9.60/65.54	14.13/67.08	9.72/54.27
	50 岁及以上	22.57/69.10	15.49/63.83	27.18/64.00	10.05/65.54	12.85/67.25	11.86/55.38
性别	男	25.15/69.06	15.31/64.78	24.60/66.37	9.67/65.75	15.00/66.71	10.29/53.66
	女	25.56/68.69	17.35/64.67	23.99/66.09	9.28/65.5	14.82/67.1	9.00/55.18
婚姻状态	未婚	25.08/69.04	16.58/64.45	25.11/65.91	9.08/65.47	14.41/67.23	9.75/54.32
	已婚	26.04/68.84	15.82/65.01	23.03/66.65	9.85/65.90	15.91/66.55	9.34/54.73
	离异	24.73/65.90	16.13/66.44	22.58/68.21	15.05/65.12	9.68/66.54	11.83/49.76
家庭构成	单身	24.17/68.72	13.95/64.56	24.36/65.89	10.02/65.35	17.29/65.92	10.22/53.12
	两口之家	24.60/68.66	14.65/64.62	25.82/65.85	10.70/65.54	15.31/66.67	8.92/53.48
	三口之家	25.59/69.13	17.99/65.18	23.61/66.74	8.76/65.86	15.17/67.44	8.87/55.44
	四口之家	27.36/68.29	16.92/64.20	22.06/65.88	9.95/65.42	12.94/67.01	10.78/54.10
	五口之家及以上	24.40/69.64	14.75/63.52	28.42/66.00	9.38/65.79	11.26/67.92	11.80/55.65
家庭收入	3000 元以下	22.84/66.35	15.30/61.59	25.06/63.69	12.42/63.09	13.53/63.27	10.86/51.49
	3000~4999 元	22.70/67.80	18.17/63.45	25.94/64.82	8.87/64.46	14.93/65.63	9.39/53.28
	5000~9999 元	26.15/69.66	16.10/65.77	23.32/67.08	8.58/66.47	17.01/67.64	8.83/54.96
	1 万~2 万元	27.83/69.26	16.22/65.37	23.58/66.71	9.75/66.04	13.52/67.99	9.10/55.50
	2 万元以上	22.82/70.05	12.38/64.90	26.94/67.62	10.92/66.53	12.14/67.80	14.81/54.15
学历	初中及以下	27.10/66.95	15.91/64.10	24.83/64.48	8.92/65.59	13.99/66.51	9.27/56.53
	高中	24.28/68.22	17.17/64.06	25.85/65.36	8.75/65.01	14.62/66.07	9.33/54.82
	大学大专	25.78/69.27	16.40/64.87	23.58/66.60	9.54/65.72	15.16/66.23	9.54/54.36
	研究生	24.07/70.73	13.57/66.80	23.63/68.42	11.16/67.07	15.32/67.88	12.25/50.73
户籍	北京	26.61/69.74	17.47/65.42	23.14/67.07	9.59/66.28	13.76/67.54	9.43/55.52
	其他	23.27/67.55	14.06/63.71	26.29/65.02	9.31/64.66	16.93/66.09	10.15/52.76

四、幸福感评价结果及影响因素

和谐宜居城市建设的最终目标是为居民提供更加幸福安康的生活，因此从居民主观幸福感来间接测度北京和谐宜居水平非常必要。从 2013 年居民主观幸福感评价调研结果来看，60%以上的居民认为生活是令人满意的，50%以上的居民认为生活是开心的，只有不足 7%的居民认为生活不幸福（图 8-17）。

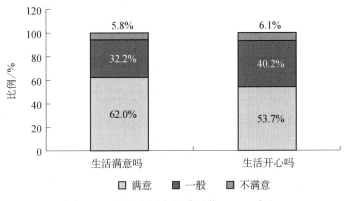

图 8-17　居民生活幸福感评价（2013 年）

1. 不同属性个体的主观幸福感

表 8-8 分别统计了不同属性个体在生活满意度和生活是否开心两项回答中选择非常满意（非常开心）及满意（开心）选项的人数比重。不同年龄组的主观幸福感表现出"两端高中间低"的特征，20 岁以下的年轻人感觉最幸福，其次是 60 岁以上的老年人，而处于 20～29 岁及 30～39 岁正在为事业及家庭奋斗的中青年显然幸福感最低。男性与女性的幸福感没有显著差别。从婚姻状态来看，已婚个体对生活满意的人数比重比未婚及离异状态分别高出 6.98 和 20.45 个百分点，感觉生活开心的比重分别高出 3.98 和 21.98 个百分点。随着学历的升高，更多的个体对生活感到满意或开心。家庭人口越多、汽车数量越多，感觉幸福的个体比重越大。有北京户口的个体感觉生活满意和开心的人数比重分别比外地户口高出 15.91 和 10.93 个百分点。从家庭月总收入来看，整体表现出收入越高，个体幸福感越高，然而月总收入在 3 万元以上的个体并非对生活最满意或开心的个体，这类人群中认为生活满意或开心的人数比重要低于月总收入在 2 万～3 万元的个体。家庭角色中，户主的主观幸福感高于非户主人群。从就业状态来看，离退休人员及家庭主妇对生活感到最满意或开心，最不满意或开心的是兼职人员，其次是待业人员。处于高层管理阶层的员工，其幸福感要高于中低层员工。相比私企与外商企业，更多的国企员工对生活感到满意或开心。企事业单位负责人对生活感到最满意，办事人员对生活感到最开心，技术人员对生活的幸福感最低。

值得注意的是，不同属性居民对生活幸福感的评价结果与居民对居住环境的评价结果非常相似，可见居住环境对个体幸福感的重要性。

表 8-8 不同属性个体的主观幸福感评价

变量	属性	生活满意比重/%	生活开心比重/%	变量	属性	生活满意比重/%	生活开心比重/%
年龄	20 岁以下	66.01	64.05	家庭月总收入	3000 元以下	38.12	38.26
	20~29 岁	59.64	52.11		3000~4999 元	52.99	45.73
	30~39 岁	63.01	52.60		5000~9999 元	63.76	53.51
	40~49 岁	64.29	55.19		1 万~1.5 万元	69.20	60.07
	50~59 岁	63.88	56.55		1.5 万~2 万元	72.82	62.85
	60 岁以上	65.97	64.38		2 万~3 万元	75.30	66.14
性别	女	62.04	54.35		3 万元以上	70.00	64.15
	男	62.02	53.08	是否户主	户主	66.36	55.54
婚姻状态	已婚	65.02	55.58		非户主	60.53	53.40
	未婚	58.04	51.60	就业状态	全职	62.05	52.93
	离异	44.57	33.70		兼职	50.00	45.28
学历	初中及以下	53.16	51.31		家庭主妇	68.69	68.00
	高中	56.76	50.13		已退休	69.74	66.30
	大学大专	64.79	55.22		待业	58.49	53.77
	研究生及以上	71.71	58.11	职位	高层管理	68.51	59.03
家庭结构	单身之家	52.01	46.47		中层管理	69.30	58.94
	两口之家	61.89	53.48		普通职员	58.38	50.09
	三口之家	65.77	56.32	单位性质	国有企业	65.42	55.71
	四口及以上	64.50	54.89		私有企业	60.09	52.79
汽车数	无汽车	57.67	49.44		外商企业	60.98	50.94
	1 辆车	69.21	60.47	职业类型	企事业单位负责人	68.35	55.80
	2 辆及以上	72.89	66.54		技术人员	59.22	52.10
户籍	北京户口	67.67	57.61		办事人员	68.01	56.96
	外地户口	51.76	46.68		商服人员	59.82	52.14

2. 居民主观幸福影响因素的多元回归分析

1）个体及家庭等属性对主观幸福感的影响

根据模型Ⅰ、Ⅱ、Ⅲ（表 8-9）估计结果，婚姻状态为离异的样本其生活满意度显著低于已婚样本，而未婚样本则不显著。就业状态为兼职的样本其生活满意度显著低于全职样本，说明有一份全职的稳定工作的人群具有更高的生活满意度，家庭主妇与离退休状态的系数并不显著。家庭人口数量对生活满意度有显著的正向影响，即家庭人口越多，个体能够感觉到的满意度越强烈。从不同收入情况来看，高收入样本大体上要比低收入样本对生活的满意度更高，然而有意思的是，系数最大的样本为家庭月总收入为 5000～9999 元的个体，其次为收入 1 万～2 万元及 2 万～3 万元的个体，收入在 3 万元以上的样本系数不显著，可见家庭收入与生活满意度之间并没有绝对的正向关系，高收入并不对应高度的生活满意度。每周工作小时数越长，样本的生活满意度越低。样本的单程通勤时间越长其生活满意度越低，说明减少通勤时间可以提高居民的生活满意度。从主观感受来看，个体对住宅区居住环境、房价政策及自身身体状态的评价越高，生活满意度也越高，说明良好的住宅区环境、国家政策环境及个人身体健康状态均对生活满意度有积极的影响。同样，与家庭月总收入对生活满意度的影响不同，与周边人相比，个体对自身收入的满意度越高，其对生活的满意度也越高，说明绝对收入对生活满意度的影响与相对收入不同，相对收入更加能够决定个体的生活满意度。

根据模型Ⅳ、Ⅴ、Ⅵ估计结果，相比于对生活满意度的影响，个别因子对生活开心度的影响有所不同。例如，婚姻状态为离退休的样本其生活开心度显著高于全职人员，反映了离退休个体在卸职之后工作压力减小，对生活感到更开心。家庭结构对生活开心度并没有显著影响。家庭月总收入中，仅收入为 5000～9999 元的样本系数显著。家庭没有汽车的样本其生活开心度显著低于有汽车的家庭，说明拥有私家车能够带来个体对生活更高的开心感。其他因素对生活开心度的影响类同于对生活满意度的影响。

2）制度政策因素及生活稳定性对主观幸福感的影响

对比模型Ⅰ、Ⅱ、Ⅲ可以发现，模型Ⅱ和Ⅲ的调整 R^2 分别比模型Ⅰ低 0.004 和 0.011，可见制度因素对生活满意度的影响较小，生活稳定性对生活满意度的影响较大（表 8-9）。具体来说，与拥有北京户口的样本相比，无法享受本地优惠政策的外地人口其生活满意度显著较低。与单位提供的住房相比，住房产权为商品房和保障性住房的样本其生活满意度显著较高，尤其是商品房系数最大，满意度最高。租借住房样本的满意度显著低于已购住房样本，说明购买住房在一定程度上能够提高居民的生活满意度。从生活稳定性来看，近 5 年内迁居 1 次并没有对生活满意度的提高有显著影响，迁居 2 次则有显著的正向影响，而迁居 3 次及以上对生活满意度有显著的负面影响，可能的原因是，迁居 1 次或 2 次为改善居住环境、提高生活质量为目的的迁居，的确可以提高样本的生活满意度，然而短期内频繁迁居导致个体的生活稳定性下降，且不断更换住所也减少了个体对居住区的依赖感和融入感，反而降低了个体的生活满意度。同样，近五年内更换过工作显著降低了个体的生活满意度。

表 8-9 居民主观幸福感的多元线性回归模型结果

变量	生活满意度（系数/S.E.）			生活开心度（系数/S.E.）		
	I	II	III	IV	V	VI
婚姻状态（参照组：已婚）						
未婚	−0.018/0.037	−0.006/0.037	−0.042/0.037	0.014/0.040	0.017/0.040	−0.006/0.039
离异	−0.410***/0.131	−0.394***/0.131	−0.358***/0.129	−0.384***/0.138	−0.386***/0.138	−0.354***/0.136
就业状态（参照组：全职）						
兼职	−0.198**/0.079	−0.220***/0.079	−0.223***/0.079	−0.167**/0.083	−0.174**/0.083	−0.171**/0.083
家庭主妇	−0.238/0.218	−0.276/0.218	−0.156/0.144	−0.142/0.228	−0.156/0.227	0.017/0.151
离退休	0.084/0.162	0.012/0.162	0.059/0.096	0.371**/0.171	0.348**/0.171	0.291***/0.101
其他状态	−0.337*/0.196	−0.407**/0.196	−0.156/0.126	−0.336/0.208	−0.359*/0.207	−0.158/0.133
户籍（参照组：北京户口）						
外地户口	−0.108**/0.043	—	−0.116***/0.042	−0.024/0.046	—	−0.022/0.044
家庭结构	0.027*/0.016	0.028*/0.016	0.027*/0.015	0.015/0.017	0.015/0.017	0.013/0.016
月总收入（参照组：3000元以下）						
3000~4999元	0.160**/0.070	0.171**/0.070	0.167**/0.068	0.079/0.074	0.084/0.074	0.080/0.071
5000~9999元	0.245***/0.068	0.270***/0.068	0.253***/0.065	0.141**/0.072	0.150**/0.071	0.140**/0.069
1万~2万元	0.172**/0.071	0.201***/0.071	0.174**/0.069	0.077/0.075	0.087/0.075	0.068/0.073
2万~3万元	0.184*/0.104	0.212**/0.104	0.176*/0.100	0.159/0.110	0.169/0.109	0.171/0.105
3万元以上	−0.009/0.119	0.024/0.119	−0.033/0.116	−0.007/0.126	0.007/0.126	−0.016/0.122
汽车数（参照组：有汽车）						
无汽车	0.006/0.039	0.000/0.039	0.015/0.038	−0.080*/0.041	−0.083**/0.041	−0.068*/0.040
住房产权（参照组：单位房）						
商品房	0.253***/0.049	—	0.226***/0.047	0.073/0.052	—	0.063/0.049
保障房	0.105*/0.054	—	0.075/0.052	−0.005/0.058	—	−0.020/0.055
其他住房	0.084/0.064	—	0.032/0.062	0.051/0.068	—	0.007/0.065
住房来源（参照组：已购房）						
租借住房	−0.212***/0.046	−0.281***/0.042	−0.223***/0.044	−0.167***/0.049	−0.182***/0.044	−0.166***/0.047
其他住房	0.094/0.066	−0.044/0.061	0.080/0.063	0.093/0.070	0.062/0.065	0.054/0.067
工作时长	−0.005***/0.001	−0.006***/0.001	−0.005***/0.001	−0.006***/0.001	−0.007***/0.001	−0.006***/0.001
通勤时间	−0.003***/0.001	−0.003***/0.001	—	−0.002***/0.001	−0.002***/0.001	—
迁居次数（参照组：没有迁居行为）						
迁居1次	0.042/0.046	0.058/0.046	—	0.121**/0.049	0.124**/0.049	—
迁居2次	0.160**/0.072	0.158**/0.072	—	0.047/0.076	0.047/0.076	—
迁居3次及以上	−0.191**/0.079	−0.201**/0.078	—	−0.017/0.083	−0.019/0.083	—

续表

变量	生活满意度（系数/S.E.）			生活开心度（系数/S.E.）		
	I	II	III	IV	V	VI
换工作（参照组：没有换过工作）						
换过工作	-0.228***/0.044	-0.240***/0.044	—	-0.120***/0.046	-0.122***/0.046	—
居住评价	0.006***/0.001	0.006***/0.001	0.005***/0.001	0.006***/0.001	0.006***/0.001	0.005***/0.001
房价政策	0.068***/0.009	0.067***/0.009	0.073***/0.009	0.050***/0.010	0.051***/0.010	0.051***/0.009
健康状况	0.263***/0.011	0.262***/0.012	0.265***/0.011	0.263***/0.012	0.263***/0.012	0.264***/0.012
相对收入	0.290***/0.011	0.298***/0.011	0.295***/0.011	0.248***/0.012	0.250***/0.012	0.255***/0.011
常数项	2.661***/0.163	2.788***/0.161	2.526***/0.152	3.020***/0.173	3.047***/0.170	2.960***/0.160
调整 R^2	0.339	0.335	0.328	0.261	0.261	0.261

***表示在 0.01 水平下显著；**表示在 0.05 水平下显著；*表示在 0.1 水平下显著。

本章小结

本章对北京建设和谐宜居城市的现状进行综合评价，其中采用客观数据的评价发现：从 2005 年至 2013 年北京市的居住环境有所改善，城市安全性总体较好，但交通安全和避难设施仍需改进，以文化类公共设施为主的生活便利性整体落后，空气质量恶化严重，公共交通覆盖范围广但道路建设却明显落后，社会和谐性具有重要优势。从客观要素的空间分布来看，北京市的公共资源集中分布于主城区，部分设施在主城区集聚程度非常高，而且不同人群在空间上的分布同样呈现集聚趋势，全市的空气质量南北差异显著，北部地区明显优于南部地区。

采用主观问卷调研数据的评价结果显示：2009 年的居住环境满意度最高，2013 年次之，2005 年最低。评价一直较好的是生活方便性，评价越来越差的是环境健康性，健康性是近年来影响居民对居住环境满意度持续升高的阻力点。从空间评价结果来看，主城区的生活方便性、城市安全性、社会和谐性和出行便捷性的评价都高于五个远郊居住区，而环境舒适性和健康性则表现为远郊居住区优于主城区。从不同属性的个体评价来看，年龄组分类表现出"两端高中间低"的特点，男性的评价仅仅略高于女性，北京户口居民的评价明显高于外地户口居民，高收入家庭的宜居性满意度整体高于低收入家，学历较高的群体对居住环境的评价也较高。

第九章

北京建设和谐宜居城市的短板分析

> 城市是人类文明的明确产物。人类所有的成就和失败，都萎缩进它的物质和社会结构——物质上的体现是建筑，而在文化上则体现了它的社会生活。
>
> ——约翰·里德（2010）

在对北京居住环境现状主客观综合评价的基础上，本章归纳总结了北京市建设和谐宜居之都的主要问题，从环境污染、城市功能空间失调、公共资源拥挤、个别设施长期缺乏四个方面梳理问题所在，并通过与世界和谐宜居之都的横向比较，分析北京距离成为世界和谐宜居之都还差多远。

第一节　区域性污染及汽车尾气排放导致环境健康恶化

一、雾霾削弱北京城市竞争力

自雾霾问题进入公众视线以来，环境健康问题成为当前制约北京建设和谐宜居城市的主要瓶颈。根据中国环境监测总站公布的数据，2014 年 1 月至 2015 年 3 月期间，北京市的空气质量达标天数月均值为 43.8%，同一时期上海和广州为 74.8% 和 77.8%。从图 9-1 可以看出，除个别月份以外，上海与广州的天气质量达标天数远在北京之上，尤其是 2014 年 7 月份，北京市不足 30%，而上海和广州在 70% 以上。北京市雾霾污染以 PM2.5 为首要污染物，占 90% 以上，其次是 PM10，约占 6%。北京市雾霾污染的加剧除了直接损害居民的身体健康，另外一个严重后果是高级人才尤其是海外人才的流失。据调查，随着 2013 年以来雾霾天气的恶化，许多有年幼子女的国际人才纷纷离开北京。

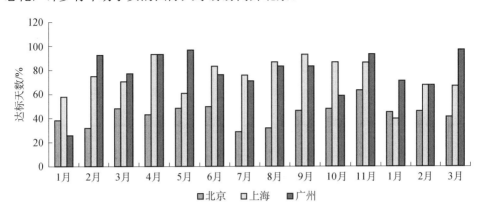

图 9-1 北京、上海、广州 2014 年 1 月至 2015 年 3 月空气质量达标天数比例
资料来源：根据中国环境监测总站公布数据整理，无 2014 年 12 月数据

二、雾霾引发居民对首都生活的不满情绪

图 9-2 展示了三个年份居民对北京居住环境主观评价得分最低的 10 项分指标，很明显可以看到北京市居住环境的健康问题引起居民越来越多的不满。与前两年相比，其他类别的指标被更多的环境健康指标"挤出"最差的十名。2013年宜居评价得分最低的五项指标分别是汽车尾气排放产生的污染，PM2.5（雾霾等），扬尘、工业等其他空气污染，雨污水排放和水污染，垃圾堆弃物污染，均为环境的健康问题。在过去的几年中，以雾霾等空气污染为主的环境问题在逐渐恶化，严重影响了居民的生活品质，因此居民对居住环境的评价表现出对健康性各方面的极大不满。

三、雾霾产生的原因分析

北京雾霾污染的原因主要有两个，首先是区域性污染气体排放。北京地处河北省包围圈之内，河北省是重工业大省，产业结构偏重钢铁、建材、石化、电力等行业，其中钢铁粗钢产量超全国总量的 1/4，能源结构不尽合理，能源消费居全国第二位，单位 GDP 能耗比全国平均水平高近 60%。燃煤炼钢导致的雾霾污染使河北省成为全国污染最严重的省份。据国家统计局公布的数据，中国十大空气污染城市，有七大污染城市在河北，首善之区的北京已被雾霾城市扎堆包围（图 9-3）。北京市南部及东部分别是河北省重工业城市保定市、廊坊市和唐山市，这些城市的污染气体排放总量惊人，污染气体向北扩散至北京，是导致北京雾霾污染的首要原因。

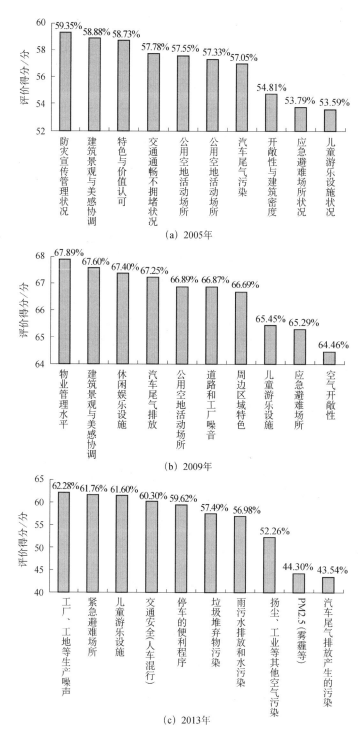

(a) 2005年

(b) 2009年

(c) 2013年

图 9-2 宜居评价得分最低的 10 项指标

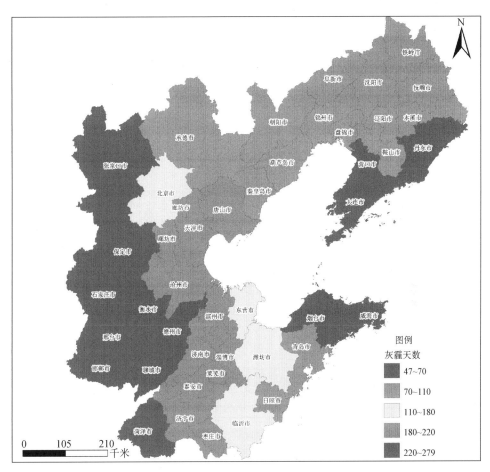

图 9-3　环渤海地区城市灰霾天数
资料来源：北京城市实验室

　　其次是庞大的汽车尾气排放。据有关统计，北京地区的污染源主要分为四大类，包括机动车尾气排放、燃煤、餐饮油烟，以及工业排放和建筑扬尘，而这其中机动车尾气是空气污染的一个重要来源，大约有 22% 的 PM2.5 是来自尾气的排放。机动车是低空流动排放的污染源，汽车尾气中的污染物主要有一氧化碳、碳氢化合物、氮氧化物和 PM2.5 这四种，分别占空气污染总量的 85.9%、25.1%、56.9% 和 22%。北京市机动车数量在过去十年大幅增长，2013 年年底，北京市机动车拥有量为 543.7 万辆（图 9-4），其中私人汽车 426.5 万辆，相比十年前分别增长了 1.5 倍和 1.77 倍。虽然政府采取了摇号购车和限号出行措施，但汽车出行量依然是逐年增加，对空气的污染有增无减。

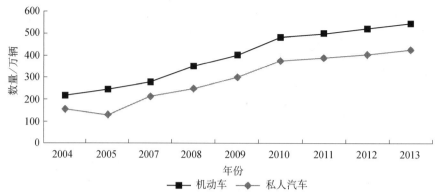

图 9-4　北京市机动车和私家车数量变化

注：2006 年数据未统计。

第二节　城市功能空间错位导致职住分离与交通拥堵

一、北京城市功能空间布局特征

图 9-5 分别展示了北京城区各街道居住人口和就业人口的空间分布特征。可以看出，北京市居住人口密度分布呈现出内城高外城低、北城高南城低的特点，高人口密度街道主要分布在四环内长安街以北地区，低人口密度街道主要集中于四环外的城市近郊区，包括四季青、东坝、花乡和亦庄等乡镇。北京市企业密度呈现出东西两翼高四周低的特点，且高企业密度街道分布相对集中，主要分布在东二环和东三环之间、北三环和北四环之间的地区，包括建外、朝阳门外、海淀、中关村四个街道，低企业密度街道多集中于四环外城市近郊区，包括奥运村、十八里店、香山和三间房等地区或乡镇。

从居住与就业空间分布来看，二者在整体上均呈现出中心高外围低的特点，但就业空间分布相对居住空间分布则明显更为集中，且各街道居住与就业功能相对强度存在差异性，导致居住与就业空间错位现象产生。从表示密度高低的颜色深浅程度来看，发现北京城区存在明显的居住功能主导区和就业功能主导区。前者居住功能明显强于其就业功能，容易形成大量的外出通勤流，主要包括北太平庄、和平街、六里屯、八角、回龙观和天通苑等街道；后者就业功能明显强于其居住功能，容易吸引大量的外来通勤流，主要包括朝外、建外、金融街等街道。城市空间结构功能失衡是导致交通拥堵的重要原因，随着职住分离的加剧，越来越多的居民每天进行跨区通勤，一方面增加了机动车使用的频率，另一方面导致路面出行时间增加，加剧交通拥堵程度。

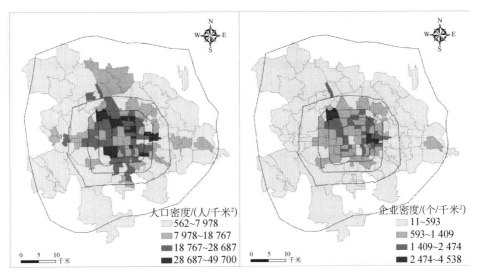

图 9-5　北京市居民居住与就业空间分布

资料来源：北京市第六次人口普查、北京市工业企业登记数据（2010 年）

二、北京城区职住分离空间特征

职住分离程度通常采用职住空间错位指数来表示，即采用就业居住人口比来衡量职住分离程度。常用的计算方法为：职住空间错位强度=街道就业人口比重/街道居住人口比重。一般来说，当指定区域内就业居住人口比小于 1 时，表明该区域就业功能弱于居住功能；就业居住人口比等于 1 时，表明该区域就业功能与居住功能平衡；就业居住人口比大于 1 时，表明该区域就业功能强于居住功能。从北京市主城区的职住空间错位强度（图 9-6）来看，北京市居住和就业空间错位明显，仍是以单中心为主导的城市空间结构。其中，就业居住人口比大于 1 的街道主要集中在四环以内，在三环以内长安街沿线和 CBD 以北区域的就业功能更为突出，就业居住人口比超过 2；而四环外街道就业居住人口比多小于 1，主要以居住功能为主。

三、北京居民通勤时间变化

图 9-7 分别为 2005 年和 2013 年北京城市内部各街道居民平均通勤时间的空间展示。2013 年北京市居民平均通勤时间较 2005 年有所缩短，由 2005 年的 38.3 分钟降至 2013 年的 37 分钟，主要是因为 8 年来北京城市内部交通出行条件有所改善，其中轨道交通建设对城郊居民通勤时间变化影响最为明显，如回龙观、天

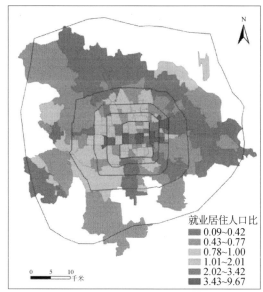

图 9-6　北京市街道空间错位强度

资料来源：北京市第二次经济普查年鉴、北京市第六次人口普查年鉴

通苑的平均通勤时间分别由 2005 年的 59.3 分钟、66.2 分钟降低为 46.6 分钟、41.6
分钟。与 2005 年相比，2013 年街道平均通勤时间增幅明显的区域主要集中于城
市外围的郊区，涵盖海淀区西北乡镇区域、朝阳区东部乡镇区域，以及通州区和
大兴区境内部分区域，如西北旺、东坝和梨园等乡镇。

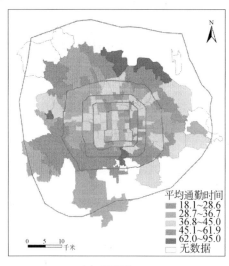

(a) 2005年

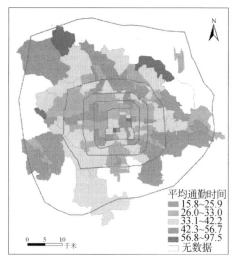

(b) 2013年

图 9-7　北京街道平均通勤时间变化

资料来源：2005 年和 2013 年大规模问卷调研

虽然调研显示居民的平均通勤时间在过去几年有所下降，但北京市的通勤时间依然较长，北京市居民职住分离程度较国内其他城市更为严重，仅有少数城市的通勤时间或通勤距离超过北京（表9-1）。结合居民自身社会经济属性，比较不同属性特征居民的通勤时间（图9-8），可以发现，高收入居民的通勤时间要长于低收入居民，这与高收入居民有住房购买能力而低收入居民购房能力不足相关，低收入居民以租房为主，住宅区位选择相对更灵活，能够选择更靠近就业单位的地区租房，而高收入居民在购房以后，为降低通勤时间而发生居住迁移的概率相对较低。从不同年龄组的通勤时间来看，30～39岁的居民其通勤时间最长，其次是20～29岁的居民，通勤时间最短的是40岁以上的居民，这与通勤的交通方式有关，同时，也与年轻人对通勤距离和时长的承受能力相对中年人更高，可以为更好的就业机会或减少住房成本而忍受长时间通勤，而中年人追求稳定的生活，加上中年人收入相对要高于年轻人，有能力通过改善职住区位或者通勤方式来压缩通勤时间。

表9-1　城市通勤时间比较

城市	通勤/分钟	通勤距离/千米	样本数	调查年份	文献出处	作者
北京	36.7	6.15	842	2007年	《地理研究》	张艳
上海	29.8	6.9	—	2004年	《城市规划学刊》	孙斌栋
广州	17.5	—	1550	2010年	《地理科学》	刘望保
南京	—	10.1	477	2011年	《地理科学进展》	翟青
杭州城西9个街区	30.9～33.1	6.9	1339	2009年	《城市规划》	韦亚平
济南3个案例地	30～34	8.7～12.6	950	2013年	《城市发展研究》	王宏
西安	36	5.1	—	2011年	《地理学报》	周江评
兰州	—	2.34	—	2010年	《干旱区地理》	刘定惠
乌鲁木齐	31.15	4.9	536	2011年	《地理科学进展》	石天戈

资料来源：根据相关文献整理。

四、交通拥堵严重

交通拥堵问题几乎已成为北京市的诟病，也被戏称为"首堵"。根据北京交通发展年报，2012年早高峰常发拥堵路段为219千米（占统计范围的2.1%），较2011年增加110千米，增幅为84%，主干道平均速度为23.3千米/小时；晚高峰路网常发拥堵路段为343千米（占统计范围的3.2%），较2011年增加151千米，增幅为79%，主干道平均速度为21.4千米/小时；另外，2012年，全日拥堵持续

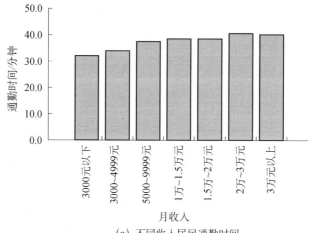

（a）不同收入居民通勤时间

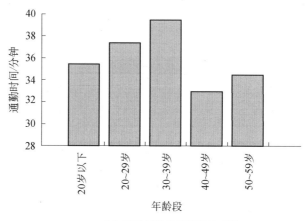

（b）不同年龄段居民通勤时间

图 9-8　不同收入及年龄段居民通勤时间比较

资料来源：根据 2013 年调研问卷整理

时间（包括严重拥堵、中度拥堵）较 2011 年同期增加了 20 分钟，其中严重拥堵和中度拥堵持续时间分别增加了 10 分钟。由于路面停车数量增多，通行空间被进一步压缩（缩略测算压缩量同比增加 5%～10%），而且通行秩序也有所恶化，以致拖累路网整体运行效率。

2013 年北京交通拥堵指数继续增长，达到 5.5，较 2012 年、2011 年分别提高 0.2 和 0.7。根据我们的调研，2013 年在不堵车的情况下居民平均单程通勤时间为 37 分钟，然而在堵车时，这一数值增加到约 70 分钟。图 9-9 和图 9-10 分别展示了 2015 年某工作日上班和下班高峰期的道路拥堵情况，可以看到四环以内路段几乎全部处于拥堵状态，二环以内处于严重拥堵状态。

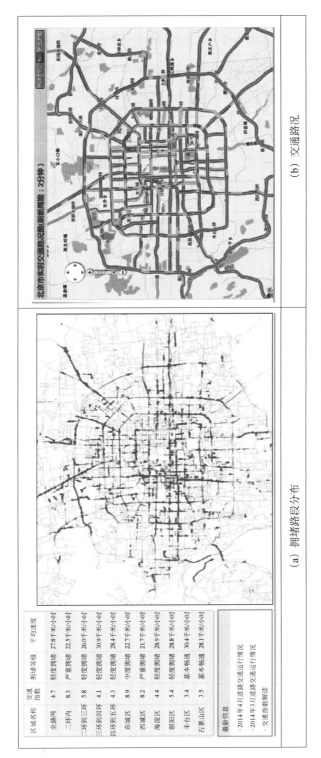

（b）交通路况

（a）拥堵路段分布

图 9-9　工作日上班高峰期拥堵情况

资料来源：北京市交通网、公安交通管理网

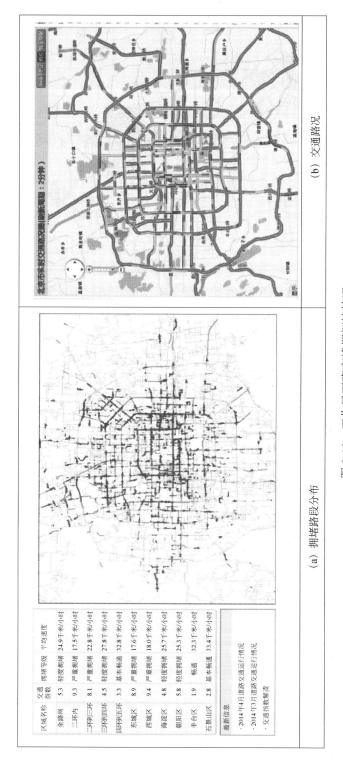

区域名称	交通指数	拥堵等级	平均速度
全路网	5.3	轻度拥堵	24.9千米/小时
二环内	9.3	严重拥堵	17.5千米/小时
二环到三环	8.1	严重拥堵	22.8千米/小时
三环到四环	4.5	轻度拥堵	27.8千米/小时
四环到五环	3.3	基本畅通	32.8千米/小时
东城区	8.9	严重拥堵	17.6千米/小时
西城区	9.4	严重拥堵	18.0千米/小时
海淀区	4.8	轻度拥堵	25.7千米/小时
朝阳区	5.8	轻度拥堵	25.3千米/小时
丰台区	1.9	畅通	32.3千米/小时
石景山区	2.8	基本畅通	33.4千米/小时

最新信息
· 2014年4月道路交通运行情况
· 2014年3月道路交通运行情况
· 交通指数解读

(a) 拥堵路段分布

(b) 交通路况

图 9-10　工作日下班高峰期拥堵情况
资料来源: 北京市交通网、公安交通管理网

150

第三节　人口快速膨胀导致公共资源拥挤

1990 年以来，北京市人口总量快速膨胀（图 9-11），尤其是外来人口以平均每年 60%的高速度增长。按照北京总体规划，到 2020 年北京市总人口规划控制在 1800 万人左右，然而，2012 年北京市常住人口就已经超出 2000 万。如此庞大的人口导致城市基础设施数量捉襟见肘，公共服务资源拥挤短缺，资源环境承载能力不断下降，而且流动人口的猛增也对社会稳定不利。更糟糕的是，这些问题相互交织，对北京建设和谐宜居城市提出更为严峻的挑战。

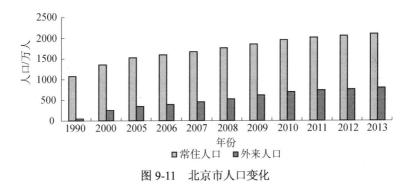

图 9-11　北京市人口变化

一、就医难

虽然北京市医院已经采取了诸如电话挂号、114 挂号、网上挂号等措施，然而挂号难的问题依然存在。北京集中了许多国家直属医院，患者不仅仅是北京常住居民，其中许多患者来自其他省市，导致医疗资源拥挤。一些著名医院的热门科室挂号甚至需要提前一至两天开始现场排队。此外，挂号难的原因除了医疗资源不足，"号贩子"炒作和扰乱市场，也让挂号难一直难以解决，个别医院的专家号甚至被炒至 1500 元。图 9-12 显示了北京市自 1978 年以来万人医疗机构数量的变化，虽然医疗机构数量整体一直在增加，但是平均到个体时，人均可以享有的数量自 20 世纪 90 年代末期开始下降，这种趋势变化与北京市 1990 年开始的人口剧烈增加直接相关。

二、就学难

图 9-13 显示了 1978 年以来，北京市万人普通高等学校、中学及小学数量的变化，教育机构数量整体呈现出快速下降的趋势，变化最显著的是小学数量，其

次是中学。造成就学难问题的原因一方面是人口数量激增导致人均数量的下降，另一方面是由于教育资源质量的分布不均。北京的学校良莠不齐，个别公认的教育质量较好的学校成为求学者的追捧对象。根据北京市政府的规定，学生必须就近读书，为保证子女能到最好的学校读书，家长必须租购"学区房"，近年来"学区房"房价和租金的一路飙升就是就学难的最好说明。此外，非京籍孩子入学难也是社会关注的一个热点，遭遇入学难的非京籍孩子的家长经常通过信访投诉或诉诸法律来争取子女本地就学的权利。

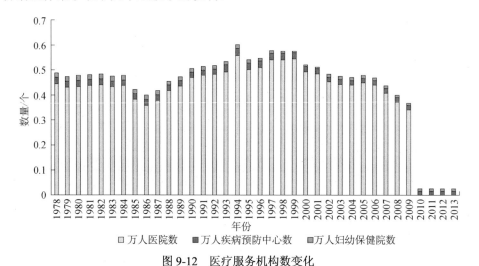

图 9-12　医疗服务机构数变化

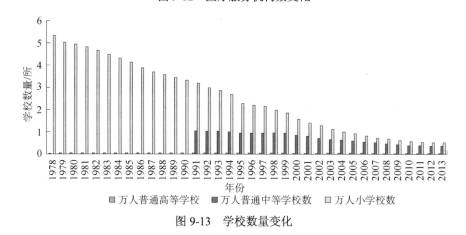

图 9-13　学校数量变化

三、出行难

图 9-14 显示了万人北京公共交通运营线路及车辆数在过去 30 多年的变化，可以看出，公共交通从 1995 年开始高速增加，但到 2000 年时开始波动起伏，从

2008 年开始又略有下降。虽然北京地铁和公交远比国内其他城市发达，但是依然无法支撑庞大的人口需求量，一些热门线路和换乘点在上下班高峰期往往人满为患，不仅给居民出行造成很大困扰，而且存在一定的安全隐患。对于没有私家车的通勤者来说，上下班挤公交和地铁是必修功课，给居民生活造成很大困扰。对于私家车通勤者来说，由于道路拥堵，采用私家车出行并没有给通勤者节省通勤时间，反而可能拉长通勤时间。

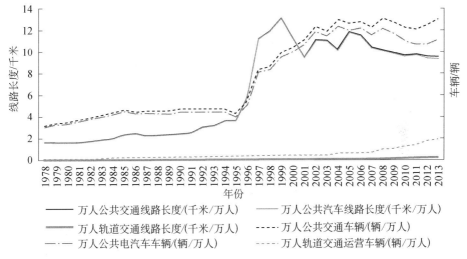

图 9-14　公共交通变化情况

第四节　个别设施长期缺乏

基于居民主观评价的结果显示，2005～2013 年，个别城市设施的配置不足问题一直没有得到有效解决。图 9-2 显示，虽然居民对儿童游乐设施和应急避难场所的评价在过去几年中有所上升，然而这两项指标依然是 2013 年居民最不满意的 10 项内容之一，而且老年活动设施也成为当前居民最不满意的指标之一。调研结果显示，分别只有38%、41%和40%的居民认为儿童游乐设施、应急避难场所和老年活动设施是令人满意的。

对北京市应急避难场所分布的研究发现，北京市中心城区地形平坦、交通便捷，但人口密度过高，远远超过原有大型应急避难场所的设计容量，构成了城市安全的隐患。应急避难场所服务区内人口配置缺口最大的区域，主要集中在人口稠密的中关村、西直门和国贸 CBD 地区；人口配置缺口较小的地区分布在北京市南部、西北部和东北部的外城区。内城区人口高度密集，特别是天坛、大栅栏、椿树、前门和广内街道的人口密度最高，急需新建大型应急避难场所，但同时，内城区适宜作为应急避难场所的土地资源紧张，已经不具备再建设大型应急避难场所的条件，因此，应加强小型应急避难场所的规划建设，仅靠单一的大型应急避难场所建设不能有效解决居民应急避难的安全问题。外城区应急避难场所在空间上呈现分布不均衡的态势，这与北京市人口分布不均衡的空间格局相一致。

图 9-15 显示了根据第六次人口普查数据绘制的街道老年人口和儿童的占比图，老年人的分布呈现出围绕中心环状高密度集聚且从内向外逐渐减少的分布态势，儿童的分布呈现出外高内低的分布态势。然而上文的分析已经指出，北京的休闲设施主要集中分布在二环以内，从空间上看，老龄人口和儿童的空间分布与休闲娱乐设施的空间分布并不吻合，加上原本就缺乏针对这两类人群的专项娱乐设施，因此，居民多年来对这两项指标的评价一直较低。目前北京宜居城市建设的一个重要缺口就是尽快完善这些特殊设施的合理配置，避免因这些设施长期缺乏导致居民生活品质一直无法提升。从不同城区居民对儿童游乐设施的评价来看，位于远郊的回龙观和大兴黄村的评价得分最低，老年设施的评价结果也表明回龙观、天通苑、大兴黄村的评价最低。

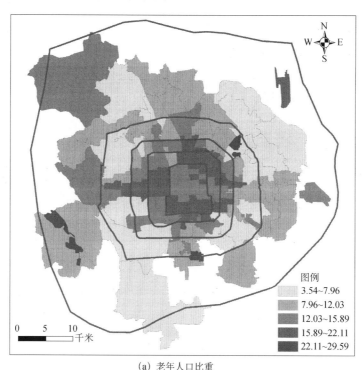

(a) 老年人口比重

图 9-15　北京城区街道老年人与儿童比重

资料来源：北京市第六次人口普查数据

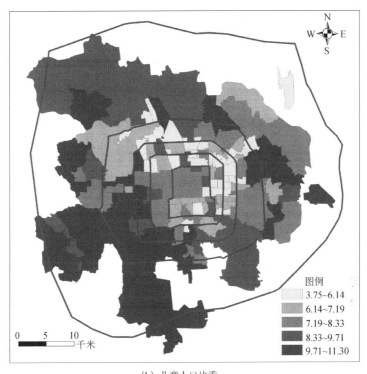

（b）儿童人口比重

图 9-15　（续）

第五节　北京距离世界宜居城市还有多远

北京作为中国的首都和经济中心城市，建设和谐宜居城市的目标应当不仅仅是止步于普通意义的宜居城市，更重要的是建设具有国际影响力的和谐宜居城市。2014 年年初，习近平总书记在视察北京工作时，明确提出要把北京建设成为"国际一流的和谐宜居之都"。那么，从当前的发展情况来看，北京距离成为世界宜居城市还差多远？

一、北京现处于世界宜居城市排名的中等水平

英国 EIU 对全球 140 个城市宜居性进行排名，打分在 1～100 分，100 分为最理想值，并规定世界宜居城市门槛值为 80 分。2013 年，EIU 最新一期世界宜居城市排名结果显示（表 9-2），墨尔本、维也纳和温哥华居前三甲位置，世界宜居城市前十名主要集中于澳大利亚和加拿大，分别有 4 个和 3 个城市上榜；亚洲具有代表性的宜居城市为东京、香港和新加坡，分别处于第 18、31 和 51 名。北

京是中国内地宜居领先城市，但与世界宜居城市相比，排名仅为第 74 名，尚处于中等水平，离世界宜居城市门槛值还差 5.1 分。

表 9-2 世界宜居城市排名（2014 年，EIU）

排名	城市	宜居得分	排名	城市	宜居得分
1	墨尔本（澳大利亚）	97.5	16	巴黎（法国）	94.8
2	维也纳（奥地利）	97.4	18	东京（日本）	94.7
3	温哥华（加拿大）	97.3	21	柏林（德国）	94.0
4	多伦多（加拿大）	97.2	31	香港（中国）	92.0
5	阿德莱德（澳大利亚）	96.6	34	华盛顿特区（美国）	91.2
6	卡尔加里（加拿大）	96.6	51	新加坡（新加坡）	88.7
7	悉尼（澳大利亚）	96.1	55	伦敦（英国）	87.2
8	赫尔辛基（芬兰）	96.0	56	纽约（美国）	86.6
9	珀斯（澳大利亚）	95.9	70	莫斯科（俄罗斯）	78.4
10	奥克兰（新西兰）	95.7	74	北京（中国）	74.9

2014 年年初，美世公司发布的最新报告显示，世界宜居城市前五名分别为维也纳、苏黎世、奥克兰、慕尼黑和温哥华，其中排在亚洲前五位的城市分别为新加坡（第 25 名）、东京（第 43 名）、神户（第 47 名）、横滨（第 49 名）和大阪（第 57 名）。从历年调查结果来看，北京排名一直处于第 113 名左右，而参与调查的城市达到 220 多个，再次表明北京目前仍处在建设世界宜居城市的中等水平。

二、北京宜居性与世界宜居城市的差距

从 EIU 分项指标来看（图 9-16），北京与世界宜居城市差距按大小排序依次为医疗卫生＞文化与环境＞教育＞基础设施＞安全性。北京市基础设施和安全性两项得分相对较高，分别为 82.1 分和 82 分，医疗卫生、文化与环境、教育三项均不足 80 分。其中，医疗卫生与世界宜居城市差距最为明显，相差 38.5 分；次要差距为文化与环境，落后于排名第一的温哥华 28.5 分；另外，北京在教育方面也与世界宜居城市存在一定差距，落后 25 分。

EIU 宜居分项得分为探寻北京与世界宜居城市的差距提供了重要参考，但究竟哪些宜居要素差距对当前北京宜居城市建设是最重要的或亟待改善的，这是非常值得深入探究的课题。鉴于宜居城市目标的动态性，不同发展阶段每个城市居民的宜居需求也是随之变化的，但无论如何，影响居民生命健康和安全的宜居需求毋庸置疑要放在首位，另外居民主观感受评价则是把握宜居城市建设需求和探

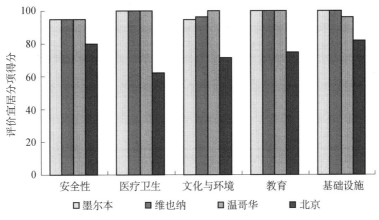

图 9-16　北京与世界宜居城市比较（2009 年，EIU）

寻宜居城市主要差距的重要视角，也是树立"以人为本"的宜居城市建设理念的重要体现。

根据 2012 年北京与世界宜居城市在环境健康、交通和文化与娱乐等方面的统计比较结果可得（表 9-3）：①北京市与世界宜居城市空气质量差距甚远，北京市空气颗粒悬浮物均值达到 73 微克/米³，为墨尔本和温哥华的 6.6 倍。②北京在城市安全性方面具有一定优势。北京城市居民每十万人犯罪数为 704 起，高于新加坡，而低于东京，每十万人火灾事故发生数则明显低于新加坡和东京，但每十万人交通事故死亡人数却明显要高。③北京城市交通道路建设不足。与新加坡和东京相比，每十万轨道交通里程和路网密度均明显要低，这也是诱发城市交通拥堵和交通事故高发的原因之一。④北京城市文化娱乐氛围有待改善。受数据获取影响，这里选取人均电影院出席次数来表征城市文化娱乐活动氛围，2012 年北京市居民人均电影院出席次数为 1.913 次，而同年新加坡居民人均电影院出席次数达到 3.986 次，是北京的 2.1 倍。

表 9-3　北京与世界宜居城市客观统计指标比较（2012 年）

指标	墨尔本	维也纳	温哥华	新加坡	东京[②]	北京
空气悬浮颗粒物/（微克/米³）[①]	11	14	11	23	32	73
城市犯罪数/十万人	—	—	—	581	1413	704
火灾事故发生数/十万人	—	—	—	84.43	40.8	16.52
交通事故死亡人数/十万人	—	—	—	3.16	1.4	4.4
轨道交通里程/（千米/十万人）	—	—	—	2.24	2.37	2.14
路网密度/（千米/千米²）	—	—	—	4.79	18.49	4.34
人均电影院出席次数/次	—	—	—	3.986	—	1.913

注：①来源于世界银行 2009 年数据；②指东京都统计区域。其他数据主要来源于 2013 年新加坡统计年鉴、2013 年日本统计年鉴和东京统计年鉴、2013 年北京统计年鉴。

本章对北京建设和谐宜居城市的短板进行梳理，研究结果指出：①雾霾污染加剧是当下北京改善居住环境所面临的最迫切的问题，这是因为雾霾削弱了北京的城市综合竞争力，并且引发居民对首都生活的不满情绪；②北京市的就业空间分布相对居住空间分布更加集中在中心城区，加之各街道居住与就业功能相对强度存在差异性，导致居住与就业空间错位现象产生，从而引发居民长距离长时间通勤及交通拥堵问题；③北京市不断增加的庞大人口数量导致原本充裕的城市基础设施捉襟见肘，公共服务资源拥挤短缺，资源环境承载能力不断下降，就学难、就医难、出行难就是最好的证明；④2005～2013年，儿童游乐设施、老年活动设施及应急避难场所等城市设施的配置不足问题一直没有得到有效解决，这三项指标一直是居民最不满意的居住环境要素之一；⑤综合比较北京与其他世界宜居城市，北京目前处于世界宜居城市排名的中等水平，当前宜居北京的主要差距依次为环境健康性＞交通环境＞文化娱乐。

第十章

影响北京建设和谐宜居之都的因素解析

> 与自然界精妙细微的演进相比，人类活动显得鲁莽而无知，带来的变化异常迅猛，新状况层出不穷。
>
> ——蕾切尔·卡逊（2015）

本章主要对影响和谐宜居城市建设的主要因素进行归纳总结。由于各要素对建设和谐宜居城市的影响是一个动态的、复杂的过程，因此，本章结合北京的发展背景和建设历程，总结和归纳各要素对北京建设"国际一流的和谐宜居之都"的影响。

第一节　自然环境本底对建设和谐宜居城市的影响

一、资源环境承载能力对城市发展的约束

和谐宜居城市首先应该是一个人与自然和谐共生的城市，不仅是现阶段和谐，还应注重现实与未来的和谐。城市的发展需要考虑土地、人口密度、水资源压力、能源、大气污染等对人口承载力的制约。如果城市的经济条件、公共服务、基础设施等领先于其他城市，城市人口规模就会持续地扩张，本来就十分脆弱的资源环境将会受到破坏，反过来又通过人口驱逐、资本排斥、资金争夺和政策干预对城市发展产生约束（黄金川和方创琳，2003）。因此，可以说资源环境承载力既是建设和谐宜居城市的保障条件，也是约束条件。

参考《北京市城市空间发展战略研究》的成果，北京受到如下四方面的资源环境约束：一是从土地资源来看，有限的土地资源及绿色空间对城市人口的发展

和城市建设规模存在制约。二是从水资源条件的制约来看，北京水资源紧张，城市建设与产业发展必须综合考虑水资源承载力的制约因素，北京人均用水量由1990年的373立方米减少到2012年的180立方米，地下水埋深25米，远低于8米的适宜埋深。三是从空间布局制约来看，北京城市发展的空间布局受到诸多现状生态的约束。第二道绿化隔离带的楔形绿带应尽量向外延伸，形成西北挡、东南敞的格局，生态廊道与城市建设轴互补。资源承载力约束影响根本性地强化了城市宜居性的空间分异。四是从能源消费来看，标准煤由2000年的4000万吨增加到2012年的7000万吨，97%需要外部供给。综上所述，北京的资源环境承载力不容乐观，建设"国际一流的和谐宜居之都"需要疏解一定的人口和产业。

二、生态环境对满足居民高层次需求的功能性影响

如果说资源环境承载能力对应着马斯洛需求层次理论的生理需求层次，那么自然环境所具备的功能则反映了人民对和谐宜居城市更高层次的追求。城市自然环境所具备的功能是建设和谐宜居城市的环境本底，随着居民生活水平和居住需求的提高，自然环境在建设国际一流和谐宜居城市过程中愈加重要。它所具备的生态服务功能、无公害功能、景观功能、审美功能等，是城市生活质量的重要保障，具体包括以下两方面。

一是安全、健康功能的影响，也就是无公害功能。一个城市是宜居城市，首先是一个安全和健康的城市，任何的城市自然环境均不能对人类的安全和健康发展构成威胁。安全性和健康性的保证是提升环境质量的重要内容。

二是便利舒适的自然环境影响。保全良好的生态环境、保护以绿色植被和水源为中心的区域、创造安静舒适的都市生活空间等有利于解决城市的污染、制止环境的进一步恶化。这些要素对提高城市的自然舒适性、人文舒适性等具有十分重要的意义。北京城市的绿色空间和公共开发空间的分布格局影响了城市宜居性的区域差异，不同街区的自然环境的拥有率、可达性对居民的自然舒适度评价等具有较大影响。例如，北部和西部其绿地与公园的数量和规模具有优势，可达性高，其城市宜居性评价也相对高，香山街道、青龙桥街道、亚运村街道、大屯地区等及其附近区域城市宜居性处于高值区（图10-1），而东四街道、劲松街道等绿地面积少，人均绿地、人均公共开放空间偏低，其舒适性评价也较低。

综上所述，城市自然环境是营造健康生活环境的最基本要素，生态环境好的区域，居民的居住感受更加良好。从国际经验来看，部分发达国家已经出现了居民愿意为了追求良好的自然环境舒适性而接受相应较低的工资和高租金的现象

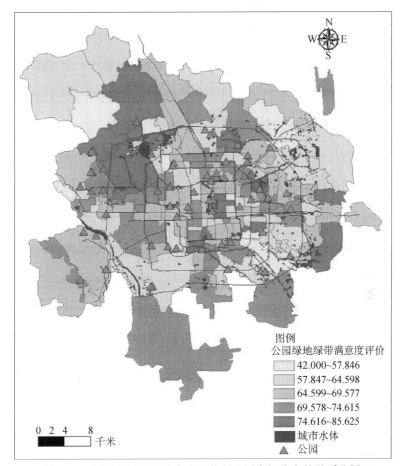

图10-1　居民公园绿地满意度评价与公园空间分布的关系分析

资料来源：李业锦（2009）

（Roback，1982），甚至更愿意接受一定的高失业率（Blanchflower and Oswald，2004）。自然环境舒适性高的城市比其他城市发展更迅速，因为能够用高质量的生活来吸引人口，尤其是精英人群（Glaeser et al.，2001；Glaeser and Gottlieb，2006）。例如，国际上一些宜居城市排名靠前的墨尔本、维也纳都是自然环境良好、城市规模适宜的城市。

第二节　经济发展条件对建设和谐宜居城市的作用

一、经济发展水平对居民收入和就业的影响

对于大部分人来说，个人经济收益仍然是影响生活质量的首要因素，也是决

定人口迁移的首要因素。一般来说，在其他条件一致的情况下，经济发展水平越高，失业率越低，劳动力需求越大，即经济学中的"奥肯定律"，同时居民的收入也越高。

而西方研究也验证了居民宜居性评价与地区经济情况紧密相关，例如，《德国空间秩序报告 2005》将可支配收入称作解释生活质量主观评价的一个多维的经济学指标，在居民可支配收入高于评价水平的地区，居民对该地区社会条件的满意度也相应较高，因为微观层面居民的收入水平很大程度上决定了居民获取资源的能力。因此，降低贫穷、增加就业机会是城市宜居性评价中个人福祉评价的重要内容（Douglass，2002）。2004 年伦敦规划明确未来 15～20 年建设"宜人城市"的目标，增加就业机会成为伦敦规划的年度检测报告中重要的考核指标（Mayor of London，2004）。

二、经济发展水平对服务设施水平的影响

宏观层面地区经济的发达程度决定了城市服务及设施的供给水平，这是对建设和谐宜居城市的另一个重要影响。根据中国城市统计年鉴、中国城市建设统计年鉴的数据，可以进行人均 GDP 与医疗、教育、交通、供水、网络等公共服务和基础设施水平的相关性分析（表 10-1）。结果显示，人均 GDP 与以上各类指标均成显著的正相关关系，相关系数在 0.2～0.4。表明经济越发达的城市，具备的各类公共服务和基础设施供给水平越高，从而对居民生活质量的保障程度越高。

表 10-1 人均 GDP 与服务设施指标相关性分析

服务设施指标	人均 GDP
万人医疗机构床位数	0.3800[*]
师生比	0.2728[*]
万人公共汽车标台数	0.3671[*]
生活垃圾无害化处理率	0.3357[*]
互联网宽带接入用户数	0.3004[*]
建成区供水管道密度	0.2255[*]

资料来源：根据《中国城市建设统计年鉴 2013》《中国城市统计年鉴 2013》计算得出。
*表示在 0.05 水平上显著相关。

三、经济发展水平对国际化程度的影响

世界城市是在社会、经济、文化或政治层面直接影响全球事务的城市，在全球经济系统处于中枢或重要结点地位。因此，世界城市需要国际领先的经济发展水平作为支撑，只有具备了相应的经济水平和结构，才能承担世界交往职能、吸引跨国投资与国际人才。

纵观国际化程度领先的世界城市伦敦、纽约、巴黎、东京，无一不承担着相应的经济功能，其基本特征有以下几点：都拥有成熟的资本市场，能够对全球的生产要素进行控制和配置；金融产业都非常发达，是世界经济的金融控制中心；汇聚了众多的企业总部，是全球性的经营管理决策中心；科技文化先进，是全球性的创新中心；通信交通便利，是重要的全球信息和交通枢纽。这些都与它们发达的经济基础密切相关。

北京要成为"国际一流的和谐宜居之都"，离不开经济功能的提升。现阶段北京市的三产比例、科技创新能力和航空港吞吐量已经处于国内外相对领先水平，表明北京城市发展已经具备较高的国际化程度。未来还需要进一步提升，注重发挥国际资本市场作用，打造国际金融中心地位；发展总部经济，提高对世界经济的控制力和影响力；实施科技创新，抢占新技术革命的制高点；构建"高精尖"经济结构，成为世界一流人才和技术创新中心、高端产业集聚之都、全国经济服务和管理中心。

四、经济发展水平对住房价格的影响

需要注意的是，经济发展水平对建设和谐宜居城市还具有一定的负面效应，体现在经济快速增长地区往往出现房价高涨、生活成本上升等城市问题。虽然房地产市场的活跃能够拉动经济增长和提高居民居住质量，但是也将会增加居民的生活成本。在我国许多大城市，房价过度增长已经成为困扰人们日常生活的心病，是阻碍和谐宜居城市建设的核心问题（陆大道等，2007）。房价过高容易影响居民对城市宜居性的认可，尤其是中低收入人群受到的冲击最大。因此，在这些城市需要加快廉租房等住房制度改革、土地供应管理。

五、经济结构对生态环境的影响

除了经济发展水平之外，城市的产业结构对建设和谐宜居城市也有重要影响。以文化、旅游等第三产业为主导的城市，往往自然环境、人文环境更为舒适，在世界宜居城市前十名中不乏这样的城市。相反，如果是以重工业、制造业为主导的城市，往往生态环境遭到很大破坏，离宜居城市的目标更远。

北京在发展过程中已经注意到了产业结构的问题。从20世纪80年代开始提出严格控制工业建设的规模，充分体现首都政治中心和文化中心的城市性质。主要工作是修复整治城市风貌和治理工业污染，关、停、并、转了一些污染、扰民工厂，一些重工业企业基本上从城区整体搬迁。与此同时，随着市场经济的兴起，第三产业发展迅速，逐渐成为北京经济结构中的重要组成部分，为构建"国际一流的和谐

宜居之都"提供了支撑。未来,还需要进一步通过首都调整和疏解功能,舍掉不符合首都城市战略定位的功能和产业,为构建"高精尖"的经济结构提供空间。

第三节　制度因素对建设和谐宜居城市的影响

制度决定城市的效率,合理的制度能够充分发挥城市的潜力,而制度水平低下的城市往往容易滋生城市的蔓延、拥挤或隔离(联合国人居署,2015)。1978年以来中国进入社会主义改革的转型期,如土地制度改革、住房制度改革、单位制度改革、户籍制度改革等,中国城市随之发生了翻天覆地的变化。

一、制度与城市空间结构

空间结构是社会结构的隐喻,是由特定社会的生产力和生产关系所决定的。因此,城市的空间结构同样也构建于社会制度基础之上,尤其与土地制度、住房制度息息相关。下面仅举例介绍制度因素对我国"超大街区"的形成的影响。

中国的传统居住模式具有显著的"内向性"特征(封丹和朱竑,2011),集体管理的观念根植于中国文化。在传统单位制度下,居住区通常毗邻工作单位而建设,在400米半径范围内形成邻里,居民的职住几乎平衡。这种封闭的"单位大院"的居住模式反映了我国计划经济的特色,并逐渐成为中国居住区发展的标准,这直接导致了今天的普遍的大街区景象。当单位制度逐渐瓦解,市场经济取代计划经济后,单位大院的空间形态出现了一些转变,如围合度降低、功能逐渐社会化,使城市景观开始呈现出开敞化、多样化的特征(张纯和柴彦威,2009)。但是,功能分区、封闭大街区管理的思想并没有完全消失,仍然在影响城市空间形态。

随着土地"招拍挂"出让制度的实施,我国城市土地出让市场化机制逐渐成熟,地产开发商成为城市建设的主体。由于政府一般只负责城市道路的基础设施,而地块内部的基础设施由地产商投资建设,因此对于地产商来说,大街区建设可以减少道路绿化的投入和维护成本,降低内部配套设施的开发成本,更重要的是减少由于退红线而带来的建筑面积的损失,地产商往往乐于建设大型项目,从而增大了街区尺度。从居住者的角度来说,大型地产商的建设质量更有保障,同时大型社区内部的配套设施往往更加齐全,因此对一些居住者也具有吸引力。而从政府的角度出发,为了促进地区经济发展,吸引有实力的地产商,政府也乐于提供各种优惠政策,从而助长了圈地行为。因此,一些新建商品房小区规模仍然过大,为了内部整体管理和安全的需要,对一些城市支路进行封闭,在大社区内部修建独立的路网系统,仅仅以一两个出入口与城市干道连接,造成了以大型居住区为代表的新的"开发商社区大院"甚至"门禁社区"的形成。本书统计了北京市城八区1992～2008年的土地出让①微观数据，可以看到1998年以来出让土地的平均宗地面积从1998年的8189平方米增加到2008年的26 614平方米（除2005、2006年例外），如果按照正方形计算，街区尺度由大约90米×90米增加到163米×163米。

二、制度与居民住房行为

土地市场化后，房地产开发商成为城市房地产市场的主体，是城市居住社区的主要建设者和供给者，他们具有了在所划定的地块内运作的自由度，其结果是更为自由的建筑与景观设计，可以针对不同购买力的消费群体设计不同的住房和居住环境，因此增加了住房、居住环境供给的多样性。而住房市场化则使居民获取住房的方式发生了变化。在改革之前，城市居民获得住房的途径非常有限，大部分都是由单位分配住房。尽管这是一项职工的福利，但是他们作为居民却甚少有居住决策方面的自由，因为住房条件和居住环境首先是由他们所属的单位决定，其次在单位内部，还要根据他们的职位、工龄、工作表现等来决定，而居民的需求和预算并不在考虑之内（Huang，2003）。其他途径，继承、由地方房屋管理局提供等方式，也都没有多少居住决策自由。随着住房市场化的推进，这一情况发生了很大的改变（表10-2）。杨翌朝等总结了我国住房的四种获取途径：①从过去的福利分配制度继承而来的非市场性住房；②商品房或市场租住房；③经济适用房；④自建房、继承房、回迁房等（Yang et al.，Under review）。

表10-2　制度转型期中国的住房类型

住房类型	说明	调查问卷中的住房	住房选择的自由度
市场房	通过市场购买或租借的住房，包括房地产开发商新建住房和市场上可供销售的私有化住房	已购商品房 租用私房	完全自由地选择住房区位、大小和设计等
半市场房	由城市政府组织房地产开发企业或者集资建房单位建造，以微利价向城镇中低收入家庭出售的住房	经济适用房	对住房的区位、大小和设计具有有限的决策自由
非市场房	单位福利制度下建造和分配的住房，仍然为单位职工使用	已购公房 租用公房 借住亲戚朋友房	对住房的区位、大小和设计的选择余地很小
回迁房 （拆迁安置房）	按照城市危旧房改造的政策，将危改区内的私房或承租的公房拆除，然后按照回迁或安置的政策标准，被拆迁人回迁，取得改造后新建的房屋	回迁房	对住房的区位、大小和设计的选择余地很小，直接决定于搬迁安置地

资料来源：Yang 等（Under review）。

---

① 2002年年底之前的数据来自《北京地价》（中国计量出版社，2004）；2003～2004年的数据来自北京市国土资源局的土地出让统计公报。

在这一点上来看，土地和住房市场化无疑大大提升了居民的生活质量，因为居民能够根据自己的偏好选择住房。表 10-3 显示，住房来源为市场供给的商品房的居民对宜居性的满意度整体高于其他住房类型的居民。而保障性房和单位房的出资者主要为政府和单位，建设目的主要是满足中低收入家庭基本的住房需求，宜居性的满意程度相对较低。

表 10-3　不同住房产权及户籍属性居民对城市宜居性的评价（单位：分）

属性	特征	生活方便性	安全性	自然环境	人文环境	出行便捷度	健康性
	商品房	70.23	65.74	67.62	66.31	68.14	55.22
住房来源	保障性住房	68.01	64.68	65.56	65.13	66.38	54.55
	单位房	68.52	63.68	65.19	65.41	66.60	53.10
	其他	66.05	62.42	63.73	64.28	63.87	52.73

资料来源：谌丽（2013）。

但是土地和住房市场化也有不利的一面。传统以单位为基础的城市户籍管理制度，限制了单位间的人员自由移动。单位基本不存在由经济地位或收入差异所导致的空间阶级分异现象，只存在着因社会分工不同的等级居住差异，同一区域内不同层次的人口都会出现（柴彦威和陈零极，2009）。随着居民自由择居能力的提高，不同居住环境背后隐含的级差地租显现出来，收入分层的格局逐步形成，将有可能形成居住区隔离的现象，这一点在下文会进一步论述。

第四节　城市规划对和谐宜居城市建设的作用

一、城市功能布局

城市功能分割将导致职住分离，不利于居民就近择业，从而增加交通出行量，因此用地形态对居民出行有巨大的影响。实际上许多研究已经指出，土地利用与城市交通相互依赖、相互制约。交通系统的特征决定了可达性，即从一个地方移动到另一个地方的难易程度。可达性反过来又影响行为活动的区位，或者说土地利用格局。行为活动的空间区位及联系它们的交通资源，共同影响居民的日常出行模式。许多地理学家和城市规划学者提倡通过将不同功能混合布局、增加土地利用混合程度来减少机动车行驶、改善空气质量和改善城市景观（American Planning Association，1998）。

以北京为例，根据街道的主导用地类型划分出以公共设施用地为主、工业用地为主的街道，将其与居住用地为主的街道进行对比，不能识别出主导用地类型的街道归为混合用途类。划分依据是任意一类用地占整个街道面积的比值高于另外两种用地占比的加和。

从空间分布来看（图 10-2），公共设施用地占比较高的街道包括二环内的东华门街道，西三环从羊坊店街道往北至甘家口街道、紫竹院街道等至海淀、中关村、清华园街道等，北四环亚运村街道，西三环麦子店街道，以及五环外的部分街道。而工业用地比重较高的街道分布主要集中在城区外围，如西五环外的石景山古城、鲁谷、五里坨街道，东北五环周边的酒仙桥、东坝地区，东南五环周边的王四营、豆各庄、垡头、小红门地区等。

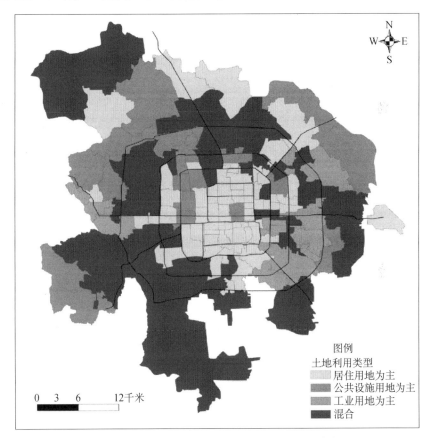

图 10-2　北京城区不同土地利用类型的空间分布

资料来源：谌丽（2013）

本书课题组进一步统计了不同用地类型主导的区域中居民的平均通勤时间和职住距离（表 10-4）。可以看出，以居住用地为主的区域，其通勤时间和职住距离都高于其他区域；其次是以公共设施用地为主的区域和以工业用地为主的区域；而三种用地类型分布较为均衡的街道，居民的平均通勤时间最短。

表 10-4　不同用地类型主导区域的居民通勤特征

类型		通勤时间	职住距离/米
居住用地为主	均值	38.54	5947
	N	3892	2983
	标准差	26.13	4740
公共设施用地为主	均值	37.14	5701
	N	1124	934
	标准差	29.37	4666
工业用地为主	均值	36.80	5270
	N	488	354
	标准差	25.72	4824
混合用途	均值	35.66	5897
	N	2120	1667
	标准差	26.67	5403
总计	均值	37.42	5854
	N	7624	5938
	标准差	26.78	4931

资料来源：谌丽（2013）。

以上分析表明，城市规划中应该处理好用地的就业与居住功能之间的关系，使城市的产业和居住同步发展，让居民在城市中既能够就业又乐于安居，促进城市"宜居宜业"发展。

二、城市扩张

我国近 30 年来经历了快速的城市化过程，以北京为首的大都市出现了快速扩张过程，其速度和强度远远大于西方国家。城市扩张对宜居城市的影响体现在以下三个方面。

首先，中国的郊区化由政府和市场共同推动。市场机制促使人口和产业向城市集聚，郊区化在比较利益的推动下快速发展。市场引发的工业化带动了城市化的发展，政府则为郊区化发展提供制度支持和公共物品。由于市场的发展通常领先于政府的规划管理和政策制定，郊区就业与配套设施建设大大滞后于住宅的发展速度，导致郊区服务设施不足等问题的发生。

其次，我国郊区化以大规模单一功能的郊区开发为主，形成大量单一用途的工业区和居住区，导致城市功能割裂，郊区与城市中心的通勤不可避免地大量增加。例如，根据对北京郊区回龙观与天通苑两个大型经济适用住房社区居民迁居前后通勤行为的变化进行问卷调查，居民迁居前后通勤距离和通勤时间都显著增加（李强等，2004）。

最后，住宅郊区化的大规模发展引发社会隔离等问题。周一星等在分析了北京的千份迁居问卷调查资料后指出，中国当前人口的郊区化主要是并不富裕的工薪阶层的被动外迁，高素质人才仍在向中心集聚，中心区仍在欣欣向荣地发展，与西方的郊区化有很大区别。这一过程受到旧城改造与市区内高昂的房价的影响，许多内城居民被迫搬迁至郊区（宋金平等，2007），而规划中经济适用房主要分布在城市外围地区，进一步加剧了低收入群体在郊区的集聚。

本书课题组对不同环线的居民宜居性主观评价验证了以上假设。从不同指标的得分来看，生活方便性、安全性、出行便捷度三项指标得分的圈层结构更为明显，从内城到外围逐级降低，其中生活方便性的最高值和最低值的差距在六类指标中差距最大，这和服务设施可达性客观指标的空间差异具有一致性。自然环境及环境健康性指标得分均是郊区高于内城高于近郊，但内城和郊区无显著差距，这是因为近郊居住、就业密度最大，内城有很多公园、保护区、广场，而郊区空间开阔，有许多郊野公园、森林公园。只有人文环境舒适度评价得分的区域差异最不明显（表 10-5）。

表 10-5　不同区位居民对城市宜居性的评价　　（单位：分）

特征	生活方便性	安全性	自然环境	人文环境	出行便捷度	健康性
二环以内	72.60	59.62	68.42	61.60	73.70	70.40
二环至四环	68.42	52.80	66.22	59.62	71.94	65.34
四环至五环	65.78	49.94	69.08	60.28	71.94	71.72

资料来源：根据 2013 年调查问卷计算得出。

三、城市空间形态建设

良好的城市建设模式形成好的居住空间形态，不仅可以让居民享受到舒适的环境，如良好的视野、适于步行的道路，还能够增进居民的户外活动、促进邻里交往、增强社区认同感（Lynch，1960；Calthorpe，1995）。

1. 地块尺度

在我国，传统的里坊、院落等传统居住模式具有显著的"内向性"特征，形成功能分割且较为封闭的居住空间形态。新中国成立后受苏联的小区模式、佩里邻里单元理论等影响，封闭的"单位大院"的居住模式逐渐成为中国居住区发展的标准，住房市场化之后，又形成了以大型居住区为代表的新的"开发商社区大院"甚至"门禁社区"，这直接导致了今天的普遍的大街区景象。

我们在北京的实证研究中测度了地块尺度这一指标在北京空间上的差异。对地块尺度的测度是利用 ArcGIS 计算道路网中距离最近的两个支路（二级道路）路口之间的距离，然后统计分析每个街道范围内路口间距的均值。具体方法是首先采用 line intersection 功能，将道路网从相交处打断，生成新的支路 id；然后通过 spatial join 功能，根据街道和各条支路的空间包含关系，将所属街道范围内的支路 id 与街道 id 连接，并将其属性表导出；最后采用统计软件计算每个街道内的支路的均值。支路长度越小，则路口间距越短，说明地块尺度越小，反之说明地块尺度越大。

总体来说，北京的地块尺度偏大。国际上纽约、芝加哥等大城市市区由主干道和支路围成的街坊地块短边约为 80 米，长边为 150～230 米，首尔和东京发达的支路网体系则把街坊划分为边长 100 米左右的小地块（刘晓波和李河，2011）。而北京市街道支路间距的均值为 258 米，大约为步行 3 分钟的距离，也就是说北京的地块尺度远远大于其他国际城市，即街区之间的连通性不如其他城市。从分布上来看，46.6%的街道的平均路口间距在 200 米以内，有 8.3%的街道平均路口间距大于 500 米，需要步行 5 分钟以上。我国这种大尺度街区在国际上被称作 mega block。此外，地块尺度呈"中心—边缘"降低趋势，圈层结构明显。图 10-3 展示了北京市各街道内地块尺度的空间差异，其中平均地块尺度最小的是原宣武区大栅栏街道，支路路口平均间距 115 米，而最大的是石景山区五里坨街道，道路路口平均间距达到近 726 米。从图 10-3 可以看出，北京市各街道支路间距的空间差异非常显著，三环以内大部分街道的道路路口平均间距都在 200 米以内；三环至五环内除了四季青、古城、奥运村、王四营等街道的道路路口平均间距为 300～400 米，其他街道的道路路口平均间距一般在 300 米以内；而五环外街道的道路路口平均间距普遍大于 400 米，这也受到从城区到郊区路网密度下降的影响。

西方研究指出，随着交通强度的增加，对邻居的随意访问次数将会减少，从而说明城市交通是街道的社会感的基础（罗杰斯和古姆齐德简，2004）。我国也有研究指出，交通廊道通过切断社会空间关联来影响所经的社会空间（周尚意等，2003）。由于支路不断被大型封闭社区阻隔，尽管社区内部也有道路，但是对于过往行人来说仍然是不方便的。而且随着道路间距的增加，为了满足汽车出行，必然造成道路宽度也会不断增加，这些宽阔的马路将会进一步妨碍居民步行出

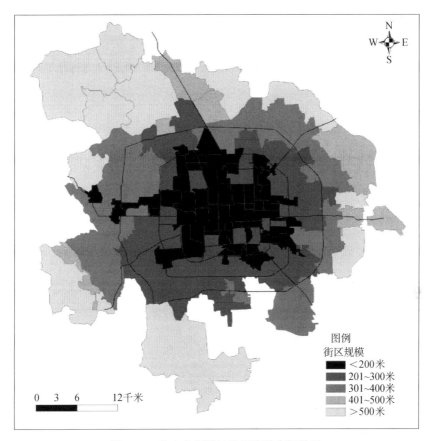

图 10-3　北京各街道地块尺度的空间差异

资料来源：谌丽（2013）

行。本书利用调查问卷数据统计得出每个街道居民出行方式所占比例，如表 10-6 所示，随着街道内道路路口间距的增加，居民步行和自行车出行的比重由 35.63% 降低至 32.96%，同时私家车出行比例由 11.26% 上升至 13.94%。这表明超大街区、封闭社区不利于绿色出行方式，而会进一步刺激机动车需求，并且加重主干道上的交通压力。还有学者认为，这种过于依靠大马路、大街区的开发模式是造成交通拥堵的元凶，因为大量的机动车集中在主干道上无法疏散，可达性差于小尺度、单行道的开发模式（肖彦，2011）。

　　与此同时，本书还调查了居民生活出行的满意程度，由表 10-7 可以看出，道路路口间距小于 200 米的街道内，居民对生活出行感到"非常满意"和"比较满意"的比重占到一半以上，随着街区连通性的减弱，居民感到满意的比重不断降低。相关性分析结果（表 10-8）也显示，两者之间成显著的负相关关系。

表 10-6　地块尺度与居民日常生活出行方式

道路路口间距		公交车/地铁	步行/自行车	单位班车/配车	私家/出租车
小于200米	数量/个	1799	1335	191	422
	百分比/%	48.01	35.63	5.10	11.26
200~300米	数量/个	959	736	159	233
	百分比/%	45.95	35.27	7.62	11.16
300~400米	数量/个	302	231	40	103
	百分比/%	44.67	34.17	5.92	15.24
400~500米	数量/个	300	219	62	81
	百分比/%	45.32	33.08	9.37	12.24
大于500米	数量/个	207	149	33	63
	百分比/%	45.80	32.96	7.30	13.94
合计	数量/个	3567	2670	485	902
	百分比/%	46.79	35.02	6.36	11.83

资料来源：谌丽（2013）。

注：采用交叉表卡方检验，样本量为7624，在0.001水平显著。

表 10-7　道路路口间距与居民生活出行满意度

道路路口间距		非常满意	比较满意	一般	比较不满意	非常不满意	不了解	合计
小于200米	数量/个	386	1510	1377	373	92	9	3747
	百分比/%	10.30	40.30	36.75	9.95	2.46	0.24	100
200~300米	数量/个	201	804	758	266	54	4	2087
	百分比/%	9.63	38.52	36.32	12.75	2.59	0.19	100
300~400米	数量/个	36	242	295	85	17	1	676
	百分比/%	5.33	35.80	43.64	12.57	2.51	0.15	100
400~500米	数量/个	29	227	292	97	13	4	662
	百分比/%	4.38	34.29	44.11	14.65	1.96	0.60	100
大于500米	数量/个	36	152	177	76	11	0	452
	百分比/%	7.96	33.63	39.16	16.81	2.43	0.00	100
合计	数量/个	688	2935	2899	897	187	18	7624
	百分比/%	9.02	38.50	38.02	11.77	2.45	0.24	100

资料来源：谌丽（2013）。

注：采用交叉表卡方检验，样本量为7624，在0.001水平显著。

街区连通性降低在减少了步行的同时，也变相减少了城市中的公共活动空间，居民在街头的交流会大大减少，影响区域的活力和生命力，同时也由于缺乏亲切感居民安全感降低。我们的调查也发现了与国外类似的研究结果，街道道路路口间距和周边社区的认同感、治安感受都具有微弱但是显著的负相关关系（表10-8），即道路路口间距越长，街区尺度越大，居民对社区的认同感越低，安全感也越低。

表 10-8　道路路口间距与居民满意度的相关性分析

统计指标	生活出行的满意程度	区域特色与价值认可	治安状况
Pearson 相关性	−0.024[*]	−0.081[**]	−0.041[**]
显著性（双侧）	0.046	0.000	0.000
样本量	6849	7606	7597

资料来源：谌丽（2013）。

*表示在 0.05 水平（双侧）上显著相关。**表示在 0.01 水平（双侧）上显著相关。

2. 土地利用强度

许多以往的研究指出，容积率是决定居住舒适度的关键指标。一般认为低容积率的居住模式不仅在采光、通风、绿化等方面都更具有优势，并且更利于居民进行户外活动（程俊，2010），有研究还指出容积率与居民安全感有关（金真和张聪达，2009）。

本书分析了北京城区街道尺度容积率的空间差异，发现北京实际土地利用强度高于规划标准。根据表10-9，北京市各街道居住区的平均容积率为1.97，变动范围是 0.15～4.61。其中，容积率最低的空间单元是位于西北五环外的海淀区上庄镇，而容积率最高的是东直门街道。根据《北京市城市建设节约用地标准》（2008年），北京商品房居住用地容积率应该限定在 1.6～2.8（汤黎明和王玉顺，2011）。但是我们的调查结果显示出许多居住社区的容积率都超过了此项标准，说明政府控制的容积率与市场需求存在差距。

表 10-9　各街道容积率统计描述

属性	极小值	极大值	均值	标准差
容积率	0.15	4.61	1.97	0.83

资料来源：谌丽（2013）。

注：样本量为133。

我们发现，北京市容积率的高值区呈环状分布。从图 10-4 可以看出，北京市居住区的容积率的高值区位于二环到四环之间，尤其是东二环与东三环之间容积率远高于其他地区，包括东直门街道、双井街道、太阳宫地区、六里屯街道、建外街道等，这一片区域实际上是北京市 CBD 所在地，高昂的地价使得这一区域寸土寸金，从而推动建筑向高层发展。西三环、北三环周边的容积率也比较高。内城区由于较为严格的历史街区建筑高度限制，居住区的容积率很低。此外，尚处于城市化过程中的远郊地区容积率普遍低于平均水平。但也有例外，如上地、清河、南苑等地区的居住区容积率均值都高于 2。

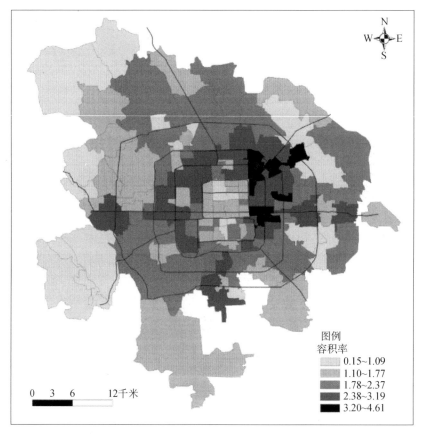

图 10-4　北京各街道容积率的空间差异

资料来源：谌丽（2013）

进一步利用调查数据分析街道居住区平均容积率与居民满意度的相关关系，结果显示居民对公用空地活动场所状况、空间开敞性与建筑物密度、建筑景观的美感与协调三项要素的主观满意度都与容积率成显著的负相关关系（表 10-10），表明高容积率的确对居住环境的舒适优美造成了负面的影响。但是本书研究中容积率与居民的治安状况感受并没有显著的相关关系。

表 10-10　容积率与居民环境舒适性满意度的相关性分析

满意程度	容积率		
	Pearson 相关性	显著性（双侧）	N
公用空地活动场所状况	−0.039**	0.001	7541
空间开敞性与建筑物密度	−0.093**	0.000	7346
建筑景观的美感与协调	−0.043**	0.000	7488
治安状况	0.007	0.567	7597

资料来源：谌丽（2013）。

**表示在 0.01 水平（双侧）上显著相关。

另外，在研究中我们注意到容积率与居民对服务设施的满意度也具有相关关系（表 10-11），并且除了儿童娱乐设施以外，其他参数的相关系数都为正，也就是说居民对高容积率社区的服务设施方便性更为满意。这是因为高容积率的居住模式将人口集中在一起，有利于服务设施的配置，能够提供更多的住房来缓解居住需求，让更多人享受到优质的服务。

表 10-11　容积率与居民服务设施满意度的相关性分析

满意程度	容积率		
	Pearson 相关性	显著性（双侧）	N
日常购物设施	0.022	0.056	7616
餐饮设施	0.051**	0.000	7594
医疗设施	0.026*	0.022	7550
休闲设施	0.005	0.660	7474
儿童娱乐设施	−0.026*	0.031	7047
教育设施	0.030*	0.011	7253

资料来源：谌丽（2013）。

*表示在 0.05 水平（双侧）上显著相关。**表示在 0.01 水平（双侧）上显著相关。

综上所述，容积率对居住质量具有多重的、看似相反的影响。西方学者提倡人口和城市活动的高密度，认为该模式能够加强邻里关系、集约利用资源，实际上是基于西方国家郊区蔓延发展、建筑密度过低的背景。实际上，低密度的土地利用方式能够为居住者提供舒适的环境，但是不利于公共服务设施的配置；而过高密度的土地利用则会给居住者带来压迫感。因此土地利用强度应该适度，不能一味地追求高密度或低密度。

第五节　社会结构变化对和谐宜居城市建设的影响

根据和谐宜居城市的定义，人与社会和谐共处是关键，它应是社会关系良好、公平正义建立和社会保障完善的人文舒适城市。而社会结构因素不仅影响到城市发展的宏观格局，如外来人口涌入带来的人口规模扩张、贫富差距扩大导致的居住隔离等，更为重要的是，不同社会文化属性的居民群体之间的包容程度和公平性是建设和谐城市的核心。现阶段北京需要应对的社会结构变化的压力包括收入差距扩大、大量外来人口的涌入及人口老龄化等。

一、收入差距扩大

收入差距扩大将对建设国际一流和谐宜居城市产生两方面的影响。首先在宏观层面，由于土地和住房市场化赋予居民自由选择住房的权利，收入差距扩大将会在空间上体现出来，可能会导致社会空间分异出现，会引起市民对城市宜居性的评价降低（Kamp et al.，2003；Kleinhans，2004；Rohe et al.，2002；Carvalho et al.，1997）。在微观层面，不同收入群体的幸福感将出现显著差距，在国外已经出现弱势群体被主流社会抛弃，被其他社会群体排斥的现象。因此，新城市主义运动提倡各种收入水平和种族群体的充分融合，以此解决原有的绅士化问题和贫困及犯罪，他们认为社会多元化能够促进资源均衡分配，并且有助于创造更宽容和稳定的社会环境，有利于促进社区参与和邻里交流（Talen，2006）。

20世纪90年代中后期以来，中国在经济体制转轨和市场竞争加剧的转型背景下，居民贫富分化呈现加速态势。统计年鉴显示，1995年人均收入最高的10%人群的收入是最低的10%群体的2.96倍，而2007年这一差距扩大到了5.72倍。由于住房市场化给居民提供了自由选择住房的权利，经济能力强的居民群体通过商品房交易优先选择服务设施完善、物质环境良好的区域居住，经济能力较差的人群则被边缘化，一部分沉淀在年久失修的老居住区，成为贫困群体居住的"贫民社区"，另一部分被政府回迁至城郊结合部的新区。其次，在同样收入条件下，居民还可能按照自己的生活方式、兴趣爱好来选择居住区位，使得居住隔离现象进一步加大。而房地产开发商为了迎合居民"人以群分"和自我认同的心理，不断提出一些新的居住设计理念，提高对不同社会群体的吸引力。例如，北京橡树湾社区的"学院派"设计风格便是为了迎合受过高等教育的中产阶级。

本书课题组以隔离指数来计算不同社会群体空间分布的差异，揭示出某一社

会群体和其他群体在居住空间上的分离程度，计算公式为

$$D = \frac{1}{j}\sqrt{\sum_{j}^{i}(X_{ij} - Y_{ij})^2} \qquad (10\text{-}1)$$

其中，X_{ij} 指研究区域中一个特定子群体 i 在所选区域 j 的百分比；Y_{ij} 指出研究区域中所选群体之外的其他全体在区域总的百分比；D 为研究区最终分异度值，取值介于 0～1，D 值越大，表示被考察对象的分异程度越高。

根据《北京统计年鉴 2010》对 5000 户城镇居民家庭收入的统计，对低收入户的家庭月收入计算结果为 3645.34 元，高收入户的家庭月收入为 11 970 元，为此结合调查问卷本书将贫困家庭定义为家庭月收入在 3000 元以下的家庭，富裕家庭定义为家庭月收入在 10 000 元以上的家庭，工薪家庭定义为 3000～10 000 元的家庭。运用聚类分析法对这三组数据进行分类并进行微调，取值在 1～0.8 的是隔离度极化区域，取值在 0.8～0.4 的是相对隔离区域，取值在 0～0.4 的是相对均质区域。就北京的总体情况而言，贫困家庭分异度值为 0.68，工薪家庭分异度值为 0.34，富裕家庭分异度值为 0.66。可以看出，工薪家庭的隔离度值较其他两类人群是相对均质的，其极化区域的街道数最少，比例最低，为 1.49%，相对均质区域的街区数比例达到 55.97%；贫困家庭和富裕家庭的极化区域的比例相对较高，分别为 20.15% 和 12.69%，相对均质区域的比例很低，分别为 3.37% 和 0，表明这两类家庭的居住隔离情况比较明显。图 10-5 显示了贫困家庭和富裕家庭的极化区域。贫困家庭中隔离显著的区域集中在四环的东南（6）、五环的西边（8、9、10）、西南（8）、北边（11）、东边（5），六环的北边（1、2）、东边（3、4）和东南（7）；富裕家庭隔离显著的区域集中在五环的东边（14、15），六环的西北（12）、西南（13）和东边（3、17、18）。

虽然北京的社会阶层在空间上的分化远远没有西方国家社会严重，但是其所带来的一些弊端已经开始显现，如同质住区的排外现象（杨春燕和闵书，2009）。而在资源分配上，研究发现富裕人群聚集区内的居住条件和城市基础设施、公共服务设施的条件都优于贫困人群集聚区（李倩等，2012）。

不同收入群体对宜居性评价的主观感受有很大差异。从表 10-12 可以看出，被调查人家庭收入越低，对北京城区居住环境的评价也越低，这是因为收入决定了居民对宜居性要素的消费能力。高收入阶层与低收入阶层相比较，用于住房消费支出的份额更大，住宅区位选择的自由度相对比较大，选择的居住环境条件要优于中低阶层的居民。因此，收入水平高的人群容易享受到更好的生活、出行、安全、舒适、健康等各方面条件。同时也说明，目前北京城市建设对贫困家庭的关注不够，缺少针对低收入家庭的便利条件，从而影响他们的生活质量。

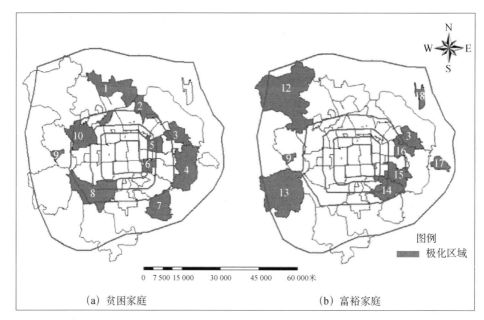

图 10-5　贫困家庭和富裕家庭所形成的极化区域

资料来源：李倩等（2012）

表 10-12　不同收入属性居民对宜居城市的需求（百分比）/评价得分

特征	生活方便性	安全性	自然环境	人文环境	出行便捷度	健康性
3000 元以下	22.84/66.35	15.30/61.59	25.06/63.69	12.42/63.09	13.53/63.27	10.86/51.49
3000～4999 元	22.70/67.80	18.17/63.45	25.94/64.82	8.87/64.46	14.93/65.63	9.39/53.28
5000～9999 元	26.15/69.66	16.10/65.77	23.32/67.08	8.58/66.47	17.01/67.64	8.83/54.96
1 万～2 万元	27.83/69.26	16.22/65.37	23.58/66.71	9.75/66.04	13.52/67.99	9.10/55.50
2 万元以上	22.82/70.05	12.38/64.90	26.94/67.62	10.92/66.53	12.14/67.80	14.81/54.15

资料来源：根据 2013 年调查问卷计算得出。

二、外来人口涌入

　　大量涌入的流动人口也会对建设国际一流和谐宜居城市产生两方面的影响。一方面，人口规模的急速扩张对城市的资源环境、基础设施和公共服务造成了巨大压力；另一方面，流动人口所享有的居住条件与本地居民存在显著差距。

　　城市人口规模将对城市宜居性产生两个相反方向的影响。一方面，人口和产业在大城市的地理集中会产生外部经济，从而推动城市发展和宜居性提高；另一方面，大城市的人口拥挤、高通勤成本、环境污染将降低城市的生活质量，引发城市的不经济（Henderson，1974），从而会使得城市人口增速放缓。Berry 进一步指出，影响人口向城市集聚或扩散的因素除了包括城市的规模经济效应之外，还包括社会文化的多元化和拥挤效应等（Berry，1981），Tabuchi 和 Villa 等将通勤成本和住宅消费等作为拥挤效应的表现，讨论了城市集聚经济和由于拥挤效应导致的城市集聚不经济情况，认为拥挤效应下小城市的吸引力越来越大（Tabuchi，1998；Tabuchi and Thisse，2011；Alonso-Villar，2001）。Glaeser 等在检验美国的城市人口增长历程时也发现，除了一些相对富裕的城市，较大规模的城市吸引力将会下降，表现在人口增长的下降（Glaeser et al.，1995）。

以北京为首的我国一线城市正在经历非常快速的人口增长。根据 2010 年第六次人口普查，北京市全市常住人口为 1961.2 万人，十年共增加 604.3 万人，共增长 44.5%，平均每年增加 60.4 万人，年平均增长率为 3.8%。全市常住人口中，外省市来京人员为 704.5 万人，增加 447.7 万人，平均每年增加 44.8 万人，年平均增长率为 10.6%。外来人口在常住人口中的比重由 2000 年的 18.9% 提高到 2010 年的 35.9%（北京市统计局，2011）。可以说，外来人口增长是北京常住人口增长的主要因素。与人口增长同步的是北京的机动车保有量，2002 年北京市机动车保有量仅为 170 万辆，尽管后来北京采取了小汽车限购措施，2014 年机动车保有量仍然攀升至 559.1 万辆。人口的增加对交通出行造成巨大压力，北京数次上榜"世界最拥堵城市"。同时，由于城市规划和管理的滞后，交通、商业、教育、医疗、休闲娱乐等公共设施和服务产业的配置往往滞后于人口的增长速度，蔓延式的郊区化也不利于城市公共服务设施配套建设和公共交通的组织运营，导致城市公共服务设施供需矛盾日渐突出。此外，在城市的生产和生活中，由于人口规模快速增长，向自然界排放的各种污染物迅速累加，导致自然环境各种因素的性质和功能发生变异，给人类的身体、生产和生活带来危害，包括汽车尾气导致的空气污染，工业生产导致的废水、废气、废渣污染，以及城市生活垃圾污染等。

另外，外来人口如何真正融入城市是困扰和谐宜居城市建设的另一难题。对于我国大多数城市来说，户籍决定了生活在同一个城市的居民其享有的政策优惠。表 10-13 中，拥有北京户口的居民对宜居北京的评价显著高于外地户口居民，说明户籍限制让持有本地户口的居民享受更多的优惠政策，尤其是购房的优惠，本地居民更加能够感受到宜居北京的建设成效，而外地居民对此的感受较低。

表 10-13   不同户籍居民对宜居城市的需求（百分比）/评价得分

属性	特征	生活方便性	安全性	自然环境	人文环境	出行便捷度	健康性
户籍	北京	26.61/69.74	17.47/65.42	23.14/67.07	9.59/66.28	13.76/67.54	9.43/55.52
	其他	23.27/67.55	14.06/63.71	26.29/65.02	9.31/64.66	16.93/66.09	10.15/52.76

资料来源：根据 2013 年调查问卷计算得出。

三、人口老龄化

老龄化是我国正在面临的另一个巨大的社会结构转变。以北京为例，根据《北京市 2013 年老年人口信息和老龄事业发展状况报告》，截至 2013 年年底，全市户籍总人口 1316.3 万人，其中，60 岁及以上户籍老年人口 279.3 万人，占总人口的 21.2%；65 岁及以上户籍老年人口 191.8 万人，占总人口的 14.6%；80 岁及以上户籍老年人口 47.4 万人，占总人口的 3.6%。并且这一比例还将继续上升，因此，如何满足老龄人口的居住生活需求将是建设和谐宜居城市的重要一环。

本书课题组对不同年龄段居民的宜居性要素偏好调查（表 10-14）数据显示，中老年人对安全性和生活方便性的偏好要高于其他收入群体，而对舒适性、交通出行等的偏好不强。这是因为中老年人活动能力要低于年轻人，更加依赖于便利的服务设施。作为弱势群体对安全性的偏好强，则符合马斯洛的需求层次理论。

表 10-14　不同年龄段人群对宜居城市的需求（百分比）/评价得分

属性	特征	生活方便性	安全性	自然环境	人文环境	出行便捷度	健康性
年龄	30 岁以下	25.63/68.54	16.26/64.91	23.67/66.47	9.21/65.89	16.18/66.75	9.05/54.38
	30~49 岁	25.88/69.23	16.47/64.72	24.19/66.37	9.60/65.54	14.13/67.08	9.72/54.27
	50 岁及以上	22.57/69.10	15.49/63.83	27.18/64.00	10.05/65.54	12.85/67.25	11.86/55.38

资料来源：根据 2013 年调查问卷计算得出。

然而，不同收入居民的宜居性评价结果却表明，被调查人对北京城区宜居性的评价随着年龄的增加总体上呈现逐渐下降的趋势。30 岁以下的人群对居住环境的认可度最高，从 30 岁开始逐渐下滑，50 岁以上群体评价最低。

本章小结

自然环境是城市形成与发展的重要基础，也是建设和谐宜居城市的环境本底，既为人类生存和发展提供物质保障，同时又对人类活动和城市规模进行约束，还为人类提供健康、景观及审美等功能。社会经济发展条件则是建设和谐宜居城市的重要支撑，充足的就业机会和合理的经济收入是居民"安居乐业"的前提，因此城市必须保持经济的健康发展。制度因素在一定程度上决定了城市的效率，是影响城市空间形成的重要因素，土地与住房市场化为居民提供了自由选择住房的权利，因此能够提高居民的生活质量；但同时也会造成不同收入群体享有的居住环境差距扩大。城市规划对建设和谐宜居城市具有直接影响，城市功能布局、城市郊区化扩张，以及城市空间形态的配置将对居民的居住、通勤、就业选择等造成显著的影响，从而直接决定居民的生活质量。社会结构的变化不断对和谐宜居城市提出更高的要求，和谐宜居城市的核心是满足居民的需求，适宜不同社会经济背景属性的人们居住、生活和就业，即以人为本。因此，和谐宜居城市必须要应对社会结构变化带来的各种挑战。

第十一章

北京建设和谐宜居之都的总体构想

我们塑造城市，城市也塑造我们。

——温斯顿·丘吉尔

上文对北京建设和谐宜居城市的现状、问题及影响因素进行了分析，本章主要在分析北京发展定位的基础之上，进一步明确宜居北京发展的目标、发展方向和重点。

第一节　和谐宜居之都建设的目标

一、和谐宜居城市与北京城市发展

我们认为建设"国际一流的和谐宜居之都"要与北京城市定位相结合、要与京津冀区域协调战略相结合、要与城市经济社会发展相结合。

1. 北京城市定位的变化

新中国成立以来，北京市的城市定位几经变化，1970 年之前，北京的定位是全国的政治、文化、经济中心，强调了经济中心的重要地位；1980 年，城市功能定位进行了大调整，提出北京是全国的政治中心，不适宜承担经济中心的城市功能，北京是对外窗口，世界通过北京看中国；1982 年新增全国文化中心的定位；1992 年把国际交往中心作为一个新的定位。在 2004 年的北京城市总体规划中，对北京功能及城市性质定义为中华人民共和国的首都，全国的政治中心、文化中心，世界著名古都和现代国际城市，城市的发展目标是建设国家首都、国际城市、文化名城和宜居城市。2006 年，在继续坚持国家首都、国际城市、文化名城、宜居城市的基础上，提出建设国家创新中心，长远目标是建设中国特色世界城市。2010 年 8 月 23 日，习近平视察北京，针对建设中国特色世界城市，提出"要努力把北京打造成国际活动聚集之都、世界高端企业总部聚集之都、世界高端人才聚集之都、中国特色社会主义先进文化之都、和谐宜居之都"，首次提出"五个之都"的概念。2014 年年初，习近平总书记考察北京市就城市战略定位明确指出，要强化首都全国政治中心、文化中心、国际交往中心、科技创新中心的核心功能，深入实施人文北京、科技北京、绿色北京战略，努力把北京建设成为国际一流的和谐宜居之都（图 11-1）。

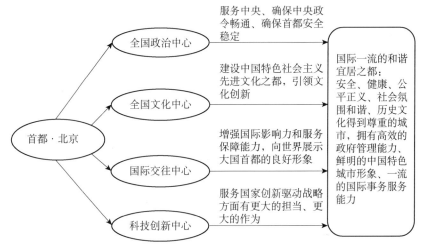

图 11-1　和谐宜居之都与北京城市定位的关系

北京的战略定位体现了与时俱进的变化过程，进一步强化了政治、文化、科技和国际交流在全国中的地位，弱化了经济功能。北京城市定位的变化是对北京对自身发展的反思，更是北京发展特征的准确表达。

2. 和谐宜居之都与"四个中心"的关系

北京作为"首都"一定是政治中心，责无旁贷要肩负起服务中央、确保中央政令畅通、确保首都安全稳定的职责；北京作为"首都"还应当是国际交往中心，作为一国之都有责任要增强国际影响力和服务保障能力，向世界展示大国首都的良好形象；另外，北京也要凸显自身的特点，发挥文化和科技人才优势，建设全国文化中心和科技创新中心，这不仅是国家发展战略的要求，也是北京自身发展趋势的需求。

需要强调的是，"首都"可以不谈经济中心，但"北京"自身发展需要一定的经济支撑，需要增强经济活力和解决就业。在四个中心大的定位前提下，北京的经济发展要有别于一般的城市，需要设计符合首都特色的解决发展路径。围绕政治中心的定位，经济发展主要应该侧重咨询、媒体和出版设计等各类高端服务业；围绕文化中心的定位，则要强化文化和创意产业的发展，通过历史街区、非物质文化遗产、历史建筑、老北京文化和艺术等展示北京的城市魅力和文化品牌，形成各具特色的文化创意产业和文化产业街区；围绕国际交流中心，要强化金融的国际化、文化和艺术产业国际化、信息和通信产业的国际化、人交流的国际化、技术和研发产业的国际化、旅游和会展等产业的国际化；围绕科技创新中心，要突出高技术产业、高技术服务业、创新型产业和研发等相关产业发展。因此，"四个中心"定位并非限制了北京产业发展，只是强化了北京产业发展要与首都功能相协调，突出发展现代服务业和高技术产业，转移中低端制造业，提升北京经济发展的质量。这也是世界一流的宜居和谐城市共同的发展特点，即服务业是城市发展的主体，一般接近或超过了90%。

3. 和谐宜居之都与京津冀协同发展的关系

京津冀区域协调发展已成为国家战略，北京建设"国际一流的和谐宜居之都"必要立足京津冀一体化的大区域背景，国家赋予首都的四个中心定位，京津冀地区的各个城市也有责任和义务，北京在京津冀地区引领其他城市实现区域共同发展的目标，同样责无旁贷。从北京建设"国际一流的和谐宜居之都"的目标来看京津冀协同发展，需要关注以下几个问题：一是北京不应简单地向京津冀区域转移如建材、燃煤发电等低端、高污染和高耗能产业，而应共同推进京津冀区域产业升级，要帮助周边地区解决生产中需要的节能和环保技术等需求；二是要共同构建京津冀大区域的生态网络空间和农田保护体系，有效控制城市的无序拓展；三是形成共建共享的快速交通网络体系，促进人口的流动，有效疏解首都人口规模；四是建立统一和严格的环境准入门槛，限制低端、高污染、高耗能和高资源消耗的企业在京津冀区域内布局，鼓励企业采用先进技术、先进工艺和先进环保设施，提高企业的生产技术和环保水平；五是要建立区域生态、环保补偿机制和产业升级激励机制，促进京津冀区域生态建设、环境保护和产业发展有序、协调发展。

4. 和谐宜居之都与世界城市建设的关系

事实上，世界城市均承担着经济功能，北京要成为世界城市不能离开经济功能，关键是北京应该强化哪些经济功能，发展哪些产业？习近平总书记在北京考察时，提出北京要构建"高精尖"经济结构，就为北京明确产业发展方向。"高"

体现在如何构建高端、高质、高效、高辐射的产业;"精"体现在如何在经济管理和服务上,体现精细化的管理、精准化的服务;"尖"体现在人才、技术和产品制造上,尖端的人才、尖端的技术、尖端的产品。这类产业与宜居和谐城市建设不仅不矛盾,且最大限度地发挥了北京的特色和优势。和谐宜居城市的建设则为吸纳国际一流人才、企业创造了条件优越的发展环境,也为高技术的研发和产业化提供了优良的创新环境,因此,和谐宜居城市建设会促进北京成为世界一流人才集聚和高技术创新中心、高端产业发展的集聚中心、世界经济服务和管理中心。

二、和谐宜居之都建设的基本原则

北京建设"国际一流的和谐宜居之都"是一项长期的工作,需要政府、企业和公众等一同努力,共同实现这一关系到民生、影响到城市品质和竞争力的宏伟目标。在建设过程中,需要按照一定的发展原则,确定不同时期目标和发展重点,做好长远规划和顶层设计,循序渐进,稳步推进。

1. 坚持以人为本,让居民生活更方便

以人为本,就是强调和谐宜居城市建设要回归以人为中心,城市的基础设施建设、公共服务配置和服务等要充分考虑居民的生活需求和行为活动规律和特征,为居民提供丰富多样和高品质的公共服务空间;加大公交系统的建设,提倡公共交通出行,提高交通运行效率,改善居民的出行环境。

2. 坚持绿色发展,让城市环境更宜人

绿色发展是北京建设和谐宜居之都最重要的原则,北京首先就是要保护好良好的自然环境,严格控制城市无序扩展,把好山好水好风光融入城市,让居民享受到自然之美;其次要加大力度改善大气环境质量,让城市居民能够呼吸到清洁的空气;最后是完善城市人文环境,保留城市特有的地域环境、文化特色、建筑风格等,让城市人文环境更加舒适。

3. 坚持共享发展,让社会发展更和谐

创建共享的城市发展的环境,为不同群体的居民提供平等的就业和享受义务教育机会,共享城市改革和发展成果;创造包容和公正的社会环境,为不同群体的居民提供适合自身特点的发展机会和条件;增强城市多元性建设,在街区、社区、建筑风格、景观、商业环境、文化和娱乐、企业等方面要体现首都北京的地域性,同时也要与现代化、国际化等发展趋势相融合,构建更加开放、包容、和

谐的社会发展环境。

4. 坚持创新发展，让经济发展更繁荣

创新是北京城市发展的活力源泉，也是经济繁荣发展的动力。要营造有利于创新人才和企业发展的创新平台，构建有利于人才交流的社会文化环境，完善创新创业发展生态链，使创新成为推动北京城市经济发展的核心；坚持创新发展，让北京的经济发展，尤其是产业选择更加符合首都功能定位，积极培育和形成新的经济增长点，让北京成为国际知名的宜居、宜业和创新发展之都。

三、和谐宜居之都建设的基本目标

坚持以人为本、绿色发展、共享发展和创新发展原则，围绕居民最关心、最迫切解决的关键问题，进一步完善城市基本公共服务设施和居民出行环境，提升城市的品质；从京津冀协同发展出发，推进大气环境和生态等综合治理，建设宜人的人居环境；大力倡导创新和包容发展精神，提升城市发展的社会环境；立足国际化视野，按照国际一流标准，推进首都城市建设的安全性、健康性、方便性和舒适性，把北京建设成为一个生活安全方便、环境健康宜人、社会包容开放、人与自然协调的国际一流和谐宜居城市。

1. 建设成为国内有示范效应的和谐宜居城市

2020 年之前是北京建设和谐宜居之都的关键时期，重点要改善环境的健康性，提升公共服务设施的品质和交通出行环境，为居民创造一个环境比较宜人、生活和出行相对方便的城市生活、工作环境。

提高环境的宜人性：全力整治雾霾问题，尽快还北京一个"白云蓝天"，PM2.5 年平均浓度下降到 50 微克/米^3，大气质量优良天数占到 60% 以上，城区环境噪声平均低于 55 分贝，生活垃圾无害化处理率接近 100%；改善城市周边生态环境，建设城区绿地、公园等生态空间，城区公园绿地 500 米服务半径覆盖率达到 85% 以上；优化城市空间结构，引导人口疏散和产业转移，控制人口总量，实现城市合理增长。

提高居民生活品质：扩大保障性住房建设，基本实现"居者有其屋"的住房目标；集中力量解决城市拥堵问题，合理配置公共交通资源，使城市拥堵在一定程度上有所缓和，高峰时平均交通拥堵指数不超过 6，控制在轻度拥堵状态下；统一规划公共服务设施，增加远郊居住区公共设施数量，增加针对特殊人群的基础设施，基本实现公共服务设施全覆盖；提高灾害和突发事件的应对能力，减少暴雨、沙尘暴、火灾等突发事件的伤亡人数。

2. 建设成为国际有影响的和谐宜居之都

到 2030 年在和谐宜居城市建设上有质的飞跃，城市的品质进一步提升，公共服务设施和公交出行等基本达到国际大都市发展水平；城市环境质量明显改善，PM2.5 年平均浓度下降到 35 微克/米^3，大气质量优良天数占到 80%以上；首都的包容开放性进一步提升，国际机构、国际会议、国际一流人才和国际游客显著增加，成为世界了解中国的窗口和全球重要的国际城市；人文环境的舒适性进一步提升，丰富的文化内涵使首都既传承了历史文化，也兼容并蓄地吸纳了现代化和国际化的文化、艺术和建筑等，形成了北京特色的和谐宜居文化，树立了中国和谐宜居城市新形象。

3. 基本建成"国际一流的和谐宜居之都"

更长远的未来展望到 2050 年，长期地努力把北京建设成为世界有目共睹的和谐宜居之都，最终实现：一个人与自然环境和谐共处的宜人之城；一个追求生活品质、充满魅力的舒适之城；一个传承历史、包容开放的文化之城；一个公平正义、安详友善的和谐之城；一个富有创新、充满活力的繁荣之城。

第二节　和谐宜居之都建设的方向

一、倡导城市绿色化发展

从上文的分析来看，北京建设和谐宜居城市的最大障碍或者短板是环境健康性较差，因此，坚持绿色化发展导向是北京建设和谐宜居之都的关键。

（1）构建绿色经济发展模式。要协调经济发展与环境和生态的关系，不以牺牲环境和大量消耗资源为代价换取经济的快速增长，不以破坏人类赖以生存的自然山水、森林和基本农田为代价推动城市的快速拓展，不以损害居民的生活和居住环境为代价换取城市经济利益的最大化。绿色北京发展模式在产业上要构建生态型、低碳型、高端型和服务型产业体系，通过产业结构调整，推进绿色发展；企业要践行绿色生产理念，鼓励采用先进技术和标准，推进资源和能源循环利用，减少对资源和能源的消耗，严格执行环境排放标准，减少污染物的排放成为一种社会责任；城市发展要走集约式、紧凑型道路，有效利用土地和空间资源，减少对自然和农田的破坏；基础和公共服务设施建设要以利用效率和低成本运营为目标，推进各类设施的共享和服务价值最大化。

（2）营建绿色发展空间。把尊重自然环境作为和谐宜居北京发展的基本理念，围绕首都圈构建绿色生态网络，形成大区域绿色生态空间，严守生态发展底线；建设城市绿带，严格管控城市增长边界；依托主要河流水系和交通干道加大绿化和环境整治，建设绿色廊道；保护城市周边农田和森林生态系统，加大力度建设城区开敞空间、公共空间和公园绿地系统，改善居住环境；严格控制城市无序扩展，集约土地资源，提供城市容积率，推进城市空间的绿色化和生态化发展。

（3）倡导绿色生活方式。和谐宜居北京建设事关每个在北京居住、生活和工作的公民，需要每个人从我做起，从身边事做起。在日常生活中，要提出绿色消费理念，推进绿色生活行为规范，使节能、节水等成为居民的自觉行为；保护身边的环境，爱护动植物，推进垃圾分类和资源的循环利用；倡导绿色出行，减少个人碳排放，做绿色生活方式的践行者。

二、提升城市文化内涵

纵观世界上著名的国际大城市和宜居城市，每个城市都有自己特有的历史和文化，北京在这方面也具有独特的优势，完全可以在历史和文化建设方面成为国际和谐宜居城市的典范。

（1）彰显首都特色历史和文化。建设"国际一流的和谐宜居之都"需要突出北京悠久的历史和特色的文化传承，树立城市对外品牌形象，增强城市文化内涵和品质。北京集成了中国两千年都城建设的最高成就，集中了中国传统文化中最成熟、最多样的精品，拥有深厚的历史积淀和文化底蕴，为和谐宜居之都奠定了坚实的文化基础。要传承历史，弘扬创新，充分发挥历史文化名城的各种优势，提升北京作为国家文化中心的国际影响力，在国际宜居城市的发展格局中充分体现首都北京的文化价值，成为东方文化展示、体验和传播中心。

（2）保护和传承历史文化遗产。按照承古开新、传承与创新相结合的原则，在大力保护传统历史文化遗产基础上，积极创新，把文化和历史遗产作为城市发展的灵魂。保护和合理恢复古城北京的传统街区肌理，提升城市人文景观和历史厚重感；保护和修复老北京四合院落等传统居住区，延续城市地域特色文化历史；充分挖掘民俗、人文等各类文化资源，推进物质和非物质文化遗产保护；传承历史、融入现代，构建现代国际化大都市与历史文化交相辉映的城市风格，提升首都城市的文化内涵。

（3）提高居民的文化素养。坚持核心价值引领，提升居民思想道德素质、科学文化素质，通过营建良好的公共环境、公共行为、公共秩序、社会风尚等，展示热情友好、富有活力的人文北京形象，增强荣誉感和归属感。

三、提高城市生活品质

和谐宜居建设的基本理念就是以人为本，城市发展的出发点和落脚点要回归到改善居民的生活条件，提升居民生活品质这一核心思想上。

（1）提供更方便的公共服务设施。要从居民的基本需求出发，构建公平均等的公共服务设施，建设更加舒适的购物、娱乐和休闲空间，提供方便的就学和就医环境，营造更加便利方便、更加舒适和充满关怀的宜居空间，增强居民的归属感、认同感和幸福感。

（2）提高公共服务设施的配置标准。根据不同区域的人口分布和结构特征，差异化的布局各类公共服务设施，满足不同区域居民的需求。在原有设施基础上，适当提高服务设施的配置标准，适应居民对高质量生活的要求。采用先进的技术和手段，推进服务设施的智能化建设，为居民提供智慧医疗、健康、旅游和购物等信息服务；提升一刻钟生活圈的质量和水平，解决居民的日常生活需求。

（3）改善居民的出行环境。按照公交优先与绿色出行原则，加强公共交通的建设，继续完善轨道交通系统，提升轨道交通线路间的连接性和方便性；加大力度建设绿色出行线路，设置慢行交通环境，为自行车和步行者提供安全、便捷的绿道；完善功能区与居住区的连通性，为通勤者提供便利；充分考虑弱势群体的交通出行，加大建设和管理力度，确保无障碍设施的高质量运行。

（4）提高城市的管理水平。城市管理水平的高低反映了一个城市经济社会发展水平和文明程度，也映射出城市的管理水平和居民的素质，同时，也关系到城市的宜居性、居民的幸福感。要进一步提升城市管理的科学化水平，采用先进的科学技术和信息技术，推进城市管理的智能化；加大城市的精细化管理，从细微环节出发，解决城市管理中的死角和难点，推动城市管理的精准化；推进城市人性化管理，解决城市管理中的各种冲突和矛盾，让城市居民自觉成为城市的主人。

四、加大城市包容和开放水平

"国际一流的和谐宜居之都"要求北京必须是对外开放的、包容的，同时也是一个充满活力的创新城市。

（1）进一步提高对外开放水平。全球化的发展正在改变着城市竞争格局和影响力，中国国家地位和影响力需要首都北京在国际事务、经济和社会发展中承担更多的职能和责任，这也是"国际一流的和谐宜居之都"建设的要求。首都北京应当成为对外国际经济、文化交流的平台，主动适应国际和国内城市发展赋予首都的职能，积极承担国际责任与义务，以开放的、国际化的姿态参与国际事务和管理。这也要求北京积极打造高水准国际交流和合作平台，吸纳全球更优秀的人才、技术和资金，在更高层次上参与全球治理和经济分工，服务于国际经济和社会发展。

（2）进一步提高城市的包容性。建设国际一流的和谐宜居城市要求北京具有更大的包容性，能够接纳多元的文化差异。世界城市伦敦、纽约、东京和巴黎在包容性上都做出了很好的表率，不仅在经济上对世界影响力巨大，在文化上也具有引领作用。北京要形成多元文化的、开放的，同时与北京历史文化特色相结合的文化体系，能够吸纳世界上先进的、积极文化，在包容与和谐发展中，发扬和扩大中华文化特色，进一步发挥首都在国际社会发展中的软实力和影响力。

第三节　和谐宜居之都建设的重点

北京建设"国际一流的和谐宜居之都"重点需要解决的问题，包括改善居住环境健康、提高交通便捷度、完善基础设施建设、优化城市空间结构、调整人口与产业结构等，通过京津冀协调发展，有效疏解非首都功能，提升居民城市生活品质。

一、改善环境健康性，建设宜人的环境

1. 加大区域合作，推动雾霾综合治理

雾霾是北京成为"国际一流的和谐宜居之都"的关键制约因素，也是影响居住生活质量的最大短板。解决雾霾是一项长期性、艰巨性的环境治理工程，涉及产业结构、能源结构调整、生活方式改变、技术手段更新和环境设施建设等系统性工程。雾霾是一区域性环境问题，治霾需要区域合作，联防共治才能解决。

在全国污染排名前十位的城市，京津冀地区的城市一直位居雾霾之前列，雾霾已经成为困扰京津冀三地居民日常生活的心病。尽管三地的产业和能源结构各不相同，但是燃煤所排放的大气污染物仍然是区域雾霾污染的罪魁祸首。据绿色和平与英国利兹大学研究团队在 2013 年年底发布的《雾霾真相——京津冀地区 PM2.5 污染解析及减排策略研究》，PM2.5 一次源占所有排放物的比例在京津冀和北京地区分别为 11% 和 15%（图 11-2）。煤炭是京津冀地区主导性的燃料污染来源，占一次 PM2.5 颗粒物排放的 25%，对二氧化硫和氮氧化物的贡献分别达到

了 82% 和 47%，煤电厂和钢铁厂、水泥厂等工业排放源是京津冀地区的主要污染源。由此可见，消减重化工业过剩产能、调整能源结构和出行方式等对京津冀地区治霾至关重要。

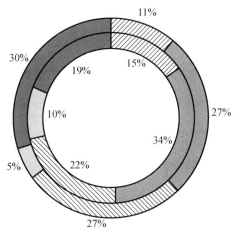

图 11-2　2010 年北京 PM2.5 一次源及前体物排放行业分布（外圈京津冀内圈北京）

资料来源：《雾霾真相——京津冀地区 PM2.5 污染解析及减排策略研究》

　　京津冀协同发展从战略层面为治霾指明了方向，生态和环境问题应该作为京津冀协同发展的核心。一是要在区域范围内，制定统一的大气排放、水污染排放等管理标准，严防各自为政、地方保护行为；二是深化区域协作，积极化解区域内重化工业产能，坚决淘汰污染严重的产业，从源头上解决污染问题，实现区域污染协同治理；三是统筹考虑京津冀城市群的经济社会发展需求和资源环境承载能力，调整区域产业结构，推进人口、产业的合理布局。

　　就北京雾霾产生的原因多数观点认为，汽车尾气排放、建筑工地的浮尘、工业和生活燃煤等是主要的元凶。因此，严格控制机动车增量，鼓励电动汽车替代传统能源汽车，调整能源供给结构，减少燃煤量，使用电、天然气、液化石油气或者其他清洁能源，对北京消减排放量作用巨大；同时也要严格控制建筑工地的浮沉等污染。

2. 深化绿色发展理念，构筑多尺度生态空间

　　随着城市化进程的进一步推进，城市环境受到不同程度的污染及破坏，以城市污染及热岛效应为代表的城市问题越来越成为制约宜居城市建设的瓶颈因素。大型绿地建设被认为是防止城市蔓延等问题的有效措施，通过增加城市绿地有望

改善城市空气质量、缓解城市热岛效应。

北京生态空间需要从城市周边山区、城市周边平原区和城市内部三个空间尺度分别进行建设，山区以森林为主，平原以林地、农田和湿地等绿色空间为主，城市内部以公园、绿地和绿色景观等为主，三个尺度间通过绿带、水系和生态廊道等有机连通，构筑功能各异、相互补充的生态空间格局，打造宜人的生态空间，改善人居环境和居民的休闲空间。

北京西部地区太行山余脉和北部、东北部燕山山脉的绿化和生态空间建设，要与河北、山西、内蒙古地区的森林体系结合起来，共同构成北京生态安全的重要天然屏障，发挥防御风沙、涵养水源、保持水土的作用，同时要维护好生态空间的生物多样性，为城市提供生态服务功能，促进城市的生态平衡。

北京东南部的平原地区和西北部的延庆盆地是重要的农田生态系统，也是城市的开敞空间、游憩空间、农业生产空间、湿地保护区、森林公园等，对控制城市边界，改善城市周边区域生态环境、调节气候、提供城市的宜人具有重要作用。

城市内部要通过城市绿地来改善城市生态环境、维持城市合理空间布局、美化城市景观。城市绿地是居民开展游憩、休闲、文化、体育、交流、防灾避灾等活动的主要场所。

通过周边山区、平原区和城市内部三个层次，不断提高绿化水平，改善不同尺度区域环境质量，形成城郊一体、山区与平原均衡搭配的生态化的城市绿地空间格局。

二、鼓励公交出行，提高出行的便捷性

北京宜居城市建设的提出，可以说是系统建设和管理城市的最终目标。从交通出行建设看，已经从增加和加密道路的外延扩展，向优化交通网络化、智能化建设和管理的内涵发展迈进，要想提高城市居民出行的便捷性，必须要进一步发展公共交通，尤其是轨道交通，控制私家车出行比例，加快建设和严格管理城市慢行交通系统，为居民提供舒适和便捷的出行环境。

1. 优先发展公共交通，控制私家车出行比例

便捷的出行是宜居城市建设的基础，对于一个超大城市来讲，优先发展公共交通是必然的选择。北京在城市建设发展进程中，对公共交通建设投入了大量的资金，有效地改善了城市公共交通状况，从本次调查中可以看到，百姓对北京目前的公共交通状况基本满意。但从各分项指标状况来看，交通通畅不拥堵状况是

百姓最关注和渴望的事情。

发展公共交通，特别是轨道交通，可以有效疏解地面交通拥堵。但目前已有的城市轨道交通，在连接居住地与工作地之间的便捷程度上还不能够满足居民日常出行的需求，特别是居住地到轨道交通站点的连接，以及轨道交通站点到工作地之间的连接仍然存在一定的问题。因此，政府在宜居城市建设过程中，应加大对公交交通网络系统的建设，不仅仅是线路数量上的增长，更为重要的是点对点（居住地、工作地、消费地等）之间的快捷连通网络的建设和管理。

控制私人交通工具的出行比例是未来加强北京市交通便捷性建设的关键。发达国家在治理城市交通问题的过程中采用了多种手段限制私人小汽车的出行，如提高牌照费用、养路费、燃油费、停车费等各种措施，北京可以借鉴相关做法来限制小汽车的出行。大量私家小汽车的拥有对城市空间结构产生深刻影响，随着居民居住空间的向外延伸，私家车与公交系统之间的统筹协调对解决交通拥堵意义重大。参照国外大城市的经验，一般在市中心区采取限制私家车出行比例的政策，以公交，特别是轨道交通为主体，而在城市边缘区与核心区之间设置停车场，方便并引导居民进行换乘，缓解中心城区的地面交通压力。

2. 完善快速轨道交通，加快建设慢行交通系统

与其他世界宜居城市相比，北京市的人均轨道交通里程数还处于落后水平。轨道交通具有运速快、运量大的特点，且在轨道交通站点附近能形成强大的集聚效应，为加强北京新城与老城间的快速联动提供了可能，也为人口疏散提供了可能。轨道交通的发展能大幅提升土地利用效率，应该成为用地紧张背景下的北京市未来土地开发的主要模式。但同时我们也要认识到，轨道交通建设费用高，因此轨道交通建设与运营成本必须匹配，建设之前要认真做好调查研究工作。与轨道交通相比最有竞争力的是私人交通工具，根据国外大都市交通系统的建设经验，未来应通过快速换乘方式，吸引城市功能核心区之外的私人交通工具在城外停滞而换乘轨道交通工具，减少私人交通工具对中心城区交通系统的压力。从长远来看，北京市最具发展潜力的公共交通系统是轨道交通系统。

中国城市的自行车出行比例相对发达国家较高，然而，对比国内外解决自行车交通出行时却发现，发达国家积极开辟自行车专用道路网，让自行车"有路可走"，甚至为提高自行车交通的通行能力而大开绿灯。但国内城市则大多只是以方便机动车出行为出发点，往往把自行车从交通干道上分离出去，避免对机动车的干扰，对于自行车交通的规划管理没有系统考虑。此外，中国城市的道路监管力度不严，自行车道往往被占为机动车道和停车位，自行车道几乎名存实亡。同

样，中国城市对步行交通系统的实施力度不大，缺乏系统完整的步行交通规划，目前没有完整的城市步行交通系统规划。自行车和步行交通是一种绿色、环保、健康的交通出行方式，是城市交通结构中不可或缺的一种短距离出行方式，未来应尽快完善城市自行车和步行等慢行交通系统规划，强化自行车和步行交通在北京市综合交通发展中的地位，为绿色出行者创造良好的条件，强化人性化规划设计理念，为短距离出行营造绿色、安全、舒适的发展空间。

三、解决公共服务设施的短板，提供城市的品质

1. 加强应急避难场所建设

应急避难场所的建设是城市公共安全的一项重要内容。大城市如果缺乏有效的避难场所，一旦发生重大灾害和突发事件，就会导致公众社会秩序混乱和失控，造成研究的社会动荡和损失。从本次调查数据分析可以看到，安全北京被认为是影响宜居城市建设最重要的指标，除了治安和交通安全外，在安全教育和应急避险等方面居民表现出较高程度的不了解和不满意。

合理配置应急避难场所已经成为现代化大城市发展的要求。本书研究表明，北京市中心城区需要持续增加大型应急避难场所，保证中心城区应急避难场所的空间布局在优化后与人口密度的空间分布态势保持相对一致。未来北京市中心城区应急避难场所建设的重点不仅是数量的增加和规模的扩大，还需要制定和完善应急避难设施的空间配置和规模结构，构建合理的、有层次性的应急避难设施网络。此外，还要按照就近原则和以人为本原则，应急避难场所的区位选择、规模设计和服务区范围均根据不同街道人口密度进行优化，使得居民能够就近到达应急避难场所。

对于北京这样一个超大城市，建设宜居城市必须要把安全教育纳入各级教育体系，从幼儿园、中小学、大学等教育系统到社区街道每位居民，各级政府各职能部门有义务有责任进行相关内容的宣传、教育和培训演练，通过教育、培训、演练和宣传，让生活在北京的所有人群都能了解和重视防灾减灾常识，了解和认识紧急避难场所的位置和作用。通过市民安全宣传教育，进一步提高处理突发事件的应急能力，加大避难场所和安全设施建设和管理力度，使居住在北京的每一位居民能够感受到北京的安全和舒适。

2. 提升儿童游乐设施和养老设施服务水平

从宜居调研的结果中可以看到，绝大多数居民对其居住地及周边地区的日常购物设施、大型购物设施、餐饮设施及医疗设施等生活方便性指标都给予了充分

肯定，但儿童游乐设施、老年活动设施的满意度都不是很高。说明目前北京城市设施建设在注重满足居民基本生活所需的同时，还应该加强针对儿童和老年人的特殊休闲娱乐设施的配置。随着人们生活水平的日益提高和不断进步，注重居民在文化娱乐方面的需求将成为今后工作的重点。因此，加强社区特殊娱乐设施建设是社区工作的重点，这里既包括娱乐设施的规划建设，也包括娱乐设施综合有效利用，不断提高不同类型居民的文化娱乐能力，提升城市生活品质。

北京已经进入了老龄化社会阶段，对养老设施的需求不断扩大，提高养老机构服务水平成为建设和谐宜居之都的重要内容。根据国外经验，社会化是解决老龄化城市养老问题的关键，要把社会养老和家庭养老结合起来，并逐步过渡到社会养老。应重视健全社区养老服务设施和服务体系的建设，发挥社区养老功能，发展以社区为中心的各项养老服务事业，实现老年人不离开家和社区也能够享受到优质的养老服务。

3. 推进服务设施均衡发展

研究发现目前的公共服务设施基本能够满足城市居民的需求，但存在一些区域过度集中，一些区域数量和质量均不足的问题。从调查来看，居民对商业服务设施满意度最高，在中心城区不易大规模建设大型商业区，应着重加强商业服务环境建设，重点是要改善望京地区、石景山西部等区域的日常购物设施环境。医疗设施建设重点要向城市南部及东部倾斜，这些区域居民对医疗服务设施满意度不高，另外，五环东部、南部及西北部等地区的医疗设施配置也相对不足，如回龙观、大兴黄村、亦庄及天通苑等大型居住区需要按照人口比例适当增加一些高质量的医疗设施。教育设施尤其是优质教育资源在一些区域集中度较高，而一些区域相对较差，需要进一步提升石景山区的教育质量，大力解决天通苑和回龙观等大型居住区的教育设施短缺问题。娱乐、休闲设施建设要分级分区推进，要与人口集聚度和旅游文化相结合，适度提高东直门、亚奥地区等街道的娱乐、休闲设施建设，满足当地和旅游观光人群对休闲和娱乐设施的需求。

4. 改善中低收入阶层的居住环境

"居者有其屋"是宜居城市建设的一个重要条件，但对超级大城市来说，为所有居民提供宜人的住房尚有很长的路要走。在商品住房价格的猛增的今天，中低收入家庭一方面要通过房地产市场购买自己所需要的住房，另一方面也需要通过公共住房政策解决居住难的问题。推进实施保障性安居工程，加快发展公共租赁住房，完善政策性住房体系，对低收入家庭住房实行保障，对中等偏下收入群众住房给予支持是改善居民居住环境的主要方式。同时，要合理引导住房消费，优化住房供应结构，建设多元化的住房租赁体系，积极鼓励住房租赁消费，引导群众通过租赁形式解决住房问题。

改善保障性住房居住区的设施条件也是宜居城市建设的重要方面之一。通常保障性住房小区远离中心城市，城区完善的公共设施难以覆盖到这些区域，而当地的基础设施和公共服务设施配套又相对较差，给居民日常生活、出行等带来诸多不便，同时也增加交通负荷。因此，各级政府的责任不仅仅是向中低收入家庭提供住房，更重要的是保障居住的宜居性，这就要求在建设保障性住房的同时，要完善边缘区及新城居住功能的建设，配置足够的基础设施和公共服务设施，包括公共交通、幼儿园、中小学、医院、商业等设施，提升居住环境质量，形成交通连通性强、城市环境优美、社会配套设施齐全的居住区。

5. 重视特殊人群的居住环境需求

在对不同属性人群的居住环境需求分析中发现，一些特殊人群的居住环境需求并没有得到满足，如老年人对自然环境舒适性的需求、高学历人群对健康性的需求、离异和低收入人群对人文环境的需求、外地户口人群对出行便捷度的需求等。特殊人群是城市居民的重要组成部分，其对居住环境的评价更是检验宜居城市建设成效的重要标准，对特殊人群的关怀应当成为未来北京提升城市品质的工作内容之一。关注老年人养老的特殊需要，在老年社区及周边配置更多的以休闲养生为主的公园或绿地，满足老年人锻炼身体和进行文娱活动的需要。改善城市环境的健康状况，不仅能够减少高层人才流失，还有利于吸引更多的高学历人群入住北京。针对低收入、离异、离乡人群，开展更多以社区为单位的文化活动，鼓励少数人群的参与，提高这类人群生活的安全感和归属感。

四、疏解非首都功能，优化产业布局

北京的各种功能和要素高度集中在主城区，这也导致人口在中心城区高度集中，给北京的经济和社会发展带来一系列负面影响，如城市发展空间不足、产业转型升级较慢、资源环境的承载能力超负荷等。合理疏散过度集中的人口及产业，构建合理的城市空间发展结构，是和谐宜居之都建设的关键。

1. 合理疏散中心城区的人口和产业

疏散非首都功能对于缓解大城市病和各种发展压力具有重要意义，更为重要的是通过疏解城市功能可以促进周边郊区的城市化进程及经济发展。《北京城市总体规划（2004年～2020年）》确定了11个新城，发展目标是将其建设成为相对独立、功能完善、环境优美、交通便捷、公共服务设施发达的新城。目前，新

城存在着人口集聚快、土地开发规模效益差、公共服务能力较弱等问题，新城的
建设应当树立以人为本的规划思想，倡导社会和谐、公平，追求美好生态环境。
可以借鉴伦敦的成功经验，逐步调整城市功能布局，有计划地限制部分政府及企
事业单位在中心城区的扩张，引导部分政府及城市职能搬迁至外围新城，带动新
城人口及产业集聚，促进新城经济发展，从而分散中心城区的人口。具体可采取
以下途径：①对在规划许可范围内的迁入新城的产业和人口推行准入制度，做到
有效控制入城企业的类型、合理布局新城产业、产业结构多元化；②对可以优化
新城发展的产业和人口，可采取优惠准入政策，吸引高端人才和产业入驻新城；
③确保保障性住房用地的供给，确保其在新城住房中占有一定的比例，稳定住房
价格，保障新城居民有房可居；④加强新城基础设施与社会服务设施建设，使新
城在交通、医疗、教育、商业、教育、文化、娱乐等方面尽快达到主城水平。

2. 发展适合首都功能定位的产业

从发达国家的经验来看，产业结构调整是减少经济增长过程中资源及能源消
耗的关键措施。北京产业结构调整和转型的最终目标应该是产业发展的轻型化、
高端化、集约化和国际化。未来应按照技术含量高、产品附加值高、能源消耗少、
水资源消耗少、废弃物少、中转量少等原则，调整优化产业结构，逐渐实现工业
结构由以重工业为主转向技术含量高的新型工业化发展，建立适合首都定位的工
业发展结构。重点发展电子信息、通信设备、生物技术、新材料等高新技术产业，
金融、保险、总部经济、咨询和信息等现代服务业，继续强化北京科技创新和现
代服务业的地位，建设总部基地和高新技术创新中心。未来北京市产业发展的一
个重要方向是文化创意产业，积极扩展广播影视、新闻出版、数字内容产业（动
漫游戏等）、创意设计产业。

3. 推进服务业优化升级

2013 年，北京市第三产业占全市地区生产总值的比重达到 76.9%，规模与纽
约、东京、巴黎等国际城市已非常接近，但从总体发展情况来看，产业发展水平
仍较低。以批发零售业为例，2013 年北京市批发零售业增加值占全市地区生产总
值的比重达到 12.2%，在第三产业中仅次于金融业。但与国际一流城市相比，行
业中具有国际影响力的市属品牌较少，产业低端低效特征较为明显，市场竞争力
不强。品牌是经济软实力的体现，品质是生活质量提升的保障，要构建国际一流
和谐宜居城市，应进一步提高服务业内涵发展水平，提高组织化和规模化，提升
国际影响力。

4. 推动产业区域协同发展

北京要实现产业转型升级，提升首都经济发展质量和效益，还需根据首都战略定位和自身功能定位，进一步修订产业准入目录，强化节能节地节水、环境、技术、安全等标准，坚决退出高耗能、高污染产业，严控低端产业无序发展。同时，自觉打破"一亩三分地"的思路，大力加强与天津、河北的产业对接，进一步健全区域合作协调发展机制，共同调整优化城市产业布局和空间结构，实现京津冀优势互补、良性互动、互惠共赢发展。

本章小结

北京建设"国际一流的和谐宜居之都"需要处理好与北京总体发展，尤其是四个定位、京津冀协同发展和世界城市建设的关系，从总体发展中梳理建设和谐宜居北京的发展目标和方向。在建设过程中，需要按照以人为本、绿色发展、共享发展和创新发展理念，以提升城市文化内涵、生活品质为导向，重点解决北京建设和谐宜居城市中的突出问题，改善环境的健康性，提高出行便捷性，解决公共服务设施的短板。立足国际化视野，按照国际一流标准，推进城市建设的安全性、健康性、方便性和舒适性，把北京建设成为一个生活安全方便、环境健康宜人、社会包容开放、人与自然协调的国际一流和谐宜居城市。

第十二章

和谐宜居北京建设的政策导向

统筹生产、生活、生态三大布局，提高城市发展的宜居性。

——中央城市工作会议

随着居民物质生活水平逐步提高，北京居民对和谐宜居城市环境的迫切需求已成为政府、企业和居民共同奋斗的方向。如何给老百姓营造一个城市安全、生活便利、环境宜人、交通便捷和社会和谐的大都市，提升居民生活品质和幸福感，也成为中央政府和北京地方政府的重要工作任务。北京在建设和谐宜居城市中面临的主要问题有，自然或人为灾害频繁、雾霾天气持久、公共服务水平不高、交通出行不便、历史文化保护不力、社会空间极化等大都市病。因此，迫切需要加强相关政策设计来对症下药，切实解决和谐宜居建设的现实难题，加快弥补居民和谐宜居感知评价的短板环节。

第一节　生态环境政策

一、加大环境治理力度

环境健康是建设和谐宜居城市的基础，没有宜人的环境，也就无从谈起宜居。从 2013 年调研结果来看，北京居民对环境健康性评价普遍较低，因此，要从水、土、气、声等方面加大环境污染综合治理力度，努力解决环境健康对和谐宜居城市建设所构成的威胁，尤其需要尽快解决居民最为关心的雾霾天气频发的问题。

具体措施：一是要进一步提高产业、交通污染排放的环境标准，要明确城市新增产业限制和禁止目录，同时提高机动车辆使用油品质和环保清洁装置，鼓励使用清洁能源，从源头上降低空气污染源排放量；二是完善城市地下管网市政设施建设，加强对地下排水管道的日常维护，减少城市内涝发生；三是对受工业污染土地和河流等进行环境修复治理，积极开展生态恢复和重建；四是完善城市污水集中处理设施和生活垃圾无害化处理设施，减少城市环境污染排放总量，促进资源循环利用。

二、推进绿色北京建设

公园绿地是城市自然景观的重要点缀，也是所有世界宜居城市的共同名片。从统计数据来看，北京城市建成区绿化率、城市人均绿地面积、森林覆盖率均在逐年改善，但是居民感知评价却没有很明显提高，甚至还出现降低现象。其原因主要归结为公园绿地供给需求不匹配和公园绿地服务水平不高。

具体措施包括：一是根据常住人口数量对城市公园进行合理布局，尤其要加大社区便民公园供给，尽快实现建成区城市公园 500 米范围全覆盖；二是加速绿色廊道建设，在零散地块见缝插绿，提高城市整体绿化水平，为市民营造良好的生态环境；三是以人的需求为导向，进一步提高城市公园品质，发挥其公共物品应有价值，如塑造公园特色景观、完善园内服务设施，举办文化活动、提供免费阅读场所和提升园区管理水平等，要避免绿色公共空间私有化和过度商业化。

第二节　公共服务设施政策

一、完善便民商业设施

作为与居民日常生活联系最为密切的公共服务设施，像菜市场、超市、购物中心和银行邮政等便民商业设施，是建设和谐宜居城市的基础支撑。但由于其市场趋利性相对较强，在门槛较低或规划、监管缺位区域仍存在不少便民服务商业设施滞后现象。具体措施包括：一是完善菜市场、超市、食杂店、便利店和餐饮等社区配套商业业态，为社区提供多样化的便民服务设施；二是规范便民商业设施建设标准，加强对便民服务设施建设的监管力度和质量考核；三是加快智慧社区建设，进一步完善便民服务信息平台，可通过发展网上交易和送货上门等服务提升社区便民服务水平。

二、重视教育发展

教育不仅是提升人力资本素质的重要途径，也是活跃社会文化氛围、加强社会创新的有效抓手。北京居民对教育设施满意度相对较高，但从客观建设水平和居民主观需求来看仍然有很大提升空间。具体措施包括：一是完善学前教育设施和师资力量配置，并适度向北京市郊区和农村地区倾斜；二是合理调整中小学布局，促进义务教育均衡化发展，不仅重视义务教育资源的数量平衡，更要重视其质量平衡，使不同地域、不同人群均能公平享受到义务教育权利；三是提高优质高中教育资源的覆盖比例，通过校校合作、建办分校等多种途径促进优质高中教育资源的均衡建设；四是提升高等教育质量，通过高等教育培养符合社会需要的人才体系，进一步加强高等教育机构的研发创新能力建设，促进校企合作，把科技创新能力转化为现实生产力；五是加强职业技术培训和成人教育，提升下岗职工再就业能力，缓解结构性失业矛盾。

三、提升医疗卫生服务水平

世界宜居城市均具有特别出色的医疗卫生服务能力，提升医疗卫生服务水平是对居民身体健康的基本保障。目前，北京仍存在明显的优质医疗资源空间分布不平衡和医疗服务享受水平的人群差异等问题。具体措施包括：一是完善医疗卫生服务体系，建立市级医院、区县级医院街道卫生服务中心或社区卫生服务站等主体三级综合医疗服务体系，保证基本公共医疗卫生服务能够覆盖到所有常住人口；二是优化医疗卫生资源配置，尤其三甲医院的空间合理分布，加强对远郊区县医院的对口支援与合作，提升全市医疗整体服务水平；三是加强重大传染病预防控制，提高公共卫生事件的应急处置能力。

四、丰富社会文化环境

文化是和谐宜居城市建设的灵魂，也是塑造城市特色的主要着力点。北京作为国家首都和全国文化中心，更应该把社会文化建设摆在突出的位置。具体措施包括：一是促进文化包容性建设，能够积极容纳不同民族和不同地域文化之间的平等交流与碰撞，建设社会融合的混合社区，吸引外籍人士入住北京；二是建立健全不同等级的文化设施服务体系，如图书馆、博物馆、美术馆、体育场馆和社区健身娱乐设施等，来提升市民文化素养，活跃城市社会文化氛围；三是策划举办多种类型的节庆、赛事、展览等文化活动，加大对北京文化精髓的宣传，提升北京文化影响力；四是加强对传统历史文化和非物质文化遗产保护，保留城市发展的历史文脉；五是要充分挖掘北京文化内涵，推进文化创意产业发展，进一步提升城市文化服务水平。

第三节　城市交通政策

一、完善城市路网建设

城市路网结构合理与否对城市交通运行效率起着关键作用。目前，北京城市路网结构仍然不够合理，也是导致交通拥堵、事故频发和交通环境污染等一系列交通问题的重要原因，应加快完善城市路网建设。具体举措包括：一是构建由快速路、主干道、次干道和支路共同构成的城市综合交通体系，合理调整各等级路网的结构比例；二是改进城市路口设置，减少断头路现象，提高城市路网内部的循环通行能力；三是加快地铁、铁路和机场站点的快速公路建设，提高居民商务出行效率；四是加快北京和京津冀周边城市的交通通道建设，增强区域发展支撑能力。

二、鼓励发展公共交通

交通拥堵问题成为北京和谐宜居城市建设的重要障碍，本书课题组的三次调研结果均显示，居民对交通出行便利程度的满意度明显不高。另有调查显示，北京市约40%小汽车出行距离在5千米以内，80%以上小汽车使用集中在城市六环以内，与世界宜居城市的小汽车长距离出行比例高和城市外围使用比例高呈截然相反的态势，直接后果则是加剧了城市中心区交通拥堵。鉴于北京市人多地少的特点，应鼓励发展公共交通。具体措施包括：一是公交站点和地铁站点的适宜服务半径分别为500米和800米，加快实现公共交通在建成区全覆盖，使所有居民均可享受到便捷的公共交通服务；二是优化公共交通线路，完善公共交通内部以及自行车与公共交通之间的换乘服务，减少居民换乘时间与出行成本；三是建设快速公交专用线路，保障公交优先到达；四是提高公共交通准点率和服务质量，吸引更多居民采用公共交通出行。

三、倡导绿色出行

绿色出行作为一种环境友好型出行方式，在维也纳等世界宜居城市中备受推崇和重视。近年来，北京市自行车和步行出行比例出现下降趋势，可能与小汽车拥有率提高、公共交通水平改善和绿色出行道路环境恶化等因素均有关联。具体措施包括：一是加强土地混合利用，完善社区服务功能，保障日常生活出行在绿色出行距离范围内就可以完成；二是改善行人步道和自行车道系统，提供安全、便捷和健康的绿色出行环境；三是推进公共自行车租赁系统建设，扩大公共租赁自行车的覆盖范围，为居民绿色出行提供便利条件；四是加强"无车日"等绿色出行公益活动宣传，增进居民绿色出行的意识。

第四节　社会和谐政策

一、完善社会保障

有效的社会保障是维护社会稳定、构建和谐社会的关键，也是和谐宜居城市建设的重要组成部分。具体措施包括：一是提高养老保险、医疗保险、失业保险、工伤保险和生育保险等社会保障覆盖范围，加快实现基本社会保障常住人口全覆盖；二是适度提高医疗保障的补助标准，加快推进医保异地就医结算制度的建立；三是健全对困难群体、残疾人和优抚对象等特殊群体的社会救助机制，改善城市弱势群体的生活处境；四是加强住房保障，构筑多层次的住房保障体系，加大经济适用房、限价商品房、廉租房和公共租赁房等保障性住房申请和使用监管力度，适度放宽对常住外来人口申请公共租赁房的标准，并极力完善保障性住房附近的基本公共服务设施。

二、注重社会公平

社会公平正义是建设和谐宜居城市的核心内容之一，维护社会公平正义，对提高居民生活质量和增进人民幸福感具有重要意义。应努力维护社会公平正义，减少社会矛盾产生。具体措施包括：一是建立健全利益协调机制，既要完善居民利益诉求的表达渠道，也要加强平等协商对话来化解社会矛盾，建立公平公正的利益分配机制；二是提高低收入者基本工资标准，同时加大对高收入者工资的税收调节力度，积极扩大中等收入群体比例，缩小城镇居民高低收入差距和城乡居民收入差距；三是促进社会帮扶、社会救助和就业培训机制的建立，降低城市失业率，建立公平合理的城市就业环境。

三、促进区域协同发展

随着京津冀区域一体化趋势的不断加强，产业发展、交通基础设施和环境保护等方面区域合作需求更为强烈。因此，和谐宜居城市建设不能仅局限于北京单个城市，还应考虑与区域内其他城市之间的和谐共赢。具体措施包括：一是加强京津冀地区产业合理分工与定位，减少区域内部产业重复建设，加强对北京非首都功能的产业疏解，促进产业合理有序转移；二是加快推进北京城市内部不同地区和京津冀区域不同城市之间的基本公共服务均等化建设，保障不同地区居民均能够公平地享受到基本公共服务，缩小区域发展差距，有效地带动北京中心城区人口向外疏解；三是建立区域环境保护联防联控机制，打破行政壁垒和体制约束，构建区域生态环境保护矛盾调解与利益共享机制。

第五节　社会治理政策

一、健全社会治理机制

和谐宜居城市建设不仅体现在自然生态环境、公共服务设施、城市交通设施等城市硬环境方面，也应包括社会治理能力等城市软环境方面。然而，北京宜居城市建设却一直存在"重硬轻软"的现象，不利于经济与社会协调发展，并积累了一系列的社会问题，应加快健全社会治理机制来化解社会矛盾。具体措施包括：一是健全社会规范体系，强化道德约束，调解社会利益纠纷，及时有效地化解社会矛盾；二是加强基层社会组织建设，充分发挥政府引导和社会参与作用，实现社会调节和居民自治的良性互动。

二、提升社会治安能力

提升社会治安能力是维护社会秩序、保障社会健康运行和建设安全北京的有效支撑。从三次调研结果来看，北京市民对社会治安能力评价均相对较高，需要进一步保持其在城市安全方面的优势。具体措施包括：加强社会治安事件高发区域的安全整治工作，积极吸纳社会力量加入社会治安监管工作；加强城市安防设施的监控力度，推进治安的网格化精细管理；健全城管执法体系，提高城市管理的执法水平和服务能力。

三、加快防灾减灾体系建设

防灾减灾体系建设是增强城市抵御自然灾害能力和维护城市安全的重要内容。东京作为千万人口规模以上的世界宜居城市，离不开其在防灾体系建设方面的出色表现，北京建设国际一流的和谐宜居城市，亟待加快防灾减灾体系建设。具体措施包括：一是推进城市应急避难场所建设，不断提高城市综合防灾能力；二是加强对洪涝、山体滑坡、泥石流、沙尘暴和地震等自然灾害的监测预警和风险防范管理能力，完善政府灾害应急救援体系建设；三是加强对城市灾害防御的社会宣传，提升社会各界的防灾减灾意识，同时积极开展灾害情景的预演模拟，来提高市民灾害自救能力。

四、加强宜居城市评估和监测

加强统计工作，按照任务的实施过程，建立健全统计监测指标体系和统计综合评价指标体系。制定任务实施的监测评估体系，实施动态监测与跟踪分析，开展和谐宜居之都建设的中期评估和专项监测，推动任务顺利实施。

在三次调查中，发现居民对诸如防灾宣传管理、应急避难场所、雨污排放、工业污染、水污染等指标并不十分了解，进而对宜居北京的提法和一些指标的认识出现偏颇。因此，提高透明度，要居民更加了解城市建设的各项指标和发展状况，就像现在气象数据公开一样，北京在城市数字化和信息化建设的过程中，逐步将健康数据、安全数据、交通数据、生活设施数据及舒适度涉及的各项观测和统计数据向公众公开，不断加强和提高公众对宜居城市各项指标的认识和了解；同时，通过数据公开也进一步加大了对各项指标涉及的主管部门的监管力度和公众监督意识，使宜居城市建设成为与每一个北京居民息息相关的事情。

本章小结

目前，北京建设"国际一流的和谐宜居之都"仍然面临着诸多现实问题挑战，成为制约"国际一流的和谐宜居之都"建设的重要障碍。此外，已有全国或北京地方性的政策与法规均从不同层面或专题对北京城市发展目标与方向做出一定要求，为建设"国际一流的和谐宜居之都"提供政策依据。在遵循这些现实问题与政策依据前提下，本章重点围绕生态环境政策、公共服务设施政策、城市交通政策、社会和谐政策和社会治理政策五方面内容进行相关的政策内容设计，以促进"国际一流的和谐宜居之都"的建设。其中，在生态环境方面，应加大环境治理力度、推进绿色北京建设；在公共服务设施方面，应完善便民商业设施、重视教育发展、提升医疗卫生服务水平、丰富社会文化环境；在城市交通方面，应完善城市路网建设、鼓励发展公共交通、倡导绿色出行，加强停车管理；在社会和谐方面，应完善社会保障、注重社会公平、促进区域协同发展；在社会治理方面，应健全社会治理机制、提升社会治安能力、加快防灾减灾体系建设、加强宜居城市评估和监测。

参考文献

阿依努尔·买买提，时不龙，赵改君，等. 2012. 基于 GIS 的新疆和田地区人居环境适宜性评价. 干旱区地理，35（5）：847-855.

艾彬，徐建华，黎夏，等. 2008. 社区居住环境的空间数据探索性分析. 地理科学，28（1）：51-58.

艾伦·雅各布斯. 2006. 美好城市：沉思与遐想. 高杨译. 北京：电子工业出版社.

艾伦·雅各布斯. 2006. 美国大城市的死与生. 金衡山译. 南京：译林出版社.

北京市统计局，国家统计局北京调查总队. 2011. 北京市 2010 年第六次全国人口普查主要数据公报. 数据，6：66-67.

蔡伟，蔡洪新，王浩先. 2014. 基于 ArcGIS 的城市居住区空间宜居性评价. 测绘与空间地理信息，37（9）：161-164.

柴彦威，陈零极. 2009. 中国城市单位居民的迁居：生命历程方法的解读. 国际城市规划，（5）：7-14.

柴彦威，申悦，马修军，等. 2013. 北京居民活动与出行行为时空数据采集与管理. 地理研究，32（3）：441-451.

柴彦威，张艳，刘志林. 2011. 职住分离的空间差异性及其影响因素研究. 地理学报，2：157-166.

谌丽. 2013. 城市内部居住环境的空间差异及形成机制研究——以北京为例. 中国科学院大学博士学位论文.

谌丽，张文忠，李业锦. 2008. 大连居民的城市宜居性评价. 地理学报，63（10）：1022-1032.

谌丽，张文忠，李业锦，等. 2015. 北京城市居住环境类型区的识别与评价. 地理研究，37（7）：1331-1342.

谌丽，张文忠，杨翌朝. 2013. 北京城市居民服务设施可达性偏好与现实错位. 地理学报，68（8）：1071-1081.

程俊. 2010. 杭州典型密集型居住形式研究. 浙江大学硕士学位论文.

戴俊骋，周尚意，赵宝华，等. 2011. 关联矩阵法与城市宜居指标的结构关系度量——以中国老年人宜居城市评价指标体系为例. 地域研究与开发，30（5）：60-65.

党云晓，余建辉，张文忠，等. 2015. 北京居民生活满意度的多层级定序因变量模型分析. 地理科学（已接收）.

第五届国际生态城市会议. 2002. 生态城市建设的深圳宣言. 规划师，（9）：121.

董晓峰，刘星光，刘理臣. 2010. 兰州市城市宜居性的参与式评价. 干旱区地理，33（1）：125-129.

段龙龙, 张健鑫, 李杰. 2012. 从田园城市到精明增长: 西方新城市主义思潮演化及批判. 世界地理研究, (2): 72-79.

封丹, 朱竑. 2011. 住宅郊区化背景下门禁社区与周边邻里关系——以广州丽江花园为例. 地理研究, 30 (1): 61-70.

冯健, 周一星. 2003. 中国城市内部空间结构研究进展与展望. 地理科学进展, 22 (3): 304-315.

冯瑞祥. 2001. 生态城市及其内涵. 绿化与生活, (4): 4.

甘昶春, 聂春霞. 2012. 基于可拓学的新疆主要城市宜居性评价. 经济地理, 32 (9): 56-60.

高晓路. 2012. 中国城市居家老人养老行为调查分析——以北京市为例. 装饰, 9: 27-31.

谷一桢, 郑思齐. 2010. 轨道交通对住宅价格和土地开发强度的影响——以北京市 13 号线为例. 地理学报, 2: 213-223.

关美宝, 谷志莲, 塔娜, 等. 2013. 定性 GIS 在时空间行为研究中的应用. 地理科学进展, 32 (9): 1316-1331.

郭静, 王秀彬. 2013. 青年流动与非流动人口生活满意度水平及影响因素——基于北京、上海和深圳的调查. 中国卫生政策研究, (12): 65-69.

郭文伯, 张艳, 柴彦威, 等. 2013. 基于 GPS 数据的城市郊区居民日常活动时空特征——以北京天通苑、亦庄为例. 地域研究与开发, 32 (6): 159-164.

郝慧梅, 任志远. 2009. 基于栅格数据的陕西省人居环境自然适宜性测评. 地理学报, 64 (4): 498-506.

黄光宇, 陈勇. 1997. 生态城市概念及其规划设计方法研究. 城市规划, (6): 17-20.

黄金川, 方创琳. 2003. 城市化与生态环境交互耦合机制与规律性分析. 地理研究, 22 (2): 211-220.

黄宁, 崔胜辉, 刘启明, 等. 2012. 城市化过程中半城市化地区社区人居环境特征研究——以厦门市集美区为例. 地理科学进展, 31 (6): 750-760.

霍华德. 2010. 明日的田园城市. 金经元译. 北京: 商务印书馆.

金真, 张聪达. 2009. 北京新城控规居住用地容积率指标的思考. 北京规划建设, B07: 178-182.

柯布西耶. 2009. 明日之城市. 李浩译. 北京: 中国建筑工业出版社.

李华生, 徐瑞祥, 高中贵, 等. 2005. 南京城市人居环境质量预警研究. 经济地理, 25 (5): 658-661.

李立明, 宋刚, 刘琨, 等. 2007. 和谐城市运行模式研究. 城市管理与科技, 9 (2): 22-26.

李明, 李雪铭. 2007. 基于遗传算法改进的 BP 神经网络在我国主要城市人居环境质量评价中的应用. 经济地理, 27 (1): 99-103.

李倩, 张文忠, 余建辉, 等. 2012. 北京不同收入家庭的居住隔离状态研究. 地理科学进展, 31 (6): 693-700.

李强, 肖林, 张海辉, 等. 2004. 2008 年奥运会与北京的流动人口问题. 北京社会科学, 2: 8-17.

李王鸣, 叶信岳, 孙于. 1999. 城市人居环境评价——以杭州城市为例. 经济地理, 19 (2): 38-43.

李文华. 2003. 可持续发展与生态城市建设//王如松. 复合生态与循环经济. 北京: 气象出版社: 1-3.

李雪铭, 晋培育. 2012. 中国城市人居环境质量特征与时空差异分析. 地理科学, 32 (5): 521-529.

李雪铭, 刘秀洋, 冀保程. 2008. 大连城市社区宜居性分异特征. 地理科学进展, 27 (4): 75-81.

李雪铭, 张英佳, 高家骥. 2014. 城市人居环境类型及空间格局研究——以大连市沙河口区为例. 地理科学, 34 (9): 1033-1040.

李业锦. 2009. 城市宜居性的空间分异机制研究: 以北京市为例. 中国科学院地理科学与资源研究所博士学位论文.

李业锦, 王敏. 2012. 基于日常生活圈的北京市老年人生活宜居性研究. 城市建设理论研究, (34): 16-18.

李业锦, 朱红. 2013. 北京社会治安公共安全空间结构及其影响机制——以城市 110 警情为例. 地理研究, 5: 870-880.

李志刚. 2011. 中国城市"新移民"聚居区居住满意度研究——以北京、上海、广州为例. 城市规划, (12): 75-82.

联合国人居署. 2008. 和谐城市: 世界城市状况报告 2008/2009. 北京: 中国建筑工业出版社.

联合国人居署. 2015. 致力于绿色经济的城市模式: 城市与自然协作. 上海: 同济大学出版社.

刘旺, 张文忠. 2006. 城市居民居住区位选择微观机制的实证研究——以万科青青家园为例. 经济地理, 26 (5): 802-805.

刘晓波, 李珂. 城市住区规模研究. 北京规划建设, 2011: 98-106.

刘星光, 董晓峰, 刘颜欣. 2014. 中国主要城市宜居性发展的地域差异研究. 干旱区地理, 37 (6): 1281-1290.

龙瀛, 张宇, 崔承印. 2012. 利用公交刷卡数据分析北京职住关系和通勤出行. 地理学报, 67 (10): 1339-1352.

娄胜霞. 2011. 基于 GIS 技术的人居环境自然适宜性评价研究——以遵义市为例. 经济地理, 31 (8): 1358-1363.

罗杰斯, 古姆齐德简. 2004. 小小地球上的城市. 仲德崑译. 北京: 中国建筑工业出版社.

马婧婧, 曾菊新. 2012. 中国乡村长寿现象与人居环境研究——以湖北钟祥为例. 地理研究, 31 (3): 450-460.

马仁锋, 王美, 张文忠, 等. 2015. 临港石化集聚对城镇人居环境影响的居民感知——宁波镇海案例. 地理研究, 34 (4): 729-739.

芒福德. 2005. 城市发展史: 起源, 演变和前景. 宋俊岭, 倪文彦译. 北京: 中国建筑工业出版社.

孟斌, 尹卫红, 张景秋, 等. 2009. 北京宜居城市满意度空间特征. 地理研究, 28 (5): 1318-1326.

孟斌, 于慧丽, 郑丽敏. 2012. 北京大型居住区居民通勤行为对比研究——以望京居住区和天通苑居住区为例. 地理研究, (11): 2069-2079.

宁越敏. 1999. 大都市人居环境评价和优化研究. 城市规划, 23 (6): 15-20.

牛文元. 2007. 科学发展观的理论认知. 中国科学院院刊, 2: 120-125.

彭晓春, 李光明. 2001. 生态城市的内涵. 现代城市研究, (6): 30-32.

乔尔科特金. 2010. 全球城市史. 王旭译. 北京: 社会科学文献出版社.

秦萧, 甄峰, 朱寿佳, 等. 2014. 基于网络口碑度的南京城区餐饮业空间分布格局研究——以大众点评网为例. 地理科学, 34 (7): 810-817.

任倩岚. 2000. 生态城市: 城市可持续发展模式浅议. 长沙大学学报, (2): 62-63.

任学慧, 林霞, 张海静, 等. 2008. 大连城市居住适宜性的空间评价. 地理研究, 27 (3): 683-692.

邵占维. 2010. 建设和谐城市, 共享宜居生活. 现代城市, 12: 34-37.

申悦, 柴彦威. 2013. 基于 GPS 数据的北京市郊区巨型社区居民日常活动空间. 地理学报, 68 (4): 506-516.

宋金平, 王恩儒, 张文新, 等. 2007. 北京住宅郊区化与就业空间错位. 地理学报, 62 (4): 387-396.

宋彦, 张纯. 2013. 美国新城市主义规划运动再审视. 国际城市规划, (1): 98-103.

孙俊岭, 林炳耀. 2011. 和谐城市的层次性及其通用评估指标体系研究. 经济地理, 31 (12): 2046-2050.

汤黎明, 王玉顺. 2011. 从居住者角度看高容积率. 价值工程, (23): 88-90.

唐相龙. 2008. 新城市主义及精明增长之解读. 城市问题, (1): 87-90.

王波, 甄峰, 席广亮, 等. 2013. 基于微博用户关系的网络信息地理研究——以新浪微博为例. 地理研究, 32 (2): 380-391.

王坤鹏. 2010. 城市人居环境宜居度评价——来自我国四大直辖市的对比与分析. 经济地理, 30 (12): 1992-1997.

王茂军, 张学霞, 栾维新. 2003. 大连城市居住环境评价构造与空间分析. 地理科学, 23 (1): 87-94.

吴良镛. 1997. "人居二"与人居环境科学. 城市规划, (3): 4-9.

吴良镛. 2001. 人居环境科学导论. 北京: 中国建筑工业出版社.

吴箐, 程金屏, 钟式玉, 等. 2013. 基于不同主体的城镇人居环境要素需求特征——以广州市新塘镇为例. 地理研究, 2: 307-316.

吴志强, 刘朝晖. 2014. "和谐城市"规划理论模型. 城市规划学刊, (3): 12-19.

武文杰, 刘志林, 张文忠. 2010. 基于结构方程模型的北京居住用地价格影响因素评价. 地理学报, 6: 676-684.

武永祥，黄丽平，张园. 2014. 基于宜居性特征的城市居民居住区位选择的结构方程模型. 经济地理，34（10）：62-69.

肖彦. 2011. 绿色尺度下的城市街区规划初探. 华中科技大学硕士学位论文.

闫小培，魏立华. 2008. 健康城市化、和谐城市与城市规划的转型. 规划师，24（5）：47-51.

颜秉秋，高晓路. 2013. 城市老年人居家养老满意度的影响因子与社区差异. 地理研究，7：1269-1279.

杨春燕，闵书. 2009. 门禁社区研究的理论框架与中国模型. 华中建筑，26（11）：139-142.

杨俊，李雪铭，李永化，等. 2012. 基于DPSIRM模型的社区人居环境安全空间分异——以大连市为例. 地理研究，31（1）：135-143.

杨兴柱，王群. 2013. 皖南旅游区乡村人居环境质量评价及影响分析. 地理学报，68（6）：851-867.

姚士谋，刘盛和，高晓路，等. 2007. 采取综合措施遏制冒进式城镇化和空间失控趋势. 科学新闻，（8）：4-9.

余建辉，张文忠，董冠鹏. 2013. 北京市居住用地特征价格的空间分异特征. 地理研究，6：1113-1120.

余建辉，张文忠，王岱. 2011. 中国资源枯竭城市的转型效果评价. 自然资源学报，（1）：11-21.

约翰里德. 2010. 城市. 赫笑丛译. 北京：清华大学出版社.

早川和男. 2005. 居住福利论：居住环境在社会福利和人类幸福中的意义. 李恒译. 北京：中国建筑工业出版社.

湛东升，孟斌，张文忠. 2014. 北京市居民居住满意度感知与行为意向研究. 地理研究，33（2）：336-348.

湛东升，张文忠，党云晓，等. 2015a. 中国城市化发展的人居环境支撑条件分析. 人文地理，30（1）：98-104.

湛东升，张文忠，余建辉，等. 2015b. 基于地理探测器的北京市居民宜居满意度影响机理. 地理科学进展，34（8）：966-975.

张纯，柴彦威. 2009. 中国城市单位社区的空间演化：空间形态与土地利用. 国际城市规划，5：28-32.

张纯，柴彦威. 2013. 北京城市老年人社区满意度研究——基于模糊评价法的分析. 人文地理，132（4）：47-53.

张东海，任志远，刘焱序，等. 2012. 基于人居自然适宜性的黄土高原地区人口空间分布格局分析. 经济地理，32（11）：13-19.

张文忠，尹卫红，张景秋，等. 2006. 中国宜居城市研究报告. 北京：社会科学文献出版社.

张文忠. 2001. 城市居民住宅区位选择的因子分析. 地理科学进展，20（3）：268-275.

张文忠. 2007. 宜居城市的内涵及评价指标体系探讨. 城市规划学刊，（3）：30-34.

甄峰，秦萧，席广亮. 2015.信息时代的地理学与人文地理学创新. 地理科学，35（1）：11-18.

周尚意，王海宁，范砾瑶. 2003. 交通廊道对城市社会空间的侵入作用——以北京市德外大街改造工程为例. 地理研究，（1）：96-104.

周一星，孟延春. 1998. 中国大城市的郊区化趋势. 城市规划汇刊，3：22-27，64.

朱彬，马晓冬. 2011. 基于熵值法的江苏省农村人居环境质量评价研究. 云南地理环境研究，23（2）：44-51.

日笠端と日端康雄. 1977. 都市計画. 3 版. 東京：共立出版株式会社.

Alonso W. 1964. Location and Land Use. Cambridge：Harvard University Press.

Alonso-Villar O. 2001. Large metropolises in the third world：An explanation. Urban Studies，38（8）：1359-1371.

American Planning Association. 1998. The Principles of Smart Development. Planning Advisory Service Report：479.

Arifwidodo S D，Orana Chandrasiri. 2013. The relationship between housing tenure，sense of place and environmental management practices：A case study of two private land rental communities in Bangkok，Thailand. Sustainable Cities & Society，8：16-23.

Asami Y. 2001. Residential Environment：Methods and Theory for Evaluation. Tokyo：University of Tokyo Press.

Aslam A，Corrado L. 2012. The geography of well-being. Journal of Economic Geography，12（3）：70-102.

Benjamin J D，Sirmans G S. 1996. Mass transportation，apartment rent and property values. Journal of Real Estate Research，（12）：1-8.

Berheide C W，Banner M G. Making room for employed women at home and at work. Housing and Society，1981（7）：153-163.

Berry B J L. 1981. Comparative Urbanization：Divergent Paths in the Twentieth Century. New York：Martin's Press.

Black D，Gates G，Sanders S，et al. 2002. Why do gay men live in San Francisco? Journal of Urban Economics，51（1）：54-76.

Blanchflower D G，Oswald A J. 2004. Well-being over time in Britain and the USA. Journal of Public Economics，88（7）：1359-1386.

Blomquist G，Worley L. 1988. Hedonic prices，demands for urban housing amenities，and benefit estimates. Journal of Urban Economics，9（2）：212-221.

Cai H，Jia X，Chiu A S F. 2014. Siting public electric vehicle charging stations in Beijing using big-data informed travel patterns of the taxi fleet. Transportation Research Part D，33：39-49.

Calthorpe P. 1995. The next American metropolis: Ecology, community, and the American dream. Princeton: Princeton Architectural Press.

Carr L J, Dunsiger S I, Marcus B H. 2010. Walk score^{TM} as a global estimate of neighborhood walkability. American Journal of Preventive Medicine, 39 (5): 460-463.

Carvalho M, George R V, Anthony K H. 1997. Residential satisfaction in condominios exclusivos (gate-guarded neighborhoods) in Brazil. Environment and Behavior, 29 (6): 734-768.

Casellati A. 1997. The nature of livability//Lennard S H, von Ungern-Sternberg S, Lennard H L. Making Cities Livable. International Making Cities Livable Conferences.

Chen L, Zhang W, Yang Y. Disparities in residential environment and satisfaction among Chinese citizens. Habitat International, 2013 (40): 100-108

Cheshire P, Magrini S. 2006. Population growth in European cities: Weather matters—But only nationally. Regional Studies, 40: 23-37.

Chiodo A, Hernandez-Murillo R, Owyang M. No nlinear hedonics and the search for school district quality. Federal Reserve Bank of St. Louis, Working Paper, 2003-039C.

Clark M. 2001. Domestic futures and sustainable residential development. Futures, 33 (10): 817-836.

Clark T N. 2003. Urban amenities: Lakes, opera, and juice bars: Do they drive development?//Clark T N. The City as an Entertainment Machine. New York: JAI Press: 103-140.

Crandall D, Snavely N. 2012. Modeling people and places with internet photo collections. Communications of the ACM, 55 (6): 52-60.

Davis K. 1965. The Urbanization of the Human Population. Scientific American, 213 (3): 40-53.

Deller S C, Tsai T H, Marcouiller D W, English D B K. 2001. The role of Amenities and quality of life in rural economic growth. American Journal of Agricultural Economics, 83 (2): 352-365.

Douglass M, Ho K C, Ling O G. 2002. Civic spaces, globalisation and pacific asia cities. International Development Planning Review, (4): 345-361.

Edwards D, Griffin T, Hayllar B, et al. 2009. Using GPS to track tourists spatial behavior in urban destinations. http: //dx.doi.org/10.2139/ssrn.1905286[2009-07-01].

Evans P. 2002. Livable Cities? Urban Struggles for Livelihood and Sustainability. Oakland: University of California Press Ltd.

Florida R. 2002a. The economic geography of talent. Annals of the Association of American geographers, 92 (4): 743-755.

Florida R. 2005. The rise of the creative class. Regional Science and Urban Economics, 35 (5): 593-596.

Frank L D, Sallis J F, Conway T L, et al. 2006. Many pathways from land use to health: associations between neighborhood walkability and active transportation, body mass index, and air quality. Journal of the American Planning Association, (72): 75-87.

Galster G. 1987. Identifying the correlates of dwelling satisfaction: An empirical critique. Environment and Behavior, (19): 539-568.

Glaeser E L, Gottlieb J D. 2006. Urban resurgence and the consumer city. Urban studies, 43 (8): 1275-1299.

Glaeser E L, Kolko J, Saize A. 2001. Consumer city. Journal of Economic Geography, 1 (1): 27-50.

Glaeser E L, Scheinkman J, Shleifer A. 1995. Economic growth in a cross-section of cities. Journal of Monetary Economics, 36 (1): 117-143.

Glendinning M, Muthesius S. 1993. Tower Block: Modern Public Housing in England, Scotland, Wales, and Northern Ireland. New Haven: Yale University Press.

Gould P. 1969. Problems of space preference measures and relationships. Geographical Analysis, 1: 31-44.

Guillen M, Verdú F, Portolés O, et al. 2013. Happiness is greater in natural environments. Global Environmental Change, 23 (5): 992-1000.

Hahlweg D. 1997. The city as a family//Lennard S H, von Ungern-Sternberg S, Lennard H L. Making Cities Livable. International Making Cities Livable Conferences.

Hartz-Karp J. 2005. A case study in deliberative democracy: Dialogue with the city. Journal of Public Deliberation, 1 (1): 1-15.

Helliwell J, Layard R, Sachs J. World Happiness Report 2012.

Henderson J V. 1974. The sizes and types of cities. The American Economic Review, 64 (4): 640-656.

Huang Y. 2003. A room of one's own: Housing consumption and residential crowding in transitional urban China. Environment and Planning A, 35 (4): 591-614.

Kahsai M S, Gebremedhin T G, Schaeffer P V. 2011. A Spatial analysis of amenity and regional economic growth in northeast region. Urban and Regional Development Studies, 23: 77-93.

Kim J, Zhang M. 2005. Determining transit's impact on Seoul commercial land values: An application of spatial econometrics. International Real Estate Review, (1): 1-26.

Kleinhans R. 2004. Social implications of housing diversification in urban renewal: A review of recent literature. Journal of Housing and the Built Environment, 19 (4): 367-390.

Knaap G J, Ding C, Hopkins L D. 2001. Do plans matter? The effects of light rail plans on land values in station area. Journal of Planning Education and Research, (1): 32-39.

Kwan M P，Lee J. 2004. Geovisualization of human activity patterns using 3D GIS：A time-geographic approach//Goodchild M F，Janelle D G. Spatially Integrated Social Science：Examples in Best Practice. Oxford：Oxford University Press：48-66.

Lennard H L. 1997. Principles for the livable city//Lennard S H，von Ungern-Sternberg S，Lennard H L. Making Cities Livable. International Making Cities Livable Conferences.

Li Z，Folmer H，Xue J. 2014. To what extent does air pollution affect happiness：The case of the Jinchuan mining area China? Ecological Economics，99：88-99.

Lovejoy K，Handy S，Mokhtarian P. 2010. Neighborhood satisfaction in suburban versus traditional environments：An evaluation of contributing characteristics in eight California neighborhoods. Landscape and Urban Planning，97（1）：37-48.

Lu M. 1999. Determinants of residential satisfaction：Ordered logit vs. regression models. Growth and Change，（30）：264-287.

Lynch K. 1960. The Image of the City. Cambridge：The MIT Press.

Marsal-Llacuna M-L，Joan Colomer-Llinàs，Joaquim Meléndez-Frigola. 2015. Lessons in urban monitoring taken from sustainable and livable cities to better address the smart cities initiative. Technological Forecasting & Social Change，90：611-622.

Mayor of London. 2004. The London Plan：Spatial Development Strategy for London.

Mohit M A，Ibrahim M，Rashid Y R. 2010. Assessment of residential satisfaction in newly designed public low-cost housing in Kuala Lumpur，Malaysia. Habitat International，34（1）：18-27.

Morais P，Miguéis V L，Camanho A S. 2013. Quality of life experienced by human capital：An assessment of european cities. Social Indicators Research，110（1）.

Mulligan G，Carruthers J I. 2011. Amenities，QoL and regional development//Marans R W，Stimson R J. Investigating Quality of Urban Life. Dodrecht：Springer：107-134.

Nath S K. 1973. A Perspective of Welfare Economics. London：Macmillan.

Newcomer R J. 1976. An evaluation of neighborhood service convenience for elderly housing project residents. The Behavioral Basis of Design，（1）：301-307.

Okulicz-Kozaryn A. 2013. City Life：Rankings (livability) versus perceptions（satisfaction）. Social Indicators Research，110（2）：433-451.

Oswald A J，Wu S. 2009. Well-being across America：Evidence from a Random Sample of One Million US Citizens. Manuscrito.

Pacione M. 2005. Urban geography：A global perspective. Routledge，23（2）：97-102.

Palej A. 2000. Architecture for，by and with children：A way to teach livable city. Paper presented at the International Making Cities Livable Conference，Vienna，Austria.

Panelli R，Tipa G. 2007. Placing well-being: A Maori case study of cultural and environmental specificity. EcoHealth，4（4）: 445-460.

Pollard R. 1982. View amenities，building heights，and housing supply.//Diamond D，Tolley G. Economics of Urban Amenities，Cambridge: Academic Press: 105-123.

Register R. 1987. Ecocity Berkeley: Building cities for a healthy future. Berkeley: North Atlantic Books.

Roback J. 1982. Wages，rents and the quality of life. Journal of Political Economy，90: 1257-1278.

Rohe W M，Mccarthy G，Zandt S V，et al. 2002. The social benefits and costs of homeownership. Low，381-406.

Russom P. 2011. Big data analytics. TDWI Best Practics Report: 1-38.

Saitluanga B L. 2014. Spatial pattern of urban livability in Himalayan region: A case of Aizawl City，India. Social Indicators Research，117（2）: 541-559.

Sakamoto A，Fukui H. 2004. Development and application of a livable environment evaluation support system using Web GIS. Geographical Systems，（6）: 175-195.

Salzano E. 1997. Seven aims for the livable city//Lennard S H，von Ungern-Sternberg S，Lennard H L. Making Cities Livable. International Making Cities Livable Conferences.

Schumacher E F. 1974. Small is Beautiful: A Study of Economics as if People Mattered. London: Sphere Books Ltd.

Schwanen T，Mokhtarian P L. 2004. The extent and determinants of dissonance between actual and preferred residential neighborhood type. Environment and Planning B: Planning and Design，（31）: 759-784.

Shapiro J M. 2006. Smart cities: Quality of life，productivity and the growth effects of human capital. Review of Economics and Statistics，88（2）: 324-335.

Smith D M. 1977. Human Geography of a Welfare Approach. London: Edward Arnold.

Smyth R，Mishra V，Qian X. 2008. The environment and well-being in urban China. Ecological Economics，68: 547-555.

Tabuchi T，Thisse J-F. 2011. A new economic geography model of central places. Journal of Urban Economics，69（2）: 240-252.

Tabuchi T. 1998. Urban agglomeration and dispersion: A synthesis of Alonso and Krugman. Journal of Urban Economics，44（3）: 333-351.

Talen E. 2001. Traditional urbanism meets residential affluence: An analysis of the variability of suburban preference. Journal of the American Planning Association，67: 199-216.

Talen E. 2006. Neighborhood-level social diversity: Insights from Chicago. Journal of the American

Planning Association，72（4）：431-446.

Ullman E L. 1954. Amenities as a factor in regional growth. Geographical Review，44（1）：119-132.

United Nations. 1976. The Vancouver Declaration On Human Settlements. In Habitat：United Nations Conference on Human Settlements. Vancouver，Canada.

United Nations. 2012. What is "Human Settlement". http：//www.unescap.org/huset/whatis.htm [2012-03-26].

van Kamp I，Leidelmeijer K，Marsman G，et al. 2003. Urban environmental quality and human well-being：Towards a conceptual framework and demarcation of concepts；a literature study. Landscape and Urban Planning，65（1-2）：5-18.

van Vliet W. 1985. Communities and built environments supporting women's changing roles. Sociological Focus，18（2）：73-78.

Veenhoven R. 2004. Subjective measures of well-being. General Information，31（2）：117-124.

Welsh H. 2006. Environment and happiness：Valuation of air pollution using life satisfaction data. Ecological Economics，58：801-813.

Wenting R，Atzema O，Frenken K. 2011. Urban amenities and agglomeration economies：The locational behaviour and economic success of Dutch fashion design entrepreneurs. Urban Studies，48（7）：1333-1352.

Werkerle G R. 1985. From refuge to service center：Neighborhoods that support women. Sociological Focus，18（2）：79-95.

Widener M J，Li W. 2014. Using geolocated Twitter data to monitor the prevalence of healthy and unhealthy food references across the US. Applied Geography，54（10）：189-197.

Wu W. 2014. Does public investment improve homeowners' happiness：New evidence based on micro surveys in Beijing. Urban Studies，51（1）：75-92.

Yang Y，Zhang W，Liu Z，et al. Under review. Does market-based housing offer higher housing satisfaction to urban residents than other housing access in China? Evidence from the 2005 Beijing livable city evaluation survey. Urban Studies.

Yanitsky O. 1984. The City and Ecology. Moscow：Nauka Press.